Dernières parutions dans la Collection *Documents* :

– *La Planète Terre, ultime arme de guerre* (tomes 1 et 2), Dr Rosalie Bertell ;
– *L'Arme climatique - La manipulation du climat par les miltaires*, Patrick Pasin ;
– *L'Arme environnementale - Opérations et programmes secrets des militaires*, Patrick Pasin.

Talma Studios
231, rue Saint-Honoré
F-75001 Paris
www.talmastudios.com
info@talmastudios.com

Image de couverture : ID 81880438© Andrianocz | Dreamstime.com.

ISBN : 979-10-96132-99-7
© Tous droits réservés.

Alexandre Langlois

L'ENNEMI DE L'INTÉRIEUR
DÉRIVES ET DYSFONCTIONNEMENTS
DE LA POLICE NATIONALE

Remerciements

Ma femme Suzanne, ma fille Éloïse et mon fils Éloi, qui sont les premiers à me soutenir, mais aussi à subir les conséquences de mon engagement citoyen.

Ma famille et mes amis.

Les adhérents du syndicat VIGI.

Mes collègues policiers.

Toutes les personnes Gilets jaunes ou autres qui soutiennent la démarche d'une police au service du peuple et non des intérêts de quelques-uns. D'une façon plus générale, tous ceux qui œuvrent pour plus de bienveillance au sein de notre société.

Les associations de policiers en colère et les organisations syndicales minoritaires, avec qui j'ai pu travailler sur certains sujets où nous partagions des combats communs.

Les médias qui ont eu le courage de continuer à suivre les pérégrinations de mon syndicat, malgré les menaces reçues du gouvernement.

Nos avocats, Maîtres Yacine Bouzrou et Anna Branellec, du cabinet Bouzrou Associés, Maîtres Rémy Demaret et Philippe Gras, du cabinet CGCB et Associés, et Maître David Libeskind.

Les habitants de Malansac pour leur solidarité et leur accueil.

Mon éditeur, qui a la patience de me conseiller pour la publication de ce premier ouvrage, avec une mention spéciale à Nancy, qui nous a mis en relation.

À toutes les personnes qui ne se reconnaissent dans aucune de ces catégories ou qui ne sont pas d'accord avec mes propos, pour avoir la curiosité de lire mes arguments.

**Avant-propos
Pourquoi ce livre ?**

Personne ne choisit de se lancer dans l'écriture par hasard. Les paroles s'envolent, mais les écrits restent : ils sont gravés dans le marbre et il sera impossible de se défendre ultérieurement en s'exclamant « Je n'ai pas dit cela ! » Écrire, c'est prendre le risque de se mettre à nu.

De nombreuses personnes m'ont encouragé à coucher sur le papier ce que j'ai constaté au sein de la Police nationale, y compris les dérives et les dysfonctionnements de l'institution. Au cours d'une de ces discussions, une amie m'a proposé de rencontrer un éditeur de sa connaissance. Rien n'arrivant par hasard, j'ai donné suite et, comme vous pouvez le constater, le projet a abouti.

Écrire offre un effet cathartique : pouvoir mettre des mots sur les maux. En effet, je répète souvent le même discours sur différents médias, mais il est partiel et ne permet pas d'avoir une vision d'ensemble de la situation au sein de la Police nationale.

Le premier objectif de ce livre est donc d'aider à comprendre ce que nous, policiers, vivons, car c'est la base d'un dialogue apaisé.

Le deuxième objectif est la prise de conscience : il faut réformer la maison « Police nationale », car sa forme actuelle encourage le détournement de ses missions au service de la population vers d'autres objectifs. Bien que les femmes et les hommes changent, sans réforme en profondeur des textes et des pratiques, les mêmes schémas se reproduiront, tant au détriment de mes collègues que de la population, au seul profit de nos dirigeants, qui appliquent à la lettre la devise « Diviser pour mieux régner ». Pour arriver à cet objectif, il faut remplacer la question actuelle du gouvernement qui est « Comment utiliser la police ? » par « Quel est le but de la police ? »

Le dernier objectif, plus immédiat compte tenu de la crise des Gilets jaunes, vise à apporter des explications pour ne pas céder aux incitations à la haine et aux actes de violence illégitimes, encouragés par des amalgames entretenus soit par les politiques et la hiérarchie policière au motif de lutter contre « l'ennemi de l'intérieur », fabrication théorique nécessaire pour justifier l'emprise sécuritaire de plus en plus prégnante, soit par les casseurs[1] criminels attaquant les représentants de l'État dans l'espoir d'une révolution sanglante, pour imposer leurs idées par la force.

Entre les deux, les gardiens de la paix doivent faire un usage raisonné de la force, comme d'ailleurs la loi le leur impose, afin de garantir la sécurité, qui n'est pas la première des libertés mais permet de les garantir toutes.

Enfin, un livre ne revêt pas l'étiquette partisane que peut avoir tel ou tel média, ce qui influence plus ou moins la réception du message. Une fois la lecture terminée, chacun pourra se forger sa propre opinion sur l'enjeu principal de ce livre : contribuer à la réflexion sur ce que doit être la Police nationale dans une démocratie moderne.

---

1. « Casseur » n'est pas un terme juridique, mais médiatique et politique. Il sera néanmoins utilisé ici pour la clarté du concept.

Introduction

Je ne fais pas partie des policiers qui voulaient faire ce métier depuis leur plus jeune âge. En revanche, depuis mon enfance, j'aime les jeux de société : ils donnent l'occasion de se rassembler en famille ou entre amis pour passer des moments agréables. Les règles sont connues et acceptées par tous ; ainsi, suivant le jeu, le meilleur gagne, la meilleure équipe gagne ou tout le monde gagne (ou perd) contre le jeu. Seuls les tricheurs peuvent venir dénaturer ce plaisir. La rare fois où j'en ai rencontré un, je n'ai jamais plus joué avec lui. Mon entourage a souligné que mes futurs choix d'études et professionnels avaient sûrement été liés à cette vision ludique de la vie.

Pourtant, je ne sais pas alors quelle orientation professionnelle choisir, si ce n'est être au service des autres et de l'intérêt général. Une certitude, je n'ai pas la fibre pour devenir pompier ou infirmier, car la vue du sang me fait tourner de l'œil. La carrière militaire ne m'attire pas non plus, non à cause des missions, mais je ne m'imagine pas vivre en caserne, aimant trop l'indépendance pour une vie aussi communautaire.

Une soif de justice m'anime. Le droit permet, normalement, de réguler la société pour que les hommes « naissent et demeurent libres et égaux en droits », comme le déclare la Déclaration des Droits de l'Homme et du Citoyen de 1789 (article 1). Je me tourne vers cette voie et j'obtiens une licence de droit et de sciences politiques à l'Université de Versailles Saint-Quentin (UVSQ).

Durant mes études, je désire participer à la vie de l'université et améliorer le quotidien des étudiants. C'est dans cet esprit que je m'engage au syndicat étudiant UNI[2], puis en deviens le responsable au sein de ma fac. Pourquoi ce choix ? Parce que ce syndicat s'occupe localement de nos problèmes quotidiens et pratiques. Cet engagement me vaut d'être invité à la garden-party de l'Élysée le 14 juillet 2003 par le président de la République Jacques Chirac.

---
2. Union Nationale Interuniversitaire.

Le contrat social

C'est également à la faculté que les étudiants que je fréquente me qualifient politiquement d'« anarchiste de droite ». Subjectivement, cette qualification me définit bien : je suis pour que chacun puisse bénéficier du maximum de liberté, sans pour autant nuire à son voisin. Pour cela, il faut un cadre de règles que j'aimerais fonder sur un contrat social, comme Jean-Jacques Rousseau l'a si bien formulé :

L'obéissance à la loi qu'on s'est prescrite est liberté[3].

La journée, j'étudie et milite, mais, la nuit venue, je me transforme en agent de sécurité salarié. J'y rencontre Pascal, qui deviendra le parrain de ma fille. Nous avons cette même soif de protéger les plus faibles et partageons des discussions passionnantes sur notre avenir, d'autant que lui a trouvé sa vocation : gardien de la paix. Il réussit à me transmettre son enthousiasme, au point que je décide également de m'orienter vers cette profession. De plus, cela accompagne à merveille ma vision de la société d'« anarchiste de droite » :

Il n'y a que la force de l'État qui fasse la liberté de ses membres.[4]

Si aucun corps au service de tous ne fait respecter les règles fixées en commun, alors il n'y a plus de loi, si ce n'est celle du plus fort.

Pascal réussit le concours de policier. Une fois à l'intérieur de l'institution, il me conseille de ne pas le rejoindre : « Ce n'est pas ce que nous imaginions. » Je ne suis pas son conseil, pensant que le tableau ne peut être aussi noir qu'il me le décrit. Il avait raison.

En dehors de la Police nationale, je désire vivre une expérience politique et me présente à la députation en 2017 dans la troisième circonscription des Yvelines, sous l'étiquette de la France Insoumise. Je souhaite participer au débat public en espérant avoir comme adversaire le député sortant, Henri Guaino. Oui, l'homme qui n'arrivait pas à boucler ses fins de mois avec 5 000 € et était persuadé que

---

3. *Du Contrat social*, Jean-Jacques Rousseau (1762).
4. *Du Contrat social*, Jean-Jacques Rousseau (1762).

l'attentat de Nice aurait pu être évité si les policiers étaient équipés de lance-roquettes. Finalement, il ne reçoit pas l'investiture de son parti, mais se présente à Paris, où il est battu. De mon côté, je finis troisième, avec un peu plus de 5 % des votes. L'expérience est enrichissante, mais je ne la renouvellerai pas : si je dois prendre un engagement politique, ce sera au niveau de ma commune de Malansac, et sans étiquette.

Ce qui ne nous tue pas nous rend plus forts
Je réussis le concours de la Police nationale en 2005. Dès ma première année d'affectation, à l'aéroport Roissy-Charles de Gaulle, j'ai la chance d'intégrer un service de renseignement, pourtant je ne suis encore que stagiaire.

Nous sommes en 2008, et je travaille alors en civil. Pour des problèmes de peau, qui feront ensuite l'objet de deux certificats médicaux, dont celui d'un médecin de la police, lorsque l'affaire prendra des proportions ahurissantes, je me rase un jour sur deux. Ce n'est pas du goût de mon supérieur hiérarchique, le commandant Bruno S., qui m'interpelle ainsi le 29 avril : « Vous vous êtes rasé avec une biscotte ce matin ? » Étant en tenue civile et en aucun cas négligée, je pense qu'il s'agit d'humour et réponds donc juste « Oui » à sa question, d'autant plus qu'il ne m'a jamais interpellé à ce sujet dans les mois précédents. Quelques jours plus tard, le lundi 5 mai, il m'apostrophe sur un ton sans humour : « Je vous ai prévenu une fois. Il n'y en aura pas de troisième. La prochaine fois, je vous tue. » Choqué par ses propos, je sors de son bureau en silence.

Aussi étonnant que cela puisse paraître, je viens de me faire menacer de mort par un officier de police, ce qui constitue tout de même une infraction pénale. D'un tempérament plutôt compréhensif, je me dis qu'un mauvais jour peut arriver à tout le monde. Je retourne le voir le lendemain pour lui signaler que ses propos m'ont choqué, mais qu'ils ont certainement dépassé sa pensée. La réponse est cinglante : « Je confirme bien ce que je vous ai dit hier. Il va falloir vous habituer, car je recommencerai. » Compte tenu de l'agressivité de mon supérieur hiérarchique, je prends au sérieux ses déclarations, d'autant plus qu'il me paraît impulsif.

« Menace de mort réitérée d'un dépositaire de l'autorité publique dans le cadre de ses fonctions. » Selon l'article 433-3 du Code pénal, la sanction maximale est de trois ans d'emprisonnement et 45 000 euros d'amende.

Dans cette situation, j'ai la chance d'avoir une cheffe de groupe exceptionnelle : Marie-France C. Elle décide de me protéger et fait en sorte que je n'aie plus aucune relation avec ce commandant jusqu'à son départ à la retraite, quelques mois plus tard. Je rédige cependant un rapport à l'attention de la contrôleuse générale alors en poste à Roissy, Nadine J. Parallèlement, je dépose une main-courante à la police intercommunale le mercredi 7 mai.[5]

Bien m'en a pris, car, en réalité, cette situation n'est pas du tout anecdotique – c'est pourquoi, d'ailleurs, je la relate dans ces pages. En effet, quatre mois plus tard, en septembre, je suis informé par ma hiérarchie que la date normale de ma titularisation sera reportée de trois mois et que, en plus, je serai « viré » du service de renseignement pour retourner tamponner les passeports derrière un guichet. Ce poste ne me pose pas de problème en soi, d'autant plus que j'ai le temps de lire quand il n'y a pas de passagers, mais, trois mois de report, c'est de l'avancement en retard et du salaire en moins. Je décide de me battre : je suis entré dans la Police nationale pour la justice, pas pour subir la tyrannie de « petits chefs ».

D'abord, pourquoi ce report ? Parce que le commandant Bruno S., avant de partir à la retraite puis de travailler comme référent sûreté chez Air France, rédige un rapport me décrivant comme insubordonné et peu respectueux de la hiérarchie. Son supérieur, le commissaire Patrick R., le valide sans autre formalité, malgré les conséquences pour moi.

Je suis adhérent au syndicat Alliance, car il vaut mieux être syndiqué dans la police, ainsi que le démontre la suite de l'affaire. Le délégué local, Benoît, prend ma défense. D'abord avec des arguments juridiques, mais le commissaire R. doit se penser au-dessus des lois, et ne cède pas.

---

5. N° 785/2008 en date du 07-05-2008, à Louvres.

Benoît saisit alors la directrice, Nadine J. Surprise : ni le commissaire R. ni le commandant S. lui ont transmis mes rapports sur la situation et les menaces de mort. Le commissaire R. refuse toujours de plier. La hiérarchie et l'ordre, c'est lui, et ce n'est pas un gardien de la paix stagiaire qui va la « ramener » avec sa police exemplaire.

Du coup, Benoît applique les mêmes méthodes auprès du commissaire R. : « Monsieur le commissaire, vous avez les deux choix suivants : soit vous titularisez Alexandre, qui est victime de menaces de mort et de harcèlement de la part du commandant S., soit je me rends chez Air France et j'explique que la personne que vous avez recommandée, à savoir le commandant Bruno S., menace de mort les personnes sous ses ordres, avec rapports et main-courante à l'appui. En parallèle, j'expliquerai à l'Inspection générale de la Police nationale (IGPN) qu'un commandant de police, avec la recommandation d'un commissaire, travaille sur son ancien lieu d'affectation, sans attendre le délai de cinq ans prévu pour éviter les conflits d'intérêts. »

Cela devient sérieux, c'est plus que son image qui est en jeu. Je suis donc titularisé normalement, en restant dans mon service, où mes compétences sont reconnues, ainsi que le prouve, entre autres, ma notation. Je viens néanmoins de « bénéficier » d'un premier aperçu du management dans la police : la hiérarchie a toujours raison, car elle semble se considérer au-dessus des lois les plus élémentaires et, surtout, elle peut nous briser d'un simple écrit. Nous y reviendrons.

Ce management inspire une telle crainte que, lorsque je sollicite, auprès de collègues ayant pu entendre notre conversation, des témoignages pour les propos tenus par le commandant Bruno S., la réponse arrive plus ou moins gênée : « Je ne suis pas sûr d'avoir bien entendu, donc je préfère ne pas témoigner. À ta place, je n'attaquerais pas la hiérarchie, elle va te briser ». Quand, finalement, j'obtiens gain de cause, ces mêmes collègues viennent me confier en privé : « Bravo, car moi je n'aurais jamais osé défier un commissaire. »

Cette attitude compréhensible de la part de salariés qui craignent pour leur avenir contribue néanmoins à des dérives et des dysfonctionnements au sein de la Police nationale, car, malheureusement, il y a bien d'autres Bruno S. dans la hiérarchie. Nous y reviendrons.

Travailler avec trois bouts de ficelle
Un an après, je quitte le service de renseignement de Roissy pour intégrer le Service départemental de l'information générale (SDIG) des Yvelines, héritier des Renseignements généraux (RG), qui viennent juste d'être démembrés par Nicolas Sarkozy. À noter que le commissaire Patrick R. est beau joueur à mon pot de départ, en y participant de bon cœur.

Nous sommes neuf à rejoindre en même temps mon nouveau service. Le SDIG hérite de 80 % des missions des RG mais seulement de 20 % des effectifs et des moyens. Et encore, certains fonctionnaires ont été empêchés de rejoindre la toute nouvelle Direction centrale du renseignement intérieur (DCRI) et affectés au SDIG sous la contrainte. Le moral général n'est donc pas au beau fixe.

Ce que je vais décrire correspond réellement à un service de renseignement en France au XXIe siècle : nous n'avons pas de téléphone portable de service ; les cartes de visite sont à imprimer par nous-mêmes et à découper aux ciseaux ; nous devons payer de notre poche les frais de mission, les frais d'habillement, etc. En deux mots, nous passons pour des indigents et devons sortir de notre poche environ 640 € par an[6], soit plus du tiers d'un mois de salaire à l'époque, pour pouvoir assurer le minimum de nos missions.

Le vacancier malgré lui
Je rédige donc un rapport pour demander à mon employeur de prendre en charge les outils indispensables pour effectuer mes missions. La réponse du directeur adjoint de la Sécurité publique des Yvelines de l'époque, Antoine S., ne se fait pas attendre : il me fait comprendre que je ne suis qu'un numéro de matricule parmi tant d'autres, mais

---
6. Communiqué CGT-Police, *Combien doit payer un fonctionnaire du SDIG 78 en moyenne chaque année pour effectuer son travail correctement ?*, 25 mars 2011.

qu'eux ont le bon goût de ne pas venir se plaindre. Il est hors de question d'augmenter la ligne budgétaire des frais de représentation pour le petit personnel de l'Information générale, car, à la différence de la défunte Direction des Renseignements généraux, à la Direction de la Sécurité publique, elle est réservée aux commissaires. Pour des raisons comptables, il préfère que je reste dans mon bureau à ne rien faire. Je viens donc de gagner des vacances à vie... sauf que ce sont des vacances au bureau et que, le matin, je veux me lever pour travailler.

Je saisis mon syndicat Alliance, mais l'équipe en place dans le 78 n'a pas la même philosophie que l'équipe de Roissy. Leur réponse me fait l'effet d'une douche froide : il n'y aura aucune action de leur part, au motif qu'ils ont des dossiers plus importants à gérer avec le directeur et que je ne devrais pas me plaindre puisque je peux passer toute la journée dans mon bureau à faire ce qui me plaît (en dehors d'exercer mon métier).

En soi, il n'y a pas de mauvais syndicat, juste de mauvais délégués. Nous avons d'autres syndicats dans la Police. Je vais donc trouver UNSA-Police et SGP Police. Nouvelles désillusions, leur réponse est identique. Je ne veux pas me résoudre à tourner comme un poisson rouge dans son bocal, faute d'avoir les moyens de travailler. Que faire ?

À la CGT

Dans le cadre de mes missions, je côtoie la CGT en préparant et encadrant les manifestations sur la voie publique. Les militants m'apprennent qu'il y a une CGT-Police. Première nouvelle, d'autant plus que les deux, a priori, me paraissent incompatibles. Au point où j'en suis, pourquoi ne pas accepter de rencontrer le secrétaire général de l'époque, Michel Gastaldi ? Je ressens un peu d'appréhension avant ce rendez-vous, car je souhaite trouver un syndicat qui s'occupe des vrais problèmes, et je suis prêt aussi à m'engager dans le syndicalisme, mais pas à m'encarter au Parti communiste.

Lorsque Michel arrive, il ne porte ni marteau ni faucille sur fond rouge, mais un blouson de cuir et un drapeau américain autour du cou. Il roule même en Harley-Davidson. À la différence des autres syndicats, la première chose qu'il me demande n'est pas de remplir un bulletin d'adhésion. Il se renseigne pour savoir si j'ai des casseroles ou si je recherche un piston pour un avancement ou une mutation afin de passer devant des collègues. Il insiste pour que je comprenne bien que je ne suis pas à la bonne adresse si tel est le cas, car c'est de la compétence des syndicats dits « représentatifs ».[7]

Après avoir expliqué la première raison de ma venue, à savoir simplement pouvoir exercer mon métier dans les conditions de travail en adéquation, il me souhaite la bienvenue. Je l'interroge ensuite sur leurs procédures syndicales, par exemple pour la publication d'un tract, notamment qui doit le valider préalablement à l'envoi, comme le font les autres organisations syndicales que j'ai rencontrées. La réponse est directe : personne. Chaque délégué écrit et publie librement, dans la limite du Code pénal, sur le périmètre de sa délégation, car il est le plus à même de répondre aux besoins localement. Je dois seulement communiquer une copie pour information, et non pour contrôle, au bureau national. Moi qui aime la liberté, je suis servi.

La Police nationale m'a donc lancé dans le syndicalisme, parce que je ne voulais pas me résigner à toucher mon traitement dans un placard doré.

Pas question de se reposer
Après avoir obtenu pour mon service, grâce au syndicat, tout ce qui nous manque pour travailler, je deviens secrétaire général du syndicat régional, puis j'intègre le bureau fédéral, avant de devenir secrétaire général adjoint et secrétaire général de la fédération CGT-Police, renommée en « VIGI. Ministère de l'Intérieur », avant de nous désaffilier de la CGT pour les élections professionnelles de 2018 :

---
7. Organisations syndicales ayant un siège en Commission administrative paritaire (CAP) jusqu'en 2014 et, depuis, ayant un siège en Comité technique (CT).

Dérives et dysfonctionnements

Nous sommes toujours en accord avec les délégués et adhérents qui se battent pour défendre leurs conditions de travail, comme nous le faisons sur le périmètre du ministère de l'Intérieur et de la Police nationale. En revanche, nous avons un différend profond avec la direction confédérale.

Cette dernière a pris la décision de nous forcer à inclure sur nos listes des personnes d'un syndicat que nous avions exclu en 2014 de notre fédération pour non-respect de la démocratie syndicale.

Avant cela, ce syndicat CGT SGAP Paris et aujourd'hui CGT Île-de-France, avec à sa tête Anthony Caillé, avait appelé à voter pour le Parti communiste français au nom du syndicat et est affilié à l'UFSE-CGT, qui avait appelé à voter Macron en 2017. Ces deux appels au vote à des élections politiques sont contraires à la charte d'Amiens de 1906 sur l'indépendance vis-à-vis des partis.

Pour rappel, lors de l'élection présidentielle de 2017, nous avions mis les programmes sécurité des 11 candidats sur notre site, puis celui des deux finalistes, pour que chacun se fasse **SON** opinion. En effet, l'État est notre employeur et quel que soit le gouvernement élu, notre rôle est de défendre nos adhérents, nos collègues et notre projet pour la sécurité de tous.

Cette structure a également pris contre nous le parti d'un chef de service qui avait poussé une de nos adhérentes au suicide. Anecdote : ce chef de service allait devenir le nouveau chef de Monsieur Anthony Caillé... Belle indépendance vis-à-vis de notre administration.

Enfin, cette structure, par la voix de son secrétaire général, a soutenu les affiches honteuses de la CGT-Info'Com, alors que nous avons toujours condamné cet appel à la haine contre nous et nos collègues.

Nous avons su évoluer tout au long des trois siècles que notre organisation a connus. Aujourd'hui, nous avons donc fait le choix de laisser la CGT présenter ses listes défendant un dogme et de notre côté présenter nos listes défendant l'intérêt de nos collègues et de la population.[8]

VIGI décide de résister au secrétaire général de la CGT, Philippe Martinez, qui veut nous imposer sa vision dogmatique de la Police nationale, en ne respectant pas la démocratie syndicale ni le droit. Aussi l'organisation quitte la CGT par conviction. La confédération crée *ex nihilo* une nouvelle structure CGT-Police dirigée par Anthony Caillé, qui n'est plus une fédération.

Comme souligné dans le communiqué, je ne fais aucun amalgame entre la direction confédérale et tous les militants que j'ai rencontrés, qui se battent tous les jours pour améliorer le quotidien des salariés.

Aujourd'hui, mon engagement syndical et citoyen est le prolongement de ma mission de gardien de la paix, dont la devise est « Protéger et servir ». Protéger et servir le peuple, non les dirigeants qui rêvent, au minimum, d'un « doux despotisme », à l'image de l'ancien ministre de l'Intérieur, Gérard Collomb, sur lequel nous reviendrons. Pour le peuple, le despotisme n'est jamais doux.

---

8. Communiqué VIGI. Ministère de l'Intérieur, *Élection professionnelle 2018 : VIGI se désaffilie de la CGT*, du 16-11-2018.

I. Aux racines du mal

La Police nationale est le jeu d'une construction historique. Analyser mon institution uniquement sur l'actualité ne mènerait pas loin, si ce n'est à des discussions de Café du commerce. Pour comprendre quel fruit donne un arbre, il faut remonter à la racine. C'est ce que nous allons faire ensemble.

Le peuple ou le pouvoir ?

La première question est philosophique : au service de qui doit être la Police nationale ?

En France, elle est fondée sur deux textes diamétralement opposés. Le plus ancien, l'article 12 de la Déclaration des Droits de l'Homme et du Citoyen de 1789 (DDHC de 1789), prévoit que :

> La garantie des droits de l'Homme et du Citoyen nécessite une force publique. Cette force est donc instituée pour l'usage de tous, et non pour l'utilité particulière de ceux auxquels elle est confiée.

Le texte plus récent, qui sert de base légale à la Police nationale actuelle, est la « Loi du 23 avril 1941 portant organisation générale des services de police en France », signée par le chef de l'État, Philippe Pétain. Le premier article est le suivant :

> Les services de police sont placés sous l'autorité du ministre secrétaire d'État à l'Intérieur et dirigés par le secrétaire général pour la police.

Dans la première philosophie, nous avons une Police nationale au service du peuple ; dans la seconde, elle semble se mettre au service principal du pouvoir, car des notions aussi fondamentales que « l'usage de tous » sont supprimées.

L'Ennemi de l'Intérieur

Même durant les heures les plus sombres de notre Histoire, des policiers sont restés fidèles à leurs valeurs plutôt qu'à un régime instaurant des lois scélérates. Certains ont quitté la police et pris « le maquis » pour résister à l'occupant. D'autres sont restés à leur poste pour résister au sein de l'institution, en faisant exprès de mal comprendre les ordres et/ou en donnant des informations à des organisations de la Résistance. Les membres de l'organisation à laquelle j'appartiens aujourd'hui avaient choisi de s'engager au sein du Front national de la résistance[9] et participèrent à la Libération de Paris en août 1944. VIGI possède toujours le drapeau historique commémorant l'engagement de ses adhérents, au service du peuple, durant cette période :

Mai 68
Face aux multiples témoignages de violences policières publiés dans la presse, le préfet de police de Paris, Maurice Grimaud, adresse une lettre aux policiers, qui sera publiée dans *Le Monde* du 29 mai 1968. Cinquante ans plus tard, ce texte fait écho à des situations actuelles et je préfère le commenter en le présentant dans son intégralité :

---

9. « Mouvement de la Résistance intérieure française créé par le Parti communiste français (PCF) vers mai 1941. Il s'agit de réaliser un vaste rassemblement autour de valeurs patriotiques et de rallier les différentes composantes de la société française dans un esprit d'ouverture vis-à-vis des non-communistes. »
Source : https://fr.wikipedia.org/wiki/Front_national_(R%C3%A9sistance)

Je m'adresse aujourd'hui à toute la Maison : aux gardiens comme aux gradés, aux officiers comme aux patrons, et je veux leur parler d'un sujet que nous n'avons pas le droit de passer sous silence : c'est celui des excès dans l'emploi de la force.

Aujourd'hui, c'est le préfet de police de Paris, qui ordonne ce qui semble un usage excessif de la force, lorsqu'il déclare au sujet d'une prochaine manifestation des Gilets jaunes : « Je vais démuseler les chiens »[10]. Ce n'est plus la hiérarchie qui sert de garde-fou, mais les policiers de terrain.

Si nous ne nous expliquons pas très clairement et très franchement sur ce point, nous gagnerons peut-être la bataille sur ce point, nous gagnerons peut-être la bataille dans la rue, mais nous perdrons quelque chose de beaucoup plus précieux et à quoi vous tenez comme moi : c'est notre réputation.

Effectivement, la rue est calme, mais notre réputation de gardien de la paix est salie. Nous n'osons plus dire que nous sommes policiers, car une partie d'entre nous a été obligée de commettre des actes contre sa conscience, à cause d'ordres et de directives venant du plus haut sommet de l'institution.

Je sais, pour en avoir parlé avec beaucoup d'entre vous, que, dans votre immense majorité, vous condamnez certaines méthodes. Je sais aussi, et vous le savez avec moi, que des faits se sont produits que personne ne peut accepter.

De nos jours encore, l'immense majorité parmi nous condamne certaines méthodes. Toutefois, nous n'avons plus un préfet de police de Paris semblant mesuré, que ce soit envers la population ou les policiers.

---

10. *Le Canard Enchaîné*, *Les fascinantes trouvailles du préfet Lallement*, D. H. C. L., 24 avril 2019.

Bien entendu, il est déplorable que, trop souvent, la presse fasse le procès de la police en citant ces faits séparés de leur contexte et ne dise pas, dans le même temps, tout ce que la même police a subi d'outrages et de coups en gardant son calme et en faisant simplement son devoir.

L'écho médiatique aujourd'hui est amplifié par l'usage des réseaux sociaux, qui diffusent des vidéos et des images sorties de leur contexte. Même si cela permet de prouver quelques actes de violence illégitime, la plupart du temps le résultat voire le seul but est d'échauffer les esprits, ce qui attise la haine, engendrant encore plus de violence.

Je suis allé toutes les fois que je l'ai pu au chevet de nos blessés, et c'est en témoin que je pourrais dire la sauvagerie de certaines agressions qui vont du pavé lancé de plein fouet sur une troupe immobile, jusqu'au jet de produits chimiques destinés à aveugler ou à brûler gravement.

De nos jours, le préfet de police de Paris, le ministre de l'Intérieur ou le directeur de la Police nationale ne viennent plus au chevet des blessés, sauf s'il y a l'utilité médiatique d'une photo. Même blessés, les policiers ne restent-ils que des « faire-valoir » de la politique de com' du gouvernement ?

Tout cela est tristement vrai et chacun de nous en a eu connaissance.
C'est pour cela que je comprends que lorsque des hommes ainsi assaillis pendant de longs moments reçoivent l'ordre de dégager la rue, leur action soit souvent violente. Mais là où nous devons bien être tous d'accord, c'est que, passé le choc inévitable du contact avec des manifestants agressifs qu'il s'agit de repousser, les hommes d'ordre que vous êtes doivent aussitôt reprendre toute leur maîtrise.

Ce passage est sans ambiguïté : la Police nationale doit faire son travail, mais ne pas s'en prendre au peuple, ni se transformer en justicier.

Cependant, dans son journal *Liaisons* de mai 2018, la préfecture de police de Paris fait croire, pour les cinquante ans de mai 68, qu'elle reproduit cette lettre dans son **intégralité**. En réalité, elle décide de réviser l'Histoire, en supprimant le passage majeur suivant, sans explication[11] :

> Frapper un manifestant tombé à terre, c'est se frapper soi-même en apparaissant sous un jour qui atteint toute la fonction policière. Il est encore plus grave de frapper des manifestants après arrestation et lorsqu'ils sont conduits dans des locaux de police pour y être interrogés.
> Je sais que ce que je dis là sera mal interprété par certains, mais je sais que j'ai raison et qu'au fond de vous-mêmes vous le reconnaissez.

La préfecture de police de Paris anticipe-t-elle *déjà* les ordres du gouvernement sur le futur mouvement des Gilets jaunes ou tout autre mouvement de contestation ? Des responsables de la police veulent-ils s'exonérer de leurs actions dans la répression des mouvements contre la loi Travail ? Certains veulent-ils détourner la mise en garde du préfet Grimaud afin de provoquer volontairement une escalade illimitée de la violence pour des intérêts qui n'ont rien à voir ni avec la Police nationale ni avec la population ?

> Si je parle ainsi, c'est parce que je suis solidaire de vous. Je l'ai dit déjà et je le répèterai : tout ce que fait la police parisienne me concerne et je ne me séparerai pas d'elle dans les responsabilités. C'est pour cela qu'il faut que nous soyons également tous solidaires dans l'application des directives que je rappelle aujourd'hui et dont dépend, j'en suis convaincu, l'avenir de la préfecture de police.

---

11. *Violences policières : quand la préfecture de police caviarde un passage de la lettre du préfet Grimaud*, Libération-CheckNews, par Robin Andraca, le 24 mai 2019.

Dans la lettre originale, « Si je parle ainsi » arrive donc bien après le paragraphe supprimé par *Liaisons*, dans lequel le préfet Grimaud s'oppose au fait de frapper les manifestants tombés à terre ou après arrestation.

> Dites-vous bien et répétez-le autour de vous : toutes les fois qu'une violence illégitime est commise contre un manifestant, ce sont des dizaines de ses camarades qui souhaitent le venger. Cette escalade n'a pas de limites.
> Dites-vous aussi que lorsque vous donnez la preuve de votre sang-froid et de votre courage, ceux qui sont en face de vous sont obligés de vous admirer même s'ils ne le disent pas.
> Nous nous souviendrons, pour terminer, qu'être policier n'est pas un métier comme les autres ; quand on l'a choisi, on en a accepté les dures exigences mais aussi la grandeur.
> Je sais les épreuves que connaissent beaucoup d'entre vous. Je sais votre amertume devant les réflexions désobligeantes ou les brimades qui s'adressent à vous ou à votre famille, mais la seule façon de redresser cet état d'esprit déplorable d'une partie de la population, c'est de vous montrer constamment sous votre vrai visage et de faire une guerre impitoyable à tous ceux, heureusement très peu nombreux, qui par leurs actes inconsidérés accréditeraient précisément cette image déplaisante que l'on cherche à donner de nous.

Cette minorité existe toujours. Elle est toujours aussi minoritaire. Mais est-ce que le préfet de police de Paris Didier Lallement, le directeur général de la Police nationale Éric Morvan ou le ministre de l'Intérieur Christophe Castaner sont les « vrais visages » des gardiens de la paix ?

> Je vous redis toute ma confiance et toute mon admiration pour vous avoir vus à l'œuvre pendant vingt-cinq journées exceptionnelles, et je sais que les hommes de cœur que vous êtes me soutiendront totalement dans ce que j'entreprends et

qui n'a d'autre but que de défendre la police dans son honneur et devant la nation.

Aujourd'hui encore, notre hiérarchie et nos politiques nous renouvellent régulièrement leur confiance, mais est-ce dans le seul but de « défendre la police dans son honneur et devant la nation » ou pour passer de la « pommade dans le dos » des policiers et se les concilier afin qu'ils effectuent la besogne qui leur est demandée ?

1986 : républicain, mais...
Quand un premier code de déontologie de la Police nationale est adopté en 1986 sous l'impulsion du ministre de l'Intérieur Pierre Joxe,[12] l'article premier traduit encore cette volonté de s'inscrire dans la lignée de la DDHC de 1789 :

> La Police nationale concourt, sur l'ensemble du territoire, à la garantie des libertés et à la défense des institutions de la République, au maintien de la paix et de l'ordre public et à la protection des personnes et des biens.

Des restrictions sont toutefois introduites, car c'est à partir de cette date que les policiers sont soumis à la fameuse obligation de réserve, qui nous empêche de formuler des critiques, même constructives, sur notre institution :

> Les fonctionnaires de police peuvent s'exprimer librement dans les limites résultant de l'obligation de réserve à laquelle ils sont tenus.

Anicet Le Pors, auteur du statut de la fonction publique de 1983, donc la personne la plus à même à en connaître l'esprit, avait pourtant écarté de la loi cette notion, comme il le rappelle dans une

---
12. Décret n°86-592 du 18 mars 1986.

tribune publiée dans *Le Monde*[13] :

> J'ai rejeté à l'Assemblée nationale le 3 mai 1983 un amendement tendant à l'inscription de l'obligation de réserve dans la loi en observant que cette dernière « est une construction jurisprudentielle extrêmement complexe qui fait dépendre la nature et l'étendue de l'obligation de réserve de divers critères dont le plus important est la place du fonctionnaire dans la hiérarchie. »
>
> [...] la question est plus politique que juridique et dépend de la réponse à la question simple : le fonctionnaire est-il un citoyen comme un autre ? Dans notre construction sociale, est-il un sujet ou un citoyen ? Dans les années 1950, Michel Debré donnait sa définition : « Le fonctionnaire est un homme de silence, il sert, il travaille et il se tait », c'était la conception du fonctionnaire-sujet. Nous avons choisi en 1983 la conception du fonctionnaire-citoyen en lui reconnaissant, en raison même de sa vocation à servir l'intérêt général et de la responsabilité qui lui incombe à ce titre, la plénitude des droits du citoyen.
>
> C'est cette conception qui est en cause dans les mesures d'intimidation [...] prises au plus haut niveau de l'État, préliminaires d'une vaste entreprise de démolition du statut général des fonctionnaires programmée pour 2008. Il est grand temps que s'élève la voix des esprits vigiles.

Dix ans plus tard, les mesures d'intimidations sont toujours en usage, afin de faire taire « la voix des esprits vigiles ». Sans succès pour le moment, car on peut faire taire des hommes, pas des idées.

2008 : la propagande par les chiffres « officiels »

Nous arrivons justement à cette année charnière où une nouvelle étape est franchie avec la mise en place par Nicolas Sarkozy de « la

---

13. *Le Monde*, *Les fonctionnaires, citoyens de plein droit*, par Anicet Le Pors, ancien ministre de la Fonction publique, publié le 31-01-2008.

politique du chiffre ». La Police ne doit plus assurer la sécurité de la population, mais remplir des objectifs statistiques pour la com' gouvernementale et la rémunération des chefs et directeurs de service :

> Depuis 2010, l'encadrement de la police – de l'officier (à partir du lieutenant stagiaire) au directeur de service – bénéficie d'une prime de performance. Pour un commandant, elle est de 9 912 euros par an, pour un commissaire de 25 000 euros et pour un directeur de service de 58 104 euros par an, avec un coefficient multiplicateur de 1 à 2. En clair, on peut doubler sa prime en fonction de ses résultats. « C'est sur le papier, parce qu'en réalité, on peut l'augmenter de 20 à 40 % », dit-on à la préfecture de police.[14]

Effectuons le calcul selon les données communiquées par cet article, pour connaître la prime annuelle maximum d'un commissaire, directeur de service, affecté à la préfecture de police de Paris : 58 104 (prime de performance maximum) x 2 (coefficient multiplicateur maximum) x 1,4 (coefficient qui correspond à une prime de 40 % maximum, spécifique à la préfecture de police de Paris) = 162 691,20 €. Dans les faits, un collègue m'a rapporté avoir vu une prime de près de 100 000 € sur la fiche de paie d'un commissaire parisien.

La conscience de dirigeants de la police peut-elle être achetée avec des primes de tels montants ?

En tant que syndicaliste, je m'enquiers par écrit auprès de Bernard Cazeneuve, alors ministre de l'Intérieur, afin de connaître l'enveloppe globale dédiée aux primes des commissaires. Sa réponse écrite prouve qu'il sait trouver les mots qui lui permettraient d'entrer dans la légende :

> Le processus d'attribution de la prime de résultats exceptionnels est entièrement transparent, dans le respect des

---

14. *Le Point, Police, le retour de la politique du chiffre*, par Aziz Zemouri, 01-04-2016.

critères objectifs, définis annuellement et ne nécessite pas de communication complémentaire.[15]

N'est-ce pas une conception étrange de la « transparence » ? Qu'y a-t-il à cacher ? D'ailleurs, les Français sont-ils informés qu'un directeur de service peut recevoir une prime pouvant s'élever à plus de 160 000 €, en plus de sa rémunération habituelle ? Est-ce que les contribuables ont conscience que leurs impôts peuvent servir à récompenser un directeur pour ses « bons et loyaux services » à hauteur de 160 000 €, au lieu d'embaucher environ sept gardiens de la paix[16] ?

Compte tenu des sommes en jeu, est-il surprenant qu'un rapport de l'Inspection générale de l'administration (IGA) n° 13-051/13-027/01 de juin 2013 sur l'enregistrement des plaintes par les forces de sécurité intérieure[17] confirme que cette politique pose question ? En voici un premier extrait :

> Le management par objectifs de la délinquance, connu sous la dénomination de « politique du chiffre », a largement contribué à cette absence ou ce désengagement du contrôle de l'enregistrement. Les chefs de service, placés entre l'injonction d'afficher de bons résultats et l'impératif de contrôler la bonne application du guide de méthodologie statistique, privilégiaient souvent la première option.

Ce rapport va toutefois encore plus loin, en reconnaissant que la falsification des chiffres est institutionnelle et qu'elle est encouragée par des directives :

---

15. Courrier de Bernard Cazeneuve, ministre de l'Intérieur, en date du 24-08-2016.
16. En début de carrière, un gardien de la paix est payé entre 1 868 € et 2 043 € net.
17. 13051-13027-1 - Rapport sur l'enregistrement des plaintes par les forces de sécurité intérieure, du 12-072013, auteurs : Michel Rouzeau (IGA), Jean-Christophe Sintive (IGA), Christian Loiseau (IGPN), Armand Savin (IGPN), Claude Loron (IGGN), Isabelle Kabla-Langlois (INSEE).

Au-delà d'un simple défaut de contrôle, certaines directives de l'administration centrale ont pu contribuer à minorer fortement les statistiques de la délinquance en généralisant des pratiques d'enregistrement non conformes. Ainsi, deux directives successives de la direction centrale de la sécurité publique ont suffi, en 2006, pour faire passer le taux de dégradations délictuelles par rapport à la délinquance générale de 16 % à 11 %, faisant sortir, dès 2007 et les années suivantes, près de 130 000 faits de l'état 4001 annuel[18].

Pour faire baisser la délinquance, il est évidemment plus facile de manipuler les statistiques que d'agir sur le terrain ! De plus, pendant ce temps, les primes gonflent.

Ce rapport de l'IGA confirme celui du 24 avril 2013 de la mission parlementaire d'information « relative à la mesure statistique des délinquances et leurs conséquences »[19], qui conclut que les chiffres publiés ne sont pas fiables, pour ne pas dire « largement falsifiés ». D'ailleurs, rien que les titres de la première partie du rapport sont des plus explicites :

Première partie : une vision parcellaire des délinquances liée aux failles des statistiques policières et judiciaires
I.– des données policières et judiciaires partielles, biaisées et insuffisantes
1. Des outils statistiques conçus pour mesurer l'activité des services, et non les délinquances

---

18. L'état 4001 est la « source administrative relevant les faits constatés (délits et crimes) par les services de police, de gendarmerie et la préfecture de police de Paris (nomenclature différente sur la capitale), c'est-à-dire les crimes ou délits portés à la connaissance de ces services ou découverts par ceux-ci. L'état 4001 concerne exclusivement les faits faisant l'objet d'une procédure judiciaire transmise au parquet (à la suite d'une plainte ou d'une enquête de police pour les faits les plus graves) ». Source : https://sig.ville.gouv.fr/page/112.
19. « Rapport d'information enregistré à la Présidence de l'Assemblée nationale le 24 avril 2013 et déposé en application de l'article 145 du Règlement par la commission des lois constitutionnelles, de la législation et de l'administration générale de la République, en conclusion des travaux d'une mission d'information relative à la mesure statistique des délinquances et de leurs conséquences, et présenté par MM. Jean-Yves Le Bouillonnec et Didier Quentin, députés. », Assemblée nationale, n° 988.

a) L'état 4001, outil non exhaustif de mesure de l'activité des services de police et de gendarmerie
b) La finalité des statistiques judiciaires et pénitentiaires : la description du processus pénal
c) L'absence d'appréhension de la chaîne pénale dans son ensemble

2. Des outils sujets à des erreurs, à des distorsions et à des manipulations
a) Des conditions de saisie et de remontée peu satisfaisantes
b) Des évolutions parfois déconnectées de la réalité des délinquances
c) Des outils sous influence

3. Des données incomplètes voire inexistantes
a) De nombreuses infractions non comptabilisées par l'état 4001
b) Les zones d'ombre des statistiques judiciaires et pénitentiaires.

Si ce sont les députés qui l'écrivent... Est-il logique de penser que l'une des causes de ce constat accablant est la politique du chiffre et ses primes inouïes ?

L'IGA rend un second rapport (n° 14-011/13-093/01) en janvier 2014 centré uniquement sur la préfecture de police de Paris, constatant aussi des dérives dans les qualifications des infractions retenues :

> Selon les index contrôlés et les mois de contrôle (juin 2012 et juin 2013), le taux de mauvaises indexations évidentes se situe dans une fourchette de 17 à 23 %.
> [...] Il est apparu que la plupart des chefs de service et leurs collaborateurs qui font partie de la « chaîne de l'indexation » rencontrent régulièrement des difficultés pour indexer et pour comptabiliser correctement certaines infractions. Parmi les principales difficultés d'indexation figure le choix à retenir entre la tentative de cambriolage et la dégradation (délictuelle ou contraventionnelle).

Dérives et dysfonctionnements

[...] Pour Paris, ce sont entre 15 000 et 20 000 faits (soit de 6 % à 8 % des faits constatés) qui ont été déstatés en 2011 puis en 2012 par l'usage du coefficient 0, dont une majorité qui relevaient clairement de l'état 4001.[20]

Mauvaise classification, suppression des statistiques... Y a-t-il les mêmes erreurs pour l'attribution des primes des chefs de service et de leurs collaborateurs ? Est-ce que les personnes ayant reçu de fortes primes basées sur des statistiques faussées, voire falsifiées, ont dû les rembourser ?

Un exemple des conséquences de la politique du chiffre
Est-il possible ou même efficace de piloter un service public comme une usine ou un département commercial ? Les exemples abondent, mais nous allons présenter un cas comme il en existe tant d'autres, dans lequel est intervenue mon organisation syndicale. Il est symptomatique des dérives et dysfonctionnements de la Police nationale, dont le public n'a pas toujours connaissance.

En 2010, mon collègue Thierry vient d'être muté dans une circonscription de police plutôt calme. Sa cheffe de service lui annonce qu'il sera dans la « brigade d'élite » du commissariat, qui résout presque une centaine d'« affaires » par mois.

Un résultat aussi incroyable en matière de rendement ne s'improvise pas, la journée ne peut que suivre un emploi du temps draconien. Elle commence par **une pause** dès la prise de service du matin, jusqu'à... 16 h 30. À 16 h 30, direction la gare. Interpellation de trois ou quatre détenteurs de boulettes de shit, pour infraction à la législation sur les stupéfiants (ILS) et/ou des étrangers sans papier, en infraction à la législation des étrangers (ILE). « Affaires » immédiatement résolues puisque le coupable est démasqué, après une « dure » enquête.

Il est évident qu'en tant que policiers, nous avons le devoir de faire cesser ces infractions, mais ne se concentrer que là-dessus par

---

20. « Enregistrement des plaintes par les forces de sécurité intérieure sur le ressort de la préfecture de police », de janvier 2014, auteurs : Werner Gagneron (IGA), Marc Le Dorh (IGA), Yves Jobic (IGPN) et Éric Proix (IGPN).

facilité n'a aucun sens et personne ne peut se sentir mieux protéger après ce type d'intervention.

Thierry, ne se retrouvant pas dans cette brigade d'« élite », en réfère à sa cheffe. Cette dernière, aimant les belles statistiques et pas les « fortes têtes », l'affecte, en punition, au tri des archives. Il décide de résister passivement, pour démontrer par les faits l'absurdité du système Police nationale. Aussi, quand sa cheffe passe quelques semaines plus tard constater l'évolution du classement, elle le découvre désœuvré. Il l'informe que faute de formation adéquate pour s'adapter à son nouveau poste de travail, il n'est pas en mesure de classer avec efficience les archives et obtenir le rendement statistique attendu. Cependant, dès qu'il aura achevé la formation d'archiviste qu'il a demandée, initiative pour laquelle il n'a toujours aucun retour, il pourra donner entière satisfaction.

Cette cheffe de service pense-t-elle pouvoir le dompter ? Puisque les archives ne lui ont pas servi de leçon, elle le nomme gestionnaire de Geopol[21], le logiciel de planning interne.

De nouveau, il résiste à l'administration, car il ne dispose pas des compétences nécessaires, pas même de la formation de base adéquate. Il va commettre des erreurs, en gratifiant de jours de congés bonus ses collègues. Sa cheffe de service s'empresse de le lui reprocher, mais Thierry plaide l'ignorance et le fait que personne n'est venu se plaindre de ses services.

Cette cheffe de service, n'ayant plus d'idée de missions qui pourraient être vécues comme vexatoires ni l'envie d'envoyer en formation un membre de son équipe afin de préserver ses statistiques de présence au service, décide de tenter la menace de la mauvaise note.

Il faut savoir que tous les effectifs de la Police nationale sont notés une fois par an. Pour les personnels du Corps d'encadrement et d'application (CEA)[22], le corps des gardiens de la paix dont dépend

---

21. Le système GEOPOL est un logiciel de gestion des horaires de la Police nationale, développé depuis 1996.
22. Le corps d'encadrement et d'application est constitué de quatre grades : gardien de la paix, brigadier, brigadier-chef et major. Il est aussi communément appelé le « corps des gradés et gardiens ».

Thierry, la notation va de 1 à 7. Durant la notation est également fait le point sur les objectifs réalisés ou non de l'année précédente et sont fixés ceux pour l'année suivante. Il y est inscrit également les langues parlées, les compétences spécifiques, ainsi que les formations suivies et demandées.

La cheffe de service lui annonce donc qu'elle lui mettra la note d'un sur sept. Thierry feint de trembler devant cet ultimatum, mais ne peut conserver son sérieux bien longtemps :

> Mettez-moi un sur sept si vous le souhaitez, j'aurai au moins le plaisir de participer à votre équilibre psychologique, mais personne ne lit les notations. L'année dernière, j'ai indiqué parler mandarin, celle d'avant népalais, dans l'indifférence générale du bureau des ressources et compétences de la Police nationale, alors que ce sont des langues rares. Je vous informe que cette année j'indiquerai le niveau interprète en japonais, juste pour parachever la démonstration que personne ne lit les notations.

Devant ce sous-brigadier qui se révolte face à un système absurde, elle se résigne et le note cinq sur sept, puis le laisse composer avec d'autres fortes têtes une brigade conforme à leurs convictions.

Thierry peut enfin remplir sa mission de gardien de la paix en assurant la tranquillité publique. Son équipe et lui visitent les commerçants, les gardiens d'immeuble, les responsables d'association, bref, toutes les personnes qui participent à la vie de la cité.

Chaque fonctionnaire de la brigade laisse son numéro de téléphone personnel, l'institution n'en fournissant pas à sa police. Qu'importe, les habitants peuvent appeler « leurs policiers » en cas de besoin ! Ils procèdent à des interpellations dès que les situations l'exigent, mais leur présence sur le terrain remplit un rôle fondamental de prévention. Évidemment, cela ne permet pas de présenter des statistiques d'« élite », mais leurs résultats, invisibles pour l'institution, sont pourtant bien plus fondamentaux pour la population.

Un matin, un cafetier, chez qui ces « rebelles » ont pour habitude de boire leur café matinal, s'approche d'un air entendu : « Des collègues à vous en civil sont venus me questionner pour savoir si des policiers en uniforme s'installaient parfois au comptoir chez moi. Rassurez-vous, je vous ai couverts en répondant par la négative. »

Thierry le remercie mais lui répond : « Au contraire, informez-les de l'heure à laquelle nous venons boire notre café. C'est en discutant ici que nous prenons la température du quartier, pas cachés à jouer aux cartes au commissariat. »

En 2012, la baisse des effectifs oblige à la fermeture d'une brigade : celle de Thierry ou l'« élite » ? Ce sera celle de Thierry, qui ne traite que dix affaires par mois, tandis que l'autre en « résout » une centaine. Cette décision est irrévocable, malgré les interventions syndicales, le soutien des commerçants du quartier et du maire de la ville. La politique du chiffre est sécurisée, mais c'est au détriment de la tranquillité publique.

Mais ça, c'était avant... aujourd'hui, nous sommes dans le nouveau monde

Le discours officiel laisserait sous-entendre que le temps de la politique du chiffre est révolu. Maintenant, nous sommes évalués sur des indicateurs, comme me le confirme Éric Morvan, directeur général de la Police nationale, lorsque je l'interroge à la préfecture de l'Essonne à l'occasion de son déplacement en novembre 2017. Une fois de plus, la haute hiérarchie policière et les politiques qui nous dirigent essayent de travestir la vérité en jouant sur les mots. En réalité, qu'en est-il, en 2019, de

> la fameuse « politique du chiffre » ? Concrètement, « c'est un chef de service qui va préférer qu'on ramène dix *shiteux* [consommateur de haschich, ndlr] avec un gramme plutôt qu'un gros vendeur avec un kilo. Pourquoi ? Parce que d'un côté, on a dix faits élucidés. De l'autre, on n'en a qu'un ». [...]

Cette politique [...] valorise des critères quantitatifs plutôt que qualitatifs.[23]

Les formulations changent, mais à partir de maintenant, ce sera comme d'habitude.

---

23. *Libération, Suicides, les policiers se tuent à la peine*, par Chloé Pilorget-Rezzouk et Pierre Griner, publié le 29-04-2019.

II. Bienvenue dans la police des intérêts nationaux !

Après s'être assurés de la fidélité des directeurs de service et de la plupart des commissaires de la Police nationale, nos gouvernants franchissent encore un cap lorsque Manuel Valls, ministre de l'Intérieur, décrète le 1er janvier 2014 un nouveau code de déontologie de la Police nationale et de la Gendarmerie nationale[24], intégré au Code de la sécurité intérieure, dont l'article 1er commence ainsi :

> Placées sous l'autorité du ministre de l'Intérieur pour l'accomplissement des missions de sécurité intérieure et agissant dans le respect des règles du code de procédure pénale en matière judiciaire, la Police nationale et la Gendarmerie nationale ont pour mission d'assurer la défense des institutions et des intérêts nationaux, le respect des lois, le maintien de la paix et de l'ordre publics, la protection des personnes et des biens.[25]

Dans le code de 1986, la Police nationale concourt à la garantie des libertés[26]. En 2014, le mot « liberté » est purement et simplement supprimé, pour être remplacé par « le respect des lois ». De plus, dans le code de 1986, il est question des « institutions de la République »[27], tandis qu'en 2014, le mot « République » est également supprimé et remplacé par « intérêts nationaux ». Que recouvre cette notion nouvelle ? Qui la définit et sur quels critères ?

Le premier article se poursuit toutefois par :

---

24. Le code de déontologie de la police et de la gendarmerie nationales est codifié au livre IV, titre 3, chapitre 4 de la partie réglementaire du code de la sécurité intérieure. Il entre en vigueur le 1er janvier 2014.
25. Article R. 434-2 - Cadre général de l'action de la police nationale et de la gendarmerie nationale.
26. Article 1er du décret n° 86-592 du 18 mars 1986 portant code de déontologie de la police nationale.
27. Article 1er du décret n° 86-592 du 18 mars 1986 portant code de déontologie de la police nationale.

> Au service des institutions républicaines et de la population, policiers et gendarmes exercent leurs fonctions avec loyauté, sens de l'honneur et dévouement.

Cette phrase n'est pas la première, mais bien la deuxième, traduisant ainsi l'ordre d'importance pour le rédacteur.

2014 : abolition de la vie privée du policier
Ce nouveau code de déontologie va encore plus loin, en faisant des personnels de la Police nationale ce qui pourrait être considéré comme des sous-citoyens avec son article R. 434-12 du Code de la sécurité intérieure (CSI) portant sur le crédit et le renom de la Police nationale et de la gendarmerie nationale :

> Le policier ou le gendarme ne se départ de sa dignité en aucune circonstance.
> En tout temps, dans ou en dehors du service, y compris lorsqu'il s'exprime à travers les réseaux de communication électronique sociaux, il s'abstient de tout acte, propos ou comportement de nature à nuire à la considération portée à la police nationale et à la gendarmerie nationale. Il veille à ne porter, par la nature de ses relations, aucune atteinte à leur crédit ou à leur réputation.

Cet article vient « museler » les fonctionnaires et les empêcher de faire valoir leurs droits et de dénoncer, par exemple, les conditions de travail dans lesquelles ils doivent exercer leurs missions : locaux insalubres, véhicules hors d'âge, etc.[28] En effet, tout fonctionnaire voulant protester contre les conditions de travail portant atteinte à sa dignité ou à sa santé peut être (lourdement) sanctionné. L'administration préférerait-elle cacher ses vices et dysfonctionnements plutôt que de les régler ?

---

28. *L'Express*, *Un concours photo pour dénoncer la vétusté des équipements de la police*, par Iris Peron, publié le 16-08-2017.

L'intérêt de quelques carriéristes, aussi bien au sein de la hiérarchie policière que parmi des locataires de la place Beauvau ayant besoin de chiffres plus que de résultats réels, semble passer avant celui de la population et des fonctionnaires de police.

Plus généralement, cet article est une reprise, quasiment mot à mot, de l'article 5 du statut général de la fonction publique de… 1941 promulgué par le régime de Vichy[29], dont voici le texte :

> Le fonctionnaire doit, dans sa vie privée, éviter tout ce qui serait de nature à compromettre la dignité de la fonction publique. Il doit en toutes circonstances respecter et faire respecter l'autorité de l'État.

Pour s'assurer que tous les policiers pourront être sanctionnés pour tout et n'importe quoi, le ministère de l'Intérieur publie même une version commentée :

> Le devoir d'exemplarité découle directement du statut et de la qualité du policier ou du gendarme. Susceptible d'être assimilé à l'institution qu'il sert, il doit en tenir compte dans sa vie professionnelle et personnelle. En ou en dehors du service, le policier ou le gendarme ne saurait adopter un comportement ou une attitude (tenue, propos…) susceptibles d'altérer la crédibilité de son action en service et/ou de porter atteinte à l'image et la réputation de l'institution qu'il représente.
> À la différence de l'atteinte à l'honneur qui suppose une certaine publicité et un impact négatif, le devoir d'exemplarité est violé par le comportement incriminé, que celui-ci ait eu ou non pour conséquence de flétrir l'image de l'institution. Ce manquement recouvre par ailleurs des actes extrêmement diversifiés dont la gravité varie. Il peut être aussi constitué par la violation d'une autre obligation.

---

29. Loi n°3981 du 14-09-1941 portant statut général des fonctionnaires civiles de l'État et des établissements publics de l'État.

Ce commentaire vise à tenir « le petit personnel », manifestement pas la haute hiérarchie, comme le démontre la prestation du « premier flic de France », Christophe Castaner, lors de sa mémorable soirée dans la boîte branchée Le Noto, le 9 mars 2019[30]. Le soir même d'un nouvel épisode de révolte des Gilets jaunes, tandis que des policiers sont encore engagés à proximité pour assurer l'ordre public, il donne un exemple déplorable, mais lui, à la différence des policiers de terrain, n'est pas inquiété.
Le nouveau code de déontologie commenté se poursuit ainsi :

> L'usage des réseaux sociaux par un policier ou un gendarme peut présenter des risques de dérives : atteinte au devoir de réserve, atteinte à la neutralité, diffamation, injures, discrimination portant de facto atteinte au renom de l'institution d'appartenance.

Pour être sûr qu'aucune critique ne filtre, les réseaux sociaux sont présentés comme les Sodome et Gomorrhe du policier, car il pourrait y émettre une opinion politique ou une simple critique sur ce qu'il vit au quotidien. Cette chape de plomb qui pèse sur les policiers n'est-elle pas une cause possible ou probable du suicide de nos collègues, l'administration voulant les forcer à ne porter que la parole des chefs ? Nous reviendrons sur ce point fondamental.
Voici la suite de l'article commenté :

> Il s'agit ici d'une extension du devoir de réserve à l'utilisation des médias sociaux. Elle se veut également une garantie indispensable pour la sécurité des policiers/gendarmes et de leur famille.

Toujours ajouter une petite touche afin de justifier que l'État supprime une liberté : c'est éternellement pour notre bien qu'il le fait. Et, de toute façon, même si nous nous rendons compte que

---

30. *Christophe Castaner : les images et la vidéo de sa folle nuit en boîte*, par la rédaction de *Closer*, le 14-03-2019.

c'est de « l'enfumage », il est interdit de critiquer, sous peine de sanction.

> Cet article doit être notamment appréhendé au regard des dispositions relatives à la probité énoncées à l'article 8 du présent code.

L'article 8 porte sur le discernement. En synthèse, le bon discernement est celui du chef, ce qui l'exonère de toutes fautes, et le mauvais discernement est celui du moins gradé, ce qui permet de lui faire porter le chapeau pour toute la chaîne hiérarchique en cas de bavure.
Il convient de noter que l'obligation « de ne pas porter atteinte au crédit de l'institution » s'analyse comme une obligation de résultat.
Une obligation de résultat pour tous, sauf pour le ministre, qui peut laisser couler l'alcool en charmante compagnie et faire ensuite la une des magazines *people*.

> Aussi, le policier ou le gendarme dont les propos tenus en privés (et notamment sur un réseau social d'opinions) sont de nature à porter atteinte au crédit de l'institution et qui ont, in fine, été relayés et portés à la connaissance de son administration ou du public, peut se voir reprocher un tel manquement, indépendamment de l'existence ou non d'une faute distincte.

Voici un exemple de dérive auquel conduit cet article. Un de nos collègues a marqué sur sa page Facebook, du temps de la présidence de François Hollande, « le Président est un Flamby », phrase alors largement répandue sur les réseaux sociaux et au-delà. Sa page n'est accessible qu'à ses amis et elle n'est donc pas publique. L'un d'eux reprend le commentaire sur sa page publique en marquant, voici ce que pense « x », qui est policier, de notre président de la République. Du coup, le « crime de lèse-majesté » est consommé et s'ensuit la convocation de notre collègue à l'IGPN pour ce manque de loyauté et insulte envers notre guide suprême[31]. Je vous laisse imaginer ce que cela donnerait avec un président jupitérien...

C'est donc, dans ce domaine, à une obligation particulière de prudence à laquelle policiers et gendarmes sont soumis.

Obligation de prudence, qui se traduit en langage courant par : « Tais-toi ! »

Bien, pas bien...
Ensuite, notre code de déontologie nous délivre les exemples des mauvais et des bons comportements. Les policiers auraient-ils besoin d'être reformatés dans des camps de rééducation ?
Voici les plus marquants :

Relations personnelles en connaissance de cause avec une personne défavorablement connue des services de police et/ou de justice (ce comportement constitue également une atteinte portée au renom de la police nationale) ;

Cette rédaction sous-entend qu'une personne ayant purgé sa peine est réhabilitée vis-à-vis de la société, mais pas des policiers. Allons-nous revenir au temps des galériens marqués au fer rouge à vie ?
Cela pose toutefois d'autres questions, par exemple par rapport à notre ministre Castaner, sujet de ces quelques lignes :

Entre sorties en boîte et parties de poker, où il croise quelques figures du milieu marseillais. « Manosque était leur base arrière. J'ai vu ces gens-là de près, certains se faisaient buter. » Il dit avoir vécu des cartes ces années-là, attiré par « l'argent facile ».[32]

---
31. Communiqué CGT-Police du 04-07-2014, *Une formation de « formatage » pour s'approprier le nouveau code de déontologie de la police nationale.*
32. *Libération, Christophe Castaner : l'enjoliveur*, par Guillaume Gendron, le 18-09-2017.

Compte tenu des règles imposées au sein de la police, peut-il même légitimement être nommé « premier flic » de France ?

> Publicité donnée aux aléas relevant de la sphère privée (différends conjugaux ayant nécessité l'intervention des services de police/gendarmerie) ;

On serait une nouvelle fois tenté de mettre en avant l'exemplarité de Monsieur Castaner, qui n'était pas avec sa femme au Noto ce soir-là.

> Faire l'objet de poursuites ou condamnations judiciaires pour des faits commis dans l'exercice ou à l'occasion de l'exercice des fonctions, ou même en dehors du service (corruption, pédopornographie…) ;

Les policiers doivent avoir un casier judiciaire vierge pour exercer leurs fonctions et faire respecter la loi, ce qui est absolument normal. Ce qui l'est moins est que les élus, qui font la loi, eux peuvent exercer leur mandat malgré un casier judiciaire non vierge, voire une condamnation à de la prison ferme pour détournement de fonds publics :

> **Sylvie Andrieux, exclue du PS après sa condamnation** pour détournement de fonds publics, siège encore à l'Assemblée Nationale et **elle a même pu voter pour la loi Renseignement**. Comment une députée condamnée à quatre ans de prison, dont un ferme, peut-elle encore faire partie des élus de la République ?[33]

C'est une question qui, en effet, mérite d'être posée. Cela n'empêche pas pour autant le président Macron de déclarer le 15 septembre 2017, lors de la promulgation de la loi pour la confiance dans la vie politique :

---

33. *L'Obs Plus, Sylvie Andrieux : condamnée à de la prison ferme, elle reste députée. Je suis scandalisée*, publié le 06-05-2015, par Dom, chroniqueuse société.

> Il n'est donc pas exact d'affirmer que « l'impossibilité d'être élu quand on a un casier judiciaire B2 est aujourd'hui promulguée ».[34]

Finalement, il apparaît que dans le nouveau monde d'Emmanuel Macron, comme sous l'ancien de François Hollande, des députés pourront continuer à voter les lois, même après avoir été condamnés à de la prison ferme.

> Exemples de comportements positifs : observation d'une grande mesure en se gardant notamment de tout jugement excessif, susceptible de publicité, qui pourrait déconsidérer le policier ou le gendarme.

En conséquence, si nous constatons une magouille de la hiérarchie ou des passe-droits illégitimes, ou même si nous devons exécuter des ordres illégaux, surtout pas de « jugement excessif », observons « une grande mesure », car révéler ces faits pourrait donner une mauvaise image de la police.
Ce code de déontologie est un bijou : il permet de poursuivre les lanceurs d'alerte qui oseraient dénoncer les comportements répréhensibles de la hiérarchie policière, jusqu'au ministre.

Mort légale du policier-citoyen
Pour compléter cette reprise du code en vigueur sous Vichy, notre belle institution n'oublie pas de transformer l'obligation de réserve de 1986 en devoir de réserve à l'article R. 434-29 :

> Lorsqu'il n'est pas en service, il s'exprime librement dans les limites imposées par le devoir de réserve et par la loyauté à l'égard des institutions de la République.

---

34. Communiqué de l'association Anticor, du 15-09-2017, *La curieuse déclaration d'Emmanuel Macron lors de la promulgation des lois pour la confiance dans la vie politique.*

Il est dommage que ce code ne définisse nullement « le devoir de réserve », alors que c'était l'occasion d'en donner une vraie définition, mettant fin à une interprétation fluctuante et abusive de l'administration.

« Réserve » au sens de « modération dans l'expression » serait acceptable.

« Réserve » au sens de « silence et abstention » est inadmissible. L'administration et l'IGPN interprètent bien sûr le devoir de réserve de cette seconde façon.

Cet article veut introduire la morale, valeur subjective, dans un texte de droit normalement objectif.

Cette rédaction sous-entend qu'en « toutes circonstances », sur la base de ce devoir de réserve, le policier ne peut pas exprimer des opinions pouvant compromettre l'autorité de l'Exécutif ou qui pourrait faire douter de sa loyauté politique. À quoi vous fait penser un régime qui demande une telle loyauté ?

Presque tous les syndicats « représentatifs » complices
Pour éviter que les syndicats ayant envie de remplir leur mission le puissent, il est ajouté :

> Dans les mêmes limites, les représentants du personnel bénéficient, dans le cadre de leur mandat, d'une plus grande liberté d'expression.[35]

Notons que les rédacteurs ont rédigé une magnifique antiphrase : comment peut-on bénéficier « d'une plus grande liberté d'expression » « dans les mêmes limites », qui consistent justement à réduire la liberté d'expression ? Bravo, il fallait oser !

Encore plus fort, malgré cette atteinte à la liberté syndicale manifeste, ce texte est adopté en Comité technique ministériel avec l'aval de douze représentants du personnel sur dix-huit. Qui ont été

---
35. Conclusion de l'article R. 434-29 – du code de déontologie de la police nationale et de la gendarmerie nationale.

les résistants ? Chez Alliance, cinq votes contre pour éviter que les policiers soient des « sous-citoyens »[36] et une abstention chez Synergie.[37]

Bien sûr, le ministère de l'Intérieur confirme sa pensée par un commentaire sans appel :

> Il s'agit de l'élémentaire et nécessaire respect que doit le policier à l'institution, ainsi qu'au service public de la police et de la justice, au service desquels il est placé.[38]

Si c'est élémentaire, mon cher Watson, pourquoi être dans la morale plutôt que le légal ?

> Ce devoir peut être rapproché de celui dû à la protection du crédit ou du renom de la police nationale. Il s'en distingue, car le fait générateur est directement constitutif du manquement, alors que l'atteinte à l'honneur est le plus souvent constituée par le biais de la violation d'un autre manquement (probité…).[39]

Ainsi, les articles moralisateurs, qui permettent des sanctions subjectives, sont liés entre eux.

Cette fois-ci ne sont pas listés les bons comportements à suivre, mais seulement ceux qui sont proscrits :

> Exemples de comportements fautifs : Tenue de propos irrévérencieux sur une autorité hiérarchique par voie de presse ou tout autre moyen (réseaux sociaux…) ;

---

36. Communiqué du bureau national Alliance, *Code de déontologie pour les « sous-citoyens »*, publié le 13-01-2014.
37. Communiqué Unité-SGP-FO, *Code de déontologie de la police nationale, que chacun assume ses positions*, publié le 08-03-2013.
38. Article commenté R. 434-29 – du code de déontologie de la police nationale et de la gendarmerie nationale.
39. Suite de l'article commenté R. 434-29 – du code de déontologie de la police nationale et de la gendarmerie nationale.

Dérives et dysfonctionnements

Le censeur sera bien évidemment la haute hiérarchie policière, à la fois juge et partie. À quel type de régime nous fait penser ce pouvoir ? En l'occurrence, il ne s'agit plus de simples dysfonctionnements, puisque cette situation provient de la volonté des autorités. Est-il surprenant alors de constater des dérives, plus encore que des dysfonctionnements, ainsi que nous allons l'illustrer ?

Permis de tuer
L'autorité hiérarchique peut même tuer... sans que les lois en vigueur soient ensuite appliquées au coupable. Voici l'exemple d'une affaire révélée par *Le Parisien*[40] :

> **Jugé responsable d'un accident de la route mortel, un commissaire en poste à l'ambassade de France au Yémen a été rapatrié. Un dédommagement de 215 000 € a été versé à la famille de la victime.**
>
> Un diplomate de l'ambassade de France au Yémen, attaché de sécurité intérieure, a été exfiltré discrètement du pays en mai 2010 après avoir été à l'origine d'un accident mortel de la circulation dans la capitale, Sanaa. Des menaces avaient suivi, la victime appartenant à une tribu influente du pays. Le diplomate, un commissaire de police divisionnaire, Jean-Louis R., 59 ans, vient d'être renvoyé devant le conseil de discipline par Frédéric Péchenard, le directeur général de la police. Une importante transaction financière a été effectuée par le ministère de l'Intérieur pour un montant de 215 000 € afin d'apaiser la famille de la victime. Le départ précipité de ce fonctionnaire de police en charge des relations avec les services de sécurité yéménites avait été mis sur le compte d'une mutation. Il n'en était rien.

---
40. *Le Parisien*, *Un commissaire de police discrètement exfiltré du Yémen*, publié le 20-10-2011 par la rédaction.

Tandis qu'il rentre chez lui le 20 mai 2010 au volant de son véhicule après une soirée organisée pour le départ d'un autre officier en poste à Sanaa, il renverse un Yéménite, « tué sur le coup », mais ne s'arrête pas. L'article se poursuit ainsi :

> **Le « prix du sang »**
> [...] Il a expliqué à sa hiérarchie que ce soir-là, il a cru avoir « heurté un poteau couché au sol » qui s'est relevé au passage de la voiture et a frappé son pare-brise. Mais le tout-terrain conduit par le commissaire est repéré par une patrouille de police qui relève son immatriculation diplomatique. La famille de la victime demande la « dyia », le « prix du sang », comme c'est l'usage dans ce pays. Son clan menace de soumettre l'ambassade de France à un siège ou à une mise à sac. L'ambassade négocie tandis que le commissaire est retenu au sein de la mission diplomatique pendant onze jours. Le calme ne reviendra qu'après le versement en urgence de 215 000 €, ce qui représente vingt fois le montant habituel de la dyia. « Un agent de l'État a effectivement été impliqué au Yémen, en mai 2010, dans un accident de la circulation qui a causé le décès d'un ressortissant de ce pays. Conformément au droit local, un accord a pu être trouvé avec la famille de la victime », confirme le porte-parole du ministère des Affaires étrangères, qui indique qu'« aucune procédure judiciaire n'a été engagée jusqu'à présent sur place ». Le règlement de la dyia selon le droit yéménite empêche toute poursuite judiciaire.
> Mais le Quai d'Orsay confirme aussi qu'une « enquête administrative est en cours au ministère de l'Intérieur, dont cet agent relève ». Un conseil de discipline se tiendra début novembre pour le commissaire de police. Mais l'ambassadeur qui était en poste à Sanaa au moment des faits a été rappelé dans son administration pour sa gestion chaotique de l'affaire.

Pour mieux comprendre le dessous des cartes et la très étrange version du « poteau couché au sol », ajoutons une information majeure, qui est omise dans l'article de presse. Ce commissaire conduisait en état d'ivresse, car il souffrait d'une dépendance à l'alcool.

En fin de compte, il a effectivement été envoyé en conseil de discipline mais a reçu la très lourde sanction administrative… d'être muté chef du Service départemental de l'information générale (ex-RG) à Ajaccio en Corse ! Aucune sanction alors que l'acte pourrait être qualifié d'« homicide involontaire », pas même une injonction de soin ou d'accompagnement de la part de notre belle institution pour l'aider à mettre fin à sa dépendance. Il a pu partir tranquillement à la retraite quelques années plus tard. A-t-il même remboursé la dyia payée par l'État et les contribuables français ?

Permis de voler
L'exemple suivant de dérive illustre parfaitement la morale de la fable *Les Animaux malades de la peste* de Jean de La Fontaine : « Selon que vous serez puissant ou misérable, les jugements de cour vous rendront blanc ou noir ».

Un autre commissaire détourne de l'argent devant servir à la lutte contre le terrorisme. L'affaire est, de nouveau, révélée par *Le Parisien*[41] :

> **AFFAIRE. L'homme a été mis en cause dans sa gestion des fonds d'enquête et de surveillance.**
>
> L'affaire fait quelque peu tousser dans les rangs de la police… Lundi, la révélation par I>Télé de la rétrogradation frappant le directeur adjoint de la direction du renseignement de la préfecture de police (DRPP) a suscité stupeur et émoi. Nicolas de Leffe, 50 ans, contrôleur général en poste au sein de la puissante DRPP depuis octobre 2010 redevient simple commissaire divisionnaire après avoir été confondu pour des manquements dans sa gestion de la caisse des fonds

---
41. *Le Parisien*, *Les déboires du contrôleur général*, de Stéphane Sellami, le 01-06-2016.

d'enquête et de surveillance. De l'argent destiné à financer des enquêtes ou à rémunérer des indicateurs.

Le numéro 2 de la DRPP — neveu de l'ancien président de la République Valéry Giscard d'Estaing — est soupçonné d'avoir pioché dans ces réserves non pas pour le compte de son service mais bien pour ses besoins personnels, selon les premières investigations menées par les policiers de l'Inspection générale de la police nationale (IGPN), la police des polices. Selon nos informations, entendu la semaine dernière par ses collègues des bœufs-carottes, Nicolas de Leffe, sorti de l'école des commissaires en 1993, a reconnu les faits.

C'est le retard dans le remboursement de frais dus au personnel qui déclenche l'affaire. Le préfet de police de Paris, Michel Cadot, en est informé et saisit l'IGPN, ce qui conduit à l'ouverture d'une enquête administrative. Stéphane Sellami relate ensuite dans son article :

Des difficultés financières après l'achat d'un château
[...] Une source policière évoque « une cavalerie financière avec la caisse de fonds de surveillance et d'enquête, sans que cela ne dépasse jamais les 2 000 € » à propos des faits reprochés au contrôleur général, décrit comme « un fonctionnaire au-dessus de tout soupçon ».
Au cours de son audition, l'ex-contrôleur général, passé par les commissariats des XIVe, XIe et VIIIe arrondissements, aurait argué de difficultés financières après l'achat récent d'un luxueux bien immobilier, un château en province destiné à des chambres d'hôtes. « Le parquet de Paris a également été avisé de ces faits à la demande du préfet », précise une source proche de Michel Cadot.
Selon nos informations, Nicolas de Leffe, qui a aussi occupé les fonctions d'attaché de sécurité intérieure à Washington (États-Unis) au milieu des années 2000, avant d'être affecté à la Direction centrale de la sécurité publique (DCSP), puis à la direction de l'ordre public et de la circulation (DOPC) à Paris,

devrait être prochainement recasé à la direction de la sécurité de proximité de l'agglomération parisienne (DSPAP).
« Au pire, il y a eu vol, au mieux, c'est de l'abus de confiance ! dénoncent plusieurs policiers. Ces pratiques sont intolérables. »

La suite de l'histoire est que, contrairement à ce qu'écrit le journaliste, ce commissaire n'a pas été dégradé, avec les conséquences que cela aurait impliquées sur l'évolution de sa carrière, il a juste été déplacé en tant que « chargé de mission », le temps de se faire oublier et de retourner comme chef de la circonscription d'Ivry-sur-Seine en juin 2018, soit deux ans après les faits.[42]

L'IGPN n'a pas cherché à savoir si l'argent détourné n'avait pas manqué à des missions opérationnelles de lutte antiterroriste, alors qu'il était aux responsabilités en 2015 lors des attentats de *Charlie Hebdo*, du Bataclan, du Stade de France, des terrasses de café... Du coup, grâce au magnifique code de déontologie en vigueur, silence dans les rangs !

À titre de comparaison, quand un adjoint technique de la Police nationale, cuisinier dans les CRS, récupère quatre steaks périmés dans le but de les donner à ses chiens, sa hiérarchie requiert un mois d'exclusion temporaire de fonction, donc sans salaire, pour chaque steak volé ! Mon organisation syndicale l'a défendu et nous avons obtenu que la sanction d'exclusion soit réduite à quinze jours, l'administration ne démordant pas du qualificatif de vol, bien que la procédure soit restée disciplinaire et non portée devant les juridictions pénales.

Devons-nous en conclure que, pour la hiérarchie, il est plus grave de prendre quatre steaks avariés que dans la caisse des fonds d'enquête et de surveillance ?

---

42. Communiqué VIGI, 01-09-2018, *Prise de poste officielle du commissaire divisionnaire « cleptomane » de la DRPP à Ivry-sur-Seine*, du 03-09-2018.

Permis de mentir

Pour Marie-France Monéger-Guyomarc'h, directrice de l'IGPN nommée par Manuel Valls, ministre de l'Intérieur, en septembre 2012[43] et qui prend sa retraite le 31 décembre 2018[44] :

> Aucun policier n'est intouchable.[45]

Belle déclaration, mais le syndicat VIGI publie dès le lendemain un communiqué pour souligner ce propos mensonger, preuves à l'appui, en reproduisant les deux articles du *Parisien* cités ci-dessus.[46]

Elle dépose plainte contre moi à titre pénal, pour diffamation. Le procureur de la République classe l'affaire sans suite, mais Marie-France Monéger-Guyomarc'h décide néanmoins de saisir un juge d'instruction. L'instruction commence fin juin 2019, juste après mon exclusion disciplinaire de la Police nationale, sur laquelle je reviendrai plus avant dans ce livre. Pour des raisons de début de période estivale, notre courrier syndical est relevé avec retard et je ne peux présenter d'observations pour ma défense dans les délais impartis. En conséquence, je suis mis en examen le 26 juillet 2019.

Compte-t-elle gagner en se basant sur la légalité ou mise-t-elle plutôt sur le fait que je n'aurai pas les ressources financières pour payer un avocat et me défendre ? Heureusement, grâce au syndicat et à l'élan de générosité du public, je peux ensuite assurer ma défense.

La disproportion des moyens constitue une autre forme de dérive, surtout lorsque la hiérarchie peut se servir, pour ne pas dire « abuser », des ressources de l'État pour se défendre ou mener des actions. Ce n'est pas ce que fait Mme Monéger-Guyomarc'h contre moi, car elle

---

43. Décret du 14-09-2012 portant nomination d'une directrice, cheffe du service de l'inspection générale de la police nationale – Mme Moneger (Marie-France).
44. Décret du 28 novembre 2018 portant mise à la retraite d'une directrice, cheffe de l'inspection générale de la police nationale – Mme Moneger-Guyomarc'h (Marie-France).
45. *Le Parisien*, *La patronne de l'IGPN : « Aucun policier n'est intouchable »*, propos recueillis par Jean-Michel Décugis, Éric Pelletier et Jérémie Pham-Lê, le 25-06-2018.
46. Communiqué VIGI, *La patronne de l'IGPN : « Aucun policier n'est intouchable »*, du 26-06-2018.

utilise ses propres revenus, sans commune mesure avec les miens, moi qui ne bénéficie d'aucunes des primes confortables réservées à la hiérarchie, comme souligné précédemment. Rappelons que le procureur de la République a déjà classé l'affaire sans suite.

Permis de magouiller
Ce qui est curieux, c'est qu'il n'y a pas de rappel dans ce code de l'obligation de dénoncer un crime ou un délit auprès du procureur de la République :

> Toute autorité constituée, tout officier public ou fonctionnaire qui, dans l'exercice de ses fonctions, acquiert la connaissance d'un crime ou d'un délit est tenu d'en donner avis sans délai au procureur de la République et de transmettre à ce magistrat tous les renseignements, procès-verbaux et actes qui y sont relatifs.[47]

S'agit-il d'un oubli ou est-ce pour nous éviter de manquer à notre devoir de réserve ? La seconde option semble être à privilégier :

> Exemples de comportements fautifs :
> [...]
> Publication/diffusion, sous quelque forme que ce soit, d'écrits ou de paroles irrespectueux sur la police/les fonctionnaires de police/les institutions (État, Défenseur des droits...),[48]

Pour ceux qui avaient encore un doute, ce code nous place définitivement au service du pouvoir, quels que soient les abus qu'il commet. Sont sanctionnés ceux qui l'oublient et auraient pu avoir des velléités d'être d'abord au service du peuple et non des « intérêts nationaux ».

---

47. Article 40 du Code de procédure pénale, alinéa 2.
48. Article R. 434-29 – Devoir de réserve du code de déontologie de la police nationale et de la gendarmerie nationale commenté.

Permis de décréter

Comment ce « simple » décret n° 2013-1113 peut-il limiter la liberté d'expression alors qu'elle est garantie par les textes législatifs et constitutionnels fondamentaux suivants ?

1) La Loi du 13 juillet 1983, dont l'article 6, sans ambiguïté, commence ainsi :

> La liberté d'opinion est garantie aux fonctionnaires.

2) La Déclaration des Droits de l'Homme et du Citoyen de 1789 et son article 11, qui font partie intégrante de la Constitution de la Ve République :

> La libre communication des pensées et des opinions est un des droits les plus précieux de l'Homme : tout Citoyen peut donc parler, écrire, imprimer librement, sauf à répondre de l'abus de cette liberté dans les cas déterminés par la Loi.

3) La Déclaration universelle des droits de l'homme adoptée par l'Assemblée générale des Nations Unies le 10 décembre 1948, dont voici l'article 19 :

> Tout individu a droit à la liberté d'opinion et d'expression, ce qui implique le droit de ne pas être inquiété pour ses opinions et celui de chercher, de recevoir et de répandre, sans considération de frontières, les informations et les idées par quelque moyen d'expression que ce soit.

4) La Convention européenne des droits de l'Homme, dont l'article 10 est intitulé « Liberté d'expression » :

> 1. Toute personne a droit à la liberté d'expression. Ce droit comprend la liberté d'opinion et la liberté de recevoir ou de communiquer des informations ou des idées sans qu'il puisse

y avoir ingérence d'autorités publiques et sans considération de frontière. Le présent article n'empêche pas les États de soumettre les entreprises de radiodiffusion, de cinéma ou de télévision à un régime d'autorisations.

2. L'exercice de ces libertés comportant des devoirs et des responsabilités peut être soumis à certaines formalités, conditions, restrictions ou sanctions prévues par la loi, qui constituent des mesures nécessaires, dans une société démocratique, à la sécurité nationale, à l'intégrité territoriale ou à la sûreté publique, à la défense de l'ordre et à la prévention du crime, à la protection de la santé ou de la morale, à la protection de la réputation ou des droits d'autrui, pour empêcher la divulgation d'informations confidentielles ou pour garantir l'autorité et l'impartialité du pouvoir judiciaire.

Ce décret gouvernemental viole d'autant plus la Constitution que, pour limiter les libertés individuelles en France, il faut une loi et non un décret, ainsi que l'imposent les deux textes constitutionnels suivants :

1) L'article 4 de la Déclaration des Droits de l'Homme et du Citoyen de 1789 :

La liberté consiste à pouvoir faire tout ce qui ne nuit pas à autrui : ainsi, l'exercice des droits naturels de chaque homme n'a de bornes que celles qui assurent aux autres Membres de la Société la jouissance de ces mêmes droits. Ces bornes ne peuvent être déterminées que par la Loi.

2) L'article 34 de la Constitution du 4 octobre 1958 :

La loi fixe les règles concernant :
- les droits civiques et les garanties fondamentales accordées aux citoyens pour l'exercice des libertés publiques ; [...]

- les garanties fondamentales accordées aux fonctionnaires civils et militaires de l'État ;

Il n'y aucun doute : c'est bien la loi, qui doit fixer « les garanties fondamentales accordées aux fonctionnaires civils et militaires de l'État », pas un simple décret.

D'ailleurs, le Conseil constitutionnel censure[49], pour méconnaissance de l'art. 34 de la Constitution, ce texte[50] qui confiait au Comité supérieur de la télématique le soin d'élaborer des règles déontologiques sans autres limites que de caractère très général. Cela démontre parfaitement que la détermination de normes déontologiques appartient à la compétence du législateur, celui-ci pouvant déléguer son pouvoir à l'autorité réglementaire sous réserve du respect des droits et des libertés constitutionnellement garantis.

Ce n'est manifestement pas le cas lorsqu'il s'agit de la Police nationale.

Les hérétiques au bûcher !

Pour éviter que des pensées « hérétiques » ne viennent perturber la mise en application de ce code, la Direction générale de la police nationale (DGPN) décide la mise en place d'une « formation » intitulée « S'approprier le Code de déontologie ».

Elle est obligatoire pour les fonctionnaires de police de tous grades. Faut-il éviter les électrons libres qui oseraient penser par eux-mêmes ? Cette fois-ci, curieusement, notre hiérarchie n'utilise pas ses excuses habituelles pour refuser nos demandes de formation, donc tous les personnels y assistent sans difficulté, voire sous la contrainte pour les récalcitrants.

Voici quelques perles de ces trois heures de formation[51] :

---

49. Décision n° 96-378 DC du 23 juillet 1996.
50. Loi n° 96-659 du 26 juillet 1996 de réglementation des télécommunications.
51. Tract CGT-Police, *Une formation de « formatage » pour s'approprier le nouveau code de déontologie de la police nationale*, publié le 04-07-2014.

> Question d'un participant : Comment appliquer ce nouveau code anticonstitutionnel, vu qu'il aurait dû être pris par une loi et non un décret ?
> Réponse de la formation : Nous ne sommes pas là pour juger de la légalité des actes du ministre de l'Intérieur, mais pour les appliquer.

Si un policier ne juge pas de la légalité des actes du ministre de l'Intérieur, nous n'avons plus besoin de lois, les ordres suffisent. Une telle théorie est-elle compatible avec un régime démocratique ?

> Question d'un participant : Comment définir le discernement, qui est une notion subjective ?
> Réponse de la formation : Le bon discernement est celui du chef de service.

Ainsi, la hiérarchie peut sanctionner pour tous les motifs qui constituent, selon elle, des manques de... discernement. À l'inverse, elle pourra s'exonérer de toute faute, car elle aura fait preuve de discernement...

> La formation : Nous allons finir par quelques cas pratiques, qui ont réellement existé. Les réponses seront basées sur le nouveau Code de déontologie. Elles seront théoriques et non sur ce que vous avez pu observer sur le terrain.
> Cas pratique n°1 : Le fils d'un ministre est placé en garde à vue. Le préfet décroche son téléphone pour qu'il soit libéré. Que faire ? Selon le Code de déontologie, il y reste, car c'est le procureur qui décide.

Pourtant, dans la réalité, nous sommes régulièrement confrontés au fait du prince, comme le confirme parfois la presse. Par exemple, il n'y a pas d'interrogatoire de Jean Sarkozy, fils du président de la République, quand une personne dépose plainte contre lui :

> Jean Sarkozy, un des trois fils du chef de l'État, a été relaxé lundi par le tribunal de Paris des accusations de délit de fuite et de dégradations commises avec son scooter sur une voiture.
> Le plaignant, Mohammed Bellouti, qui l'accusait d'avoir provoqué ces dégâts sur son véhicule, a été condamné à lui verser 2 000 euros de réparations pour « procédure abusive ». Jean Sarkozy a aussitôt annoncé dans un communiqué qu'il donnerait cette somme à une « association d'aide aux enfants malades ».
> « La justice est la même pour tous, elle a fait ce qu'elle devait faire, on ne peut pas accuser de manière téméraire », a dit l'avocat du fils du président de la République, Me Thierry Herzog. Mohammed Bellouti s'est dit consterné. « Je savais que la justice était inégale, mais de là à se faire condamner pour procédure abusive, c'est surréaliste », a-t-il déclaré.
> Jean Sarkozy était accusé par Mohammed Bellouti d'avoir endommagé sa BMW en l'emboutissant par l'arrière, place de la Concorde le 14 octobre 2005. Jean Sarkozy n'a jamais été interrogé par la police malgré une plainte déposée en 2006.

Mohammed Bellouti commente la décision de la Justice en estimant que « le fils du chef de l'État a bénéficié d'un traitement de faveur », ce que Jean Sarkozy réfute complètement, déclarant même que son adversaire a inventé cette histoire pour se faire dédommager d'autres accidents. Les journalistes du *Point* poursuivent ainsi leur article :

> [...] Fait exceptionnel dans un litige de ce type où le plaignant réclamait 260 euros de réparations matérielles et 4 000 euros pour préjudice moral, un expert judiciaire a été désigné par le tribunal en décembre. Il a conclu que les dégâts constatés sur le véhicule n'étaient pas compatibles avec un choc contre un scooter du type de celui de Jean Sarkozy.
> Le scooter de Jean Sarkozy avait déjà attiré l'attention des médias début 2007, quand la police avait eu recours à une recherche d'empreintes génétiques pour le retrouver après un

vol. La gauche avait alors estimé qu'il s'agissait d'un traitement de faveur, la recherche d'ADN, coûteuse, étant en principe réservée aux affaires criminelles.[52]

Un autre exemple : en 2009, le fils du patron de la Police nationale commet ce qui pourrait s'appeler un « outrage à agent », dont la plainte, pourtant, n'arrivera jamais jusqu'au Parquet. *Le Figaro* relate l'aventure dans un article du 16 septembre 2010, au titre évocateur :

L'intervention embarrassante du patron de la police

Le fils de Frédéric Péchenard, le directeur général de la police nationale, a été interpellé l'an dernier pour conduite en état d'ivresse et insultes à agent. Des consignes ont été données pour lui éviter des poursuites, affirme *Le Parisien*.
[NdA : en gras dans l'article original].

Frédéric Péchenard, qui a affirmé lundi avoir commandité l'enquête des services secrets sur les fuites dans l'affaire Bettencourt, doit faire face à une toute autre affaire, plus personnelle cette fois. Selon les informations du *Parisien*, le directeur général de la police nationale (DGPN), ami proche de Nicolas Sarkozy, serait intervenu l'an dernier après l'interpellation de son fils de 16 ans pour conduite en état d'ivresse et outrage à agents.
Les faits remontent à la nuit du 17 au 18 février 2009, raconte le quotidien, qui publie des extraits de deux procès-verbaux et d'une note de service pour appuyer ses affirmations. Vers 23 heures, l'attention des policiers est attirée sur les Champs-Élysées « par le conducteur d'un scooter de couleur rouge [?] qui circule sur le trottoir [?] et effectue plusieurs dérapages », explique un agent dans une déposition. Il s'agit du fils de Frédéric Péchenard, manifestement en état d'ébriété. Contrôlé,

---

52. *Le Point*, *Jean Sarkozy relaxé dans l'affaire du scooter*, par Thierry Lévêque et Gilles Trequesser, 29-09-2008.

> l'adolescent se fait menaçant. « Tu fais qu'un métier de con, je vais te muter à la circulation », lance-t-il. Il est conduit au commissariat du VIIIe arrondissement.

Exactement le dilemme qu'aucun policier ne veut rencontrer dans sa carrière : appliquer la loi et prendre réellement le risque de finir à la circulation ou fermer les yeux en échange d'une promotion, en espérant que cela suffise à réduire au silence notre conscience. L'article se poursuit ainsi :

> **« Il ne s'est rien passé cette nuit »**
> C'est dans ces locaux de la rue du Faubourg-Saint-Honoré que la procédure prend une tournure inhabituelle. L'officier de police judiciaire, à qui l'adolescent a été présenté, y reçoit rapidement des instructions très « directives » du commissaire de permanence cette nuit-là à Paris. « J'ai reçu pour consigne de Monsieur X de ne pas placer l'interpellé en GAV (garde à vue, ndlr), de ne pas aviser la permanence de nuit du Parquet, ne pas auditionner le mis en cause », déclare ce fonctionnaire dans un rapport interne de ce commissariat.
> Un gardien de la paix, s'estimant outragé par le fils de Frédéric Péchenard lors de l'interpellation, décide malgré tout de porter plainte. Il est 2 h 50. C'est alors qu'arrive le patron de la DGPN pour récupérer son fils. Une pièce spéciale lui est réservée avec l'agent qui a porté plainte. « Aucune bribe ne s'échappera de cette conversation, et la plainte restera sans suite. Le parquet de Paris reconnaît ne pas en avoir de trace », précise le quotidien. Convoqués pour une réunion le matin même, les agents sont invités à oublier l'événement. « Il ne s'est rien passé cette nuit », leur lance-t-on.

Toujours les mêmes dérives, quels que soient les hommes. Sans doute pour mieux illustrer la morale de la fable *Les Animaux malades de la peste,* de Jean de la Fontaine, vue ci-dessus ? L'affaire, cependant, n'en reste pas là :

« Tout le monde était au courant de cette histoire »
Ces consignes émanaient-elles de Frédéric Péchenard ? Interrogé par le journal, l'entourage du patron de la police nationale a démenti toute intervention pour faire retirer la plainte ou « enterrer » la procédure. « S'il s'est déplacé dans un commissariat pour aller chercher son fils, c'est en tant que père et sûrement pas en tant que chef de la police », objecte un proche. « Je suis sûr qu'il n'aurait jamais demandé à des policiers de ne pas exercer leur métier. Ce serait suicidaire », précise cette même source.
Ainsi, « personne n'exclut que la plainte déposée par un gardien de la paix contre le jeune Péchenard pour outrage ait disparu d'elle-même », par la simple évocation du nom de Frédéric Péchenard, qui aurait pu « exercer une pression », explique *Le Parisien*. Les proches du patron de la police jugent surtout que l'évocation de cette affaire aujourd'hui n'est pas un hasard. « À travers son fils, c'est lui qui est visé, ainsi que le président de la République », a fait valoir une source du journal.
Nicolas Comte, secrétaire général d'Unité police SGP-FO (premier syndicat de gardiens de la paix), s'est dit « surpris » que cette « affaire sorte maintenant » et « par la tournure qu'elle prend ». Il a ajouté comprendre le « père qui va chercher son fils au commissariat » et, « à ma connaissance », le DGPN a « présenté ses excuses ainsi que son fils ». Pour Patrice Ribeiro, secrétaire général de Synergie (2ᵉ syndicat d'officiers), « s'il y avait eu pression cela se saurait » et « tout le monde était au courant de cette histoire ». Lui aussi s'est dit « surpris qu'elle « sorte deux ans après ».

Depuis, Frédéric Péchenard est devenu vice-président du conseil régional d'Île-de-France en charge de la sécurité. De même, Christiane Taubira avait tenté de faire annuler la condamnation de son fils en 1999, ce qui ne l'a pas empêché de devenir Garde des Sceaux, comme le relate *Valeurs Actuelles* dans l'article[53] :

---
53. Du 14-03-2014 (initialement le 11-09-2013) écrit par valeursactuelles.com.

Christiane Taubira a tenté de faire annuler la condamnation de son fils

FAVORITISME. Douze ans avant de proposer, en tant que garde des Sceaux, des peines de substitution pour les personnes condamnées à moins de cinq ans de prison, **Christiane Taubira** — qui vient de réaliser la pire audience de l'émission *Des paroles et des actes*, sur France 2, le 5 septembre —, alors députée de Guyane, avait tenté de faire annuler purement et simplement la condamnation par le tribunal de Bourges (avec dispense de peine) d'un de ses fils pour complicité de vol.
Dans un document en date du 5 février 2001 que *Valeurs actuelles* a pu consulter, elle demande de faire procéder à une « annulation » (sic) de ladite condamnation. Motif : « À chaque fois qu'il subit un contrôle d'identité, la consultation du fichier provoque sa conduite au commissariat. » Comme en avril 1999, où un épisode analogue avait, dit-elle, conduit des passants à venir témoigner en sa faveur. On ignore si Mme Taubira avait obtenu satisfaction de **Marylise Lebranchu** [NdA : en gras dans le texte], alors ministre de la Justice et actuellement ministre de la Réforme de l'État, de la décentralisation et de la fonction publique...

Un dernier exemple, le fils de Laurent Fabius, qui peut forcer un barrage de police en toute impunité[54] :

Le fils du ministre des Affaires étrangères a été interpellé par la police, lundi

Thomas Fabius fait de nouveau parler de lui. Selon *Le Point*, le jeune homme de 32 ans a été interpellé lundi soir. Le fils du ministre des Affaires étrangères a en effet forcé un barrage de police et grillé un feu rouge à Paris. Les policiers étaient

---

54. *Paris-Match, Thomas Fabius a forcé un barrage de police*, par A. G., le 09-07-2014.

Dérives et dysfonctionnements

en place pour délimiter un périmètre de sécurité autour d'un incendie. Au volant de son Audi cabriolet, il a finalement été rattrapé par des policiers qui l'avaient pris en chasse.
Le Point souligne que le fils de Laurent Fabius a rappelé aux policiers qu'il était le fils du ministre. Les policiers l'ont laissé utiliser son portable pour appeler son avocat, une attention rare. Conduit jusqu'au commissariat du 7e arrondissement, il a été interrogé mais il est ressorti libre, sans avoir été placé en garde à vue.
Thomas Fabius fait par ailleurs l'objet d'une instruction dans une affaire financière. Ainsi que le racontait *Match* l'an dernier, il intéresse les juges notamment pour l'achat d'un bel appartement de 285 mètres carrés pour 7,4 millions d'euros. Comment ce flambeur qui ne paie pas l'impôt sur le revenu a-t-il pu se l'offrir ? Accro au jeu, il lui est arrivé de perdre en quelques minutes des sommes folles. « Son vrai truc, c'est la roulette, dans les casinos, où il se fait ouvrir les salles privées réservées aux gros joueurs. Je l'ai vu pleurer à 4 heures du matin, après avoir perdu près de 100 000 euros en dix minutes. Quand il est à une table de jeu, il est méconnaissable. Il crie, apostrophe les croupiers. Il est très mauvais perdant. Mais quand il gagne, c'est champagne pour tout le monde ! », expliquait un de ses anciens amis à *Match*. Le « fils de » sait aussi utiliser son nom pour débloquer certaines situations. « Il y a toujours eu chez Thomas un fort sentiment d'impunité. Pointant du doigt son crâne dégarni et faisant référence aux relations de son père, il avait coutume de dire : « Sachez qu'en France, personne ne peut toucher à un cheveu des Fabius. »», expliquait encore un autre ami.

Y a-t-il besoin de développer sur l'arbitraire de ce nouveau code et de ceux chargés de le faire respecter ?

<u>Le mot de la fin de la formation</u> : Pensez à ce qui est le plus important : pouvoir manger à la fin du mois ou défendre des valeurs républicaines ?[55]

Cette question a le mérite d'être clairement posée.

---

55. Communiqué CGT-Police, *Une formation de « formatage » pour s'approprier le nouveau code de déontologie de la police nationale*, publié le 04-07-2014.

III. Police politique

Suivre les traces de Vichy et de l'URSS
Le « nouveau » code de déontologie est donc en place. Encore faut-il une police politique, comme l'URSS avait ses commissaires politiques, pour l'appliquer avec zèle, à défaut de « discernement ». L'IGPN va se charger de cette belle besogne. L'IGPN, c'est-à-dire la Police nationale ?

Comment est-ce possible, étant donné que le Code européen d'éthique de la police[56], adopté par le comité des ministres[57] du Conseil de l'Europe[58] prévoit ceci :

> Responsabilité et contrôle de la police
> 59. La police doit être responsable devant l'État, les citoyens et leurs représentants. Elle doit faire l'objet d'un contrôle externe efficace.

D'ailleurs, pour éviter tout doute sur la volonté du Conseil de l'Europe, le texte se poursuit ainsi :

> 61. Les pouvoirs publics doivent mettre en place des procédures effectives et impartiales de recours contre la police.

---

56. Recommandation Rec (2001)10 adoptée par le Comité des Ministres du Conseil de l'Europe le 19 septembre 2001. Guide - Légiférer sur le Secteur de la Sécurité Standards Internationaux Relatifs aux Forces de Police, Le Code européen d'éthique de la police.
57. Le Comité des Ministres est l'instance statutaire de décision du Conseil de l'Europe. Il se compose des ministres des Affaires étrangères des États membres.
58. Le Conseil de l'Europe est la principale organisation de défense des droits de l'homme sur le continent européen. Il comprend 47 États membres, dont 28 sont membres de l'Union européenne. Tous les États membres du Conseil de l'Europe ont signé la Convention européenne des droits de l'homme, un traité visant à protéger les droits de l'homme, la démocratie et la primauté du droit.

> Commentaire
> Les plaintes visant la police doivent faire l'objet d'une enquête impartiale. « La police enquêtant sur la police » est une opération qui suscite généralement des doutes quant à son impartialité. L'État doit donc mettre en place des systèmes qui soient non seulement impartiaux, mais le soient aussi de manière visible, de manière à gagner la confiance du public. En dernier ressort, il doit être possible de soumettre ces plaintes à un tribunal.

Cela paraît évident : pour des fonctions régaliennes aussi importantes puisqu'elles peuvent remettre en cause le bon fonctionnement d'une démocratie, la police ne peut être juge et partie de ses propres actes.

Pour lutter contre cette tendance à vouloir tout contrôler, il est ajouté l'article suivant :

> 62. Il conviendrait d'encourager la mise en place de mécanismes favorisant la responsabilité et reposant sur la communication et la compréhension entre la population et la police.

> Commentaire
> Le présent paragraphe appelle l'attention sur les possibilités de développer les relations entre la population et la police par le biais de mécanismes qui, en rapprochant la police de la population, pourraient contribuer à améliorer la compréhension mutuelle. [...] On peut songer à des structures de médiation ou de recours, qui offrent à la population et à la police des moyens de régler leurs différends dans le cadre de contacts et de négociations informels entre les parties. De tels mécanismes devraient, de préférence, être indépendants de la police. [...]
> La transparence [est une] [...] mesure bénéfique pour la population aussi bien que pour la police, en ce sens qu'elle permet à la population d'exercer un certain droit de regard tout en contribuant à battre en brèche les accusations non fondées portées contre la police.

De quel délai bénéficient les États signataires de ce Code européen d'éthique de la police, dont la France en 2001, pour appliquer ces recommandations ? Le préambule intégré à ce code apporte la réponse :

> Ce travail devrait aboutir à un rapport et/ou une recommandation sur la déontologie de la police, qui pourrait servir de cadre d'orientations aux États membres qui envisagent une réforme de la police ou l'élaboration d'un code national de déontologie de la police.

La France a élaboré un code national de déontologie de la police, entré en vigueur le 1er janvier 2014. Pourtant, le Code européen d'éthique de la police n'a pas servi de cadre à ses nouvelles orientations. Pourquoi ?

Pire, notre nouveau code de déontologie français prend des dispositions inverses. Pourquoi, par exemple, ne pas avoir supprimé l'opacité des enquêtes de l'IGPN ?

Il pourrait être objecté qu'il ne s'agit que de recommandations. Alors, quelle valeur juridique contraignante présente une recommandation du Comité des Ministres du Conseil de l'Europe ?

> La recommandation se distingue d'autres instruments de communication aux gouvernements en ce qu'elle manifeste explicitement un accord quant aux mesures qu'elle contient, quelle que soit d'ailleurs la nature juridique de ces mesures (convention, accord, politique commune, et autres). En adoptant une recommandation, chaque État exprime sa volonté et le Comité des ministres manifeste son accord. [...]
>
> 3) [...] [Les] recommandations du CM [NdA : Comité des ministres] [...] engagent l'État sans nécessiter de procédure de ratification.[59]

---

59. *Synthèse sur la situation des recommandations du Comité des Ministres dans le paysage juridique du Conseil de l'Europe*, par Grégor Puppinck, Directeur du European Centre for Law and Justice et Docteur en Droit, publié le 27-03-2012.

En fin de compte, le fait que l'IGPN ne soit pas indépendante de la Police nationale contribue inévitablement à générer des dysfonctionnements, lorsqu'il ne s'agit pas de dérives inacceptables dans un État de droit, ainsi que nous allons le constater dans les exemples à suivre.

Transformer un innocent en coupable

En 2016, un collègue est victime de ce qu'un juge pourrait qualifier de faux et usage de faux en écriture[60]. En effet, pour avoir dénoncé des dysfonctionnements au sein de son service en tant que délégué syndical[61], sa hiérarchie remplit une feuille de mutation à sa place, pendant qu'il est en vacances. Le but : se débarrasser de lui.

Notre collègue a vent de la manœuvre et alerte l'ensemble de sa hiérarchie, jusqu'à son directeur, ainsi que le président de la Commission administrative paritaire (CAP), en charge de valider la mutation. Réponse identique à chaque fois : la demande nous a été transmise régulièrement par voie hiérarchique, nous allons donc en tenir compte.

Devant l'immobilisme de l'appareil bureaucratique qu'est la Police nationale, notre collègue saisit la Justice, en déposant une plainte pénale auprès du procureur, qui mandate l'IGPN pour enquête. Au cours de l'audition, notre collègue se voit d'abord demander ce que signifient divers sigles policiers. Cela ne présente aucun intérêt pour sa procédure, sauf à penser qu'il s'agit d'une tentative pour le déstabiliser.

Comme il affirme qu'il n'a pas pu signer cette demande de mutation parce qu'il se trouvait en vacances au même moment, il lui est rétorqué que c'est à lui de le prouver.

---

60. Article 441-1 du Code pénal : Constitue un faux toute altération frauduleuse de la vérité, de nature à causer un préjudice et accomplie par quelque moyen que ce soit, dans un écrit ou tout autre support d'expression de la pensée qui a pour objet ou qui peut avoir pour effet d'établir la preuve d'un droit ou d'un fait ayant des conséquences juridiques. Le faux et l'usage de faux sont punis de trois ans d'emprisonnement et de 45 000 euros d'amende.
61. Tract CGT-Police, *Mais que se passe-t-il à la 11ème compagnie d'intervention ?*, 10-04-2013.

Il apporte sa feuille de congés signée par sa hiérarchie, sur laquelle il est clairement noté en congé sur la période où le document litigieux a été fabriqué. Il présente aussi des témoignages de sa famille et des amis chez lesquels il a résidé ou qu'il a vus, mais, pour l'IGPN, ce sont des témoignages de complaisance.

Il apporte alors des relevés bancaires montrant des paiements attestant qu'il ne pouvait être à son service au moment où il est déclaré avoir signé sa demande de mutation.

Sur le fait que le document litigieux ne corresponde ni à son écriture ni à sa signature, l'IGPN reste anormalement silencieuse.

Tout au long de son audition, alors qu'il est manifestement la victime, bien que l'on pourrait croire à la lecture de son interrogatoire qu'il a commis un crime odieux, l'IGPN l'empêche de consulter ses notes pour se remémorer le déroulement chronologique des événements, espérant sans doute qu'il se contredise dans ses déclarations, sous la pression.

Selon l'IGPN, il aurait dû prévenir son service par rapport au fait qu'il portait plainte. Quelle idée de génie : alerter préalablement l'auteur de l'infraction qu'on dépose plainte contre lui ! Pourtant, l'infraction est grave, puisque si elle est avérée, son auteur risque trois ans d'emprisonnement et 45 000 € d'amende.

Ensuite, l'IGPN passe aux menaces :

> Je vois déjà deux manquements aux obligations. Si je creusais un peu plus, je suis sûr que j'en trouverais d'autres. Je vous préviens, attention quand les dossiers vont tomber de l'armoire.[62]

L'IGPN ne se cache plus : le coupable n'est pas celui qui commet l'infraction pénale, mais celui qui ose commettre un crime de « lèse-majesté » en remettant en cause la hiérarchie policière.

Pour être sûre de bien se faire comprendre, la commandante de l'IGPN chargée du dossier l'invective :

---

62. Communiqué CGT-Police, *L'IGPN une machine à faire « taire » les collègues*, du 28-03-2014.

> L'administration n'aime pas qu'on lave son linge sale en place publique et être portée en faute devant la justice. Si vous n'établissez pas que ce faux existe, vous serez poursuivi pour délit imaginaire, en plus de la procédure administrative qui suivra derrière. Vous auriez été plus serein en acceptant la mutation.[63]

Comment qualifier de tels propos ? Peut-on considérer que cette audition est juste et impartiale ? Pour l'IGPN, la hiérarchie policière est presque toujours la victime. Pour la blanchir, tous les moyens sont bons : intimidation, chantage, menaces, pressions psychologiques... Qui ira les poursuivre pour de tels actes vus que la police enquête sur elle-même ?

Sans surprise, Marie-France Monéger-Guyomarc'h, directrice de l'IGPN, trouve cette audition des plus normales :

> J'ai analysé les questions posées par le commandant P. et je considère qu'elles sont appropriées à l'affaire traitée. [...]
> Je n'ai donc pas, à ce stade, de raison objective de lui retirer ma confiance.[64]

Finalement, notre collègue doit refuser cette mutation qu'il n'a pas demandée et, consécutivement à ce refus, l'administration le prive d'avancement pour trois ans, avec toutes les conséquences que cela implique, notamment en matière de salaire.

Fouiller la vie privée
Un collègue porte plainte pour chantage à la suite d'un vol de données personnelles. Il ne cède pas au maître-chanteur, qui envoie la correspondance dérobée à l'IGPN. Elle ne donne pas suite au dépôt de plainte de vol et de chantage, mais comme il dénonce lui aussi

---

63. Suite du communiqué CGT-Police, *L'IGPN, une machine à faire « taire » les collègues*, du 28-03-2014.
64. Communiqué CGT-Police, *L'IGPN, une machine à faire « taire » les collègues – acte II*, du 30-06-2014.

des manquements de sa hiérarchie, l'IGPN le poursuit pour manque d'exemplarité, alors que, comme le rappelle l'adage romain, *fraus omnia corrumpit*[65]. Ainsi, il ne devrait pas être poursuivi, puisque ces données proviennent d'un vol.

Notre collègue est auditionné par l'IGPN concernant des faits qui se sont produits hors service et relèvent de sa vie privée. Il est même interrogé sur des sujets touchant à son intimité.

Le commandant demande à notre collègue s'il accepte qu'on saisisse son ordinateur personnel pour les besoins de l'enquête.

Sous quel type de régime peut-on contrôler de façon intrusive la vie privée des gens, qui plus est sur la base d'une délation anonyme ?

Répression politique
La direction de la section parisienne de l'IGPN, appelée « Inspection générale des services » (IGS)[66] au moment des faits, se trouve mêlée à une affaire politique liée au candidat Nicolas Sarkozy, en vue de l'élection présidentielle de 2007[67] :

> Un scandale sans précédent ébranle la Préfecture de police de Paris. Selon une enquête menée par *Le Monde*, l'Inspection générale des services (IGS), la « police des polices », a sciemment truqué, en 2007, une procédure portant sur un éventuel trafic de titres de séjour au service des affaires réservées. Cela afin de nuire, à l'approche de l'élection présidentielle, à [...] trois hommes jugés trop éloignés du pouvoir sarkozyste, et très proches du Parti socialiste pour deux d'entre eux.
> Au total, quatre fonctionnaires ont été injustement mis en examen, M. Blanc ayant « seulement » été placé en garde à vue. Tous les cinq ont été suspendus à la suite de cette

---

65. « La fraude corrompt tout. » Les adages de droit romain sont toujours utilisés aujourd'hui pour plaider devant la justice.
66. Décret n° 2013-784 du 28 août 2013 relatif aux missions et à l'organisation de l'inspection générale de la police nationale.
67. Nicolas Sarkozy sera élu le 6 mai 2007 président de la République avec 53,06 % des voix face à Ségolène Royal.

affaire montée de toutes pièces – un « chantier », dans le jargon policier. Ils ont été innocentés en janvier 2011 par la cour d'appel de Paris. Et, désormais, la justice enquête sur... l'enquête de l'IGS. Quatre juges d'instruction parisiens mènent six enquêtes distinctes sur la « police des polices », par ailleurs épinglée dans l'affaire des fadettes du *Monde*. [...]
En toute discrétion, les magistrats, menant eux-mêmes les investigations, ont mis au jour de nombreuses irrégularités : plusieurs procès-verbaux ont été truqués, des retranscriptions d'écoutes téléphoniques caviardées, des déclarations déformées, sans parler des pressions sur des témoins... Jusqu'au patron de l'IGS, Claude Bard, qui ira tirer des chèques sur son compte personnel pour défrayer un « expert » venu de nulle part. Ils ont auditionné des témoins évoquant la « censure » à l'IGS, et la mainmise de la hiérarchie sur toutes les procédures. Au final, une incroyable série d'anomalies, d'autant plus choquantes qu'elles émanent du service censé contrôler la légalité des actes des policiers. [...]
Lui aussi visé par la manipulation, le maire (PS) du 18e arrondissement de Paris et député Daniel Vaillant a résumé son sentiment dans un courrier adressé le 31 mars 2011 à l'ex-procureur général près la Cour de cassation, Jean-Louis Nadal : « En prononçant directement des non-lieux au bénéfice de tous les fonctionnaires mis en cause, la chambre de l'instruction de la cour d'appel de Paris a ramené cette affaire à sa dimension réelle, celle d'un montage policier destiné à complaire au pouvoir politique dans le contexte de l'élection présidentielle de 2007. »[68]

Pour produire le document souhaité conforme à la volonté du pouvoir politique et non à la vérité, la hiérarchie policière s'autorise à toutes les dérives, la fin justifiant les moyens, y compris la subornation de témoin, pourtant sanctionnée de trois ans d'emprisonnement et

---

68. *Le Monde*, *La police des polices, au cœur d'un scandale judiciaire*, publié le 11-01-2012, par Gérard Davet et Fabrice Lhomme.

de 45 000 € d'amende.[69] Les autorités policières se savent-elles intouchables pour commettre de tels actes ?

> « Quand j'ai dit que je ne signerais pas ce qui était écrit, ils ont dit qu'ils allaient s'occuper de ma femme enceinte et faire en sorte qu'elle soit reconduite en Russie. Ils m'ont aussi menacé de me retirer ma carte de séjour et de me faire repartir en Roumanie si je ne signais pas sans relire. » [...] Cet immigré roumain, qui avait obtenu une carte de séjour en juin 2007, raconte comment des policiers l'ont mis sous pression pour qu'il mouille un haut fonctionnaire.
> Le témoignage d'Alexandru Moisei vient noircir encore le tableau. Ainsi, comme *Le Point* a pu le vérifier, Alexandru Moisei évoque de « fortes pressions » de la part des policiers lors de son audition. « Ils interprétaient à leur façon ce que je disais [...]. Quand j'ai contesté ce qu'ils avaient écrit, ils ont dit qu'ils ne pouvaient pas passer trois quarts d'heure de plus avec moi, qu'ils étaient pressés et que je n'avais pas la possibilité de corriger. »[70]

Cette haute hiérarchie sait parfaitement qu'elle commet des actes illégaux, sinon pourquoi avoir signé les auditions en usurpant la signature d'autres collègues, autre délit grave, comme le montre la suite de l'affaire ?

> Le faux présumé est un procès-verbal de synthèse établi en 2007 qui met gravement en cause Yannick Blanc, le directeur de la police générale à la préfecture de police, marqué à gauche. Il est signé du commandant Jean-Pierre Delcher.
> Interrogé le 15 septembre 2010 par la juge d'instruction de Paris, Jeanne Duyé, Delcher conteste être l'auteur du P-V et il contre-attaque : « Si l'on a décidé de mettre mon nom à mon insu sur un procès-verbal, en imitant mon visa,

---
69. Article 434-15 du Code pénal.
70. *Le Point*, Exclusif. *Scandale de l'IGS : un témoin victime de chantage sexuel*, publié le 16-01-2012, par Jean-Michel Décugis et Aziz Zemouri.

pour y porter des accusations infondées ou mensongères à l'encontre d'un fonctionnaire de haut rang, c'est que le ou les auteurs connaissaient parfaitement l'état de santé physique et psychique qui était le mien. Il leur permettait de présager mon décès, susceptible d'intervenir avant que M. Blanc ne puisse engager une action à la suite des faits dont il a été injustement victime. » [...]

« Je ne reconnais ni mon style d'écriture ni ma signature », affirme Jean-Pierre Delcher dans l'audition que le Point.fr a pu consulter. En raison d'une grave maladie, le commandant de police bénéficiait d'un emploi du temps allégé. Ainsi, lorsque les gardés à vue sont présentés à l'IGS aux alentours de 23 heures, le policier a déjà terminé son service depuis quelques heures. [...]

De même, la signature d'un autre officier, celle d'Isabelle Sablayrolles, a été usurpée. Entendue à son tour, en novembre 2010, elle refusait d'authentifier sa signature sur l'audition d'un « expert » appelé à la rescousse par le patron de l'IGS et chargé de prouver que les titres de séjour délivrés par les fonctionnaires incriminés étaient caducs. Or ce soi-disant expert était à l'époque des faits, en 2007, spécialiste dans la gestion des fonds européens à la préfecture de région Rhône-Alpes. Une matière très éloignée des titres de séjour... Auditionné à son tour par la juge, le spécialiste reconnaîtra lui-même qu'il ne connaissait pas grand-chose en titres de séjour mais qu'il répondait à un service demandé par un ami du patron de l'IGS ![71]

Les plus hautes instances de la hiérarchie policière viennent défendre le travail irréprochable de la police des polices. D'abord, le directeur de l'IGS :

« Falsifier un P-V [...], ce n'est pas le style de la maison. Surtout

---

71. Le Point, Nouvelles révélations dans le scandale de l'IGS, publié le 12-01-2012, par Aziz Zemouri, Jean-Michel Décugis et Adriana Panatta.

Dérives et dysfonctionnements

dans une procédure judiciaire. Peut-être s'est-il passé des choses dont je n'ai pas eu connaissance », concède-t-il. « Je n'ai aucun élément tangible pour mettre en cause l'honnêteté de mes enquêteurs. »[72]

« Pas le style de la maison » ? Les faits dans cette affaire et bien d'autres prouvent exactement le contraire, comme en attestent quelques exemples relatés dans ce livre.

Puis vient le tour du grand chef à plumes de toute la capitale et de la petite couronne, pour donner de la voix et soutenir ses « sbires » en pleine déconfiture :

> Le préfet de police Michel Gaudin, entendu comme témoin assisté, a apporté son soutien aux fonctionnaires de l'IGS dans un entretien accordé au journal *Le Monde,* qui a révélé l'affaire : « En l'état actuel de mes informations, je n'ai connaissance d'aucun manquement qui puisse leur être reproché. En outre, aucune de ces personnes n'a été mise en examen. Ces fonctionnaires conservent tout mon soutien. »[73]

À tel point que le préfet prend quelques libertés pour accélérer leur... suspension :

> Sur le procès-verbal [...], les questions du juge sont d'emblée incisives : « Vous n'êtes pas l'autorité disciplinaire du plaignant, qu'est-ce qui vous amène à demander sa suspension ? »
> Michel Gaudin répond : « Je suis l'autorité d'emploi. Le plaignant étant administrateur civil, il dépend du ministère et si on doit engager une procédure, je me dois de saisir le ministre. »[74]

---

72. *Le Point, L'ex-patron de l'IGS récuse le soupçon de truquage d'une enquête,* publié le 16-01-2012, source AFP.
73. *Le Point, Exclusif. Scandale de l'IGS : un témoin victime de chantage sexuel,* publié le 16-01-2012, par Jean-Michel Décugis et Aziz Zemouri.
74. *Le Point, Exclusif. Scandale à l'IGS : l'audition du préfet de police confirmée,* publié le 11-01-2012 par Jean-Michel Décugis, Adriana Panatta et Aziz Zemouri.

Malgré l'accumulation de preuves dans cette histoire ahurissante, l'enquête est toujours au point mort en 2019 :

> Sept ans après, l'enquête qui avait été ouverte sur ces manipulations policières est totalement encalminée, après être passée entre les mains de plusieurs juges d'instruction, qui ont tous eu pour point commun leur inaction dans ce dossier sensible.
> L'avocat des cinq fonctionnaires de police qui avaient été injustement mis en cause avant d'être blanchis, Me David Lepidi, a déposé mardi 7 mai une nouvelle demande de dépaysement de l'affaire au nom des parties civiles. Dans un courrier que *Le Monde* a pu consulter, l'une des victimes des manœuvres de l'IGS, le préfet Yannick Blanc, résume le sentiment des parties civiles face aux « palinodies » des magistrats instructeurs : « Comptent-ils sur l'usure du temps pour se débarrasser d'une affaire qu'ils auraient enterrée depuis longtemps sans les décisions particulièrement explicites de la chambre de l'instruction ? » Contacté, le parquet de Paris n'a pas souhaité réagir.[75]

La dernière péripétie à toute cette incurie apparaît en septembre 2019, soit douze ans après qu'elle a commencé, avec la « potentielle destruction de preuves » :

> Le scandale de l'Inspection générale des services (IGS) de la préfecture de police de Paris, qui végète depuis bientôt dix ans dans les limbes judiciaires, a connu ces dernières semaines, coup sur coup, deux rebondissements d'ampleur.
> D'un côté, la Cour de cassation a refusé le dépaysement de l'affaire malgré l'avis favorable du parquet général – une rareté. De l'autre, ce dossier déjà sensible s'est encore alourdi avec la disparition de documents-clés de la préfecture de police,

---
75. *Le Monde, L'enquête sur le scandale de l'IGS au point mort*, par Nicolas Chapuis, publié le 09-05-2019.

faisant craindre aux parties civiles une potentielle destruction de preuves.[76]

Comme dans l'affaire Benalla, sur laquelle nous reviendrons en détail dans un prochain chapitre, les preuves auraient-elles la fâcheuse tendance à disparaître opportunément sous la présidence d'Emmanuel Macron ? L'IGPN est-elle à ce point indispensable pour que tous les gouvernements successifs ferment les yeux sur ses dysfonctionnements et ses dérives ?

Impunité à tout prix ?
Apparemment, le Syndicat des commissaires de la Police nationale (SCPN) ne connaît pas les règles constitutionnelles élémentaires, ni même les recommandations en matière de déontologie policière du Conseil de l'Europe auxquelles la France a souscrit, car, sur son compte Twitter @Scpncommissaire, il répond le 3 août 2019 à la proposition de suppression de l'IGPN par l'avocat Maître Arié Alimi avec la diatribe suivante :

> Toute administration a son inspection. Vos idées de commissions externes ne servent que vos intérêts partisans. Il faudrait surtout supprimer les avocats militants pour apaiser le climat nauséabond auquel vous contribuez.
> @EmmanuelMacron @Place_Beauvau @CCastaner @NunezLaurent

Ce syndicat, qui ne représente pas les policiers mais uniquement les commissaires, défend-il avant tout les intérêts particuliers de cette caste de moins de deux mille personnes, en méprisant le droit européen et le citoyen en attente de transparence ?
Que penser du fait que ceux qui sont chargés de faire appliquer la loi puissent « vouloir se débarrasser de quelqu'un en le tuant »,

---

76. *Le Monde*, *Disparition de preuves et mystères judiciaires dans le scandale de l'IGS*, publié le 17-09-2019 par Nicolas Chapuis.

qui est la définition du Larousse au terme « supprimer » quand il est utilisé à l'égard de personnes ?

Comment ne pas s'inquiéter du fait que le président de la République, le ministère de l'Intérieur, le ministre de l'Intérieur et le secrétaire d'État auprès du ministre de l'Intérieur, mis en copie du tweet, restent silencieux face à ce qui s'apparente à une menace de mort ? Cette infraction est pourtant réprimée lourdement de cinq ans d'emprisonnement et 75 000 euros d'amende.[77]

Nul doute que le lien de confiance entre la population et sa police sera rétabli après de telles déclarations « exemplaires ». En matière d'apaisement du « climat nauséabond », ce syndicat doit sans doute revoir sa copie, ainsi que nos plus hauts responsables politiques, car c'est sur toute la police et sa réputation que rejaillissent de telles vociférations. Au fait, que prévoit le Code de déontologie en la matière ?

---

77. Article 433-3 du Code pénal.

IV. Pour votre sécurité, vous n'aurez plus de libertés

Manuel Valls, ministre de l'Intérieur, met la Police nationale sous le contrôle arbitraire du politique, avec son nouveau code déontologique, qui n'a de nouveau que le nom, étant donné que les recettes employées datent des heures les plus sombres de notre Histoire, ainsi que nous l'avons vu. Il était temps de contrôler aussi le peuple.

Distiller la peur

Cela fait plusieurs années que les Français doivent s'habituer à vivre avec la peur des attentats, à laquelle contribue d'une façon certaine le déploiement des militaires de l'opération Sentinelle.

Pour nous protéger, tout sac oublié devient un colis suspect. Quand il est abandonné dans les transports en commun, des messages anxiogènes sont diffusés, en attendant l'intervention des équipes de déminage. Nous avons le temps d'écouter ces messages, étant donné que trains, métros et avions en sont retardés, parfois longuement.

Est-il raisonnable de penser que des criminels voulant commettre un acte terroriste laisseront le temps aux autorités de passer des petites annonces, en attendant tranquillement l'arrivée des démineurs ?

Toute la démarche ressemble à une pièce de théâtre pour maintenir la peur dans la population et justifier auprès de l'opinion publique des lois de contrôle de plus en plus liberticides.

Maintenant, imaginons que la population décide de reprendre sa liberté et que la peur doive changer de camp. Imaginons qu'un matin, elle se réveille et parte « oublier » des colis et autres bagages dans toutes les stations de métro parisiennes, les gares et les aéroports. Il faudra paralyser non pas une ligne mais tous les transports publics de la région Île-de-France. Le résultat sera sans doute pire que deux centimètres de neige.

Pour rester crédibles, les pouvoirs publics devront faire déminer tous les objets suspects, mais il n'y aura pas assez d'équipes, ce qui prendra encore plus de temps qu'habituellement. En fin de compte, le gouvernement commencera à paniquer, car cette paralysie coûtera des millions d'euros. De plus, l'inutilité de cette loi aura été démontrée, de même que son côté pernicieux. En effet, sans elle, une trentaine de personnes « armées » de simples boîtes en carton ou de vieilles valises ne pourraient pas paralyser la capitale d'un pays comme la France, qui plus est sans faire usage de la moindre violence.

En attendant, le climat de peur est maintenu, laissant l'opportunité aux gouvernements successifs de renforcer le contrôle social sur la population.

La DCRI sous contrôle du ministre de l'Intérieur Valls devient la DGSI sous contrôle du Premier ministre Valls

Il est nommé Premier ministre le 30 mars 2014. Sans temps mort, il transforme la Direction centrale du renseignement intérieur (DCRI) en Direction générale du renseignement intérieur (DGSI), qui passe de la tutelle du ministre de l'Intérieur à celle du Premier ministre[78], le 30 avril 2014, soit un mois plus tard après sa nomination.

C'est le terrible attentat contre *Charlie Hebdo* du 7 janvier 2015 qui est instrumentalisé à cet effet, avec, dans un premier temps, le lancement de la campagne d'adoption de la Loi relative au renseignement.

« Quis custodiet ipsos custodes ? »[79]

Le premier article de cette loi pose question, bien qu'il paraisse inoffensif si on ne le lit pas attentivement :

> Art. L. 801-1. – Le respect de la vie privée, dans toutes ses composantes, notamment le secret des correspondances,

---

78. Décret n° 2014-445 du 30 avril 2014 relatif aux missions et à l'organisation de la direction générale de la sécurité intérieure.
79. « Qui gardera les gardiens ? », *Satires*, Juvenal.

Dérives et dysfonctionnements

la protection des données personnelles et l'inviolabilité du domicile, est garanti par la loi. L'autorité publique ne peut y porter atteinte que dans les seuls cas de nécessité d'intérêt public prévus par la loi, dans les limites fixées par celle-ci et dans le respect du principe de proportionnalité.[80]

Quels sont donc « les seuls cas de nécessité d'intérêt public prévus par la loi » permettant de porter atteinte à la vie privée ? En fait, ils sont nombreux, ce que confirme l'article L. 811-3, qui présente les missions dans lesquelles les services spécialisés peuvent recueillir les « renseignements relatifs à la défense et à la promotion des intérêts fondamentaux de la Nation » :

1° L'indépendance nationale, l'intégrité du territoire et la défense nationale ;
2° Les intérêts majeurs de la politique étrangère, l'exécution des engagements européens et internationaux de la France et la prévention de toute forme d'ingérence étrangère ;
3° Les intérêts économiques, industriels et scientifiques majeurs de la France ;
4° La prévention du terrorisme ;
5° La prévention :
   a) Des atteintes à la forme républicaine des institutions ;
   b) Des actions tendant au maintien ou à la reconstitution de groupements dissous en application de l'article L. 212-1 ;
   c) Des violences collectives de nature à porter gravement atteinte à la paix publique ;
6° La prévention de la criminalité et de la délinquance organisées ;
7° La prévention de la prolifération des armes de destruction massive.

Premier constat : le terrorisme, justification prioritaire pour cette loi liberticide, apparaît en quatrième position. Ne serait-il que le prétexte pour faire passer une loi si répressive ?

---

80. Loi n° 2015-912 du 24 juillet 2015 relative au renseignement.

Second constat : ce n'est pas un texte juridique mais plutôt un fourre-tout permettant toutes les interprétations et offrant au pouvoir la possibilité de mettre sous surveillance tout opposant, ainsi que nous allons le constater.

Défendre les intérêts de la France contre les Français
Le point 2 concernant la politique étrangère est significatif, car, compte tenu de la façon floue dont il est rédigé, il permet de violer « la vie privée, dans toutes ses composantes » de chaque personne qui manifesterait ou s'exprimerait contre la Commission européenne, l'Otan, etc., puisque cela reviendrait à viser « l'exécution des engagements européens et internationaux de la France ».

De même, critiquer les ventes d'armes à l'Arabie saoudite, qui les utilise dans sa guerre criminelle contre le Yémen, devrait conduire à s'exposer à la violation de sa vie privée, puisque c'est alors attaquer « les intérêts économiques, industriels et scientifiques majeurs de la France » du 3°. Manifestement, les droits de l'homme et les valeurs morales semblent ne pas peser lourd face à une telle loi.

En conséquence, peut-on penser qu'il pourrait être fait appel au renseignement intérieur pour orienter par diverses méthodes d'action, classées secret défense[81], le vote des Français sur la politique extranationale, en cas de référendum, par exemple ? En effet, les intérêts de la France ne sont pas forcément ceux des Français, et nous pouvons légitimement nous interroger sur ce point en nous souvenant que les Français ont voté « Non » à 54,67 % à la question « Approuvez-vous le projet de loi qui autorise la ratification du traité établissant une Constitution pour l'Europe ? », lors du référendum du 29 mai 2005.

Deux ans plus tard, en 2007, les gouvernements européens, avec la complicité du président Sarkozy malgré le vote clair du peuple français, préparent en réponse le traité de Lisbonne, que l'ancien président de la Convention sur l'avenir de l'Europe, Valéry Giscard d'Estaing,[82] commente en ces termes :

---
81. Code de la défense, article R2311-1 à R2311-9.
82. Président de la convention pour l'avenir de l'Europe du 15-12-2001 au 29-10-2004 et 3e président de la Ve République du 27-05-1974 au 21-05-1981.

> Ils sont partis du texte du traité constitutionnel, dont ils ont fait éclater les éléments, un par un, en les renvoyant, par voie d'amendements aux deux traités existants de Rome (1957) et de Maastricht (1992). [...] La conclusion vient d'elle-même à l'esprit. Dans le traité de Lisbonne, rédigé exclusivement à partir du projet de traité constitutionnel, les outils sont exactement les mêmes. Seul l'ordre a été changé dans la boîte à outils. La boîte, elle-même, a été redécorée, en utilisant un modèle ancien, qui comporte trois casiers dans lesquels il faut fouiller pour trouver ce que l'on cherche.[83]

Le texte ne sera pas soumis à un vote populaire et sera ratifié par voie parlementaire, le 6 février 2008 à l'Assemblée nationale et le 7 février 2008 au Sénat, après la modification de la Constitution votée lors du Congrès au château de Versailles le 4 février 2008.

Cela s'apparente à un passage en force pour la majorité des Français qui ont voté « Non ». Demain, est-ce que le renseignement intérieur pourra être utilisé comme service de propagande afin de donner l'impression aux Français qu'ils ne se sont pas fait « voler » leur vote ?

L'argent n'a pas d'odeur
De même, que vont faire les services de renseignement pour lutter contre « toute forme d'ingérence étrangère » ? Qu'est-ce que réellement l'ingérence ? Compte tenu de la rédaction de cet article, quelqu'un qui s'exprimerait publiquement en faveur, par exemple, de la Russie ou contre les sanctions imposées à ce pays, ne serait-il pas considéré comme « un agent de Poutine », en risquant alors de tomber sous le coup de « la prévention de toute forme d'ingérence étrangère » ?

D'ailleurs, le syndicat d'officiers de police Synergie affirme sur son compte Twitter @PoliceSynergie le 7 août 2019 qu'un simple passage sur la chaîne d'information RT France, branche française de la chaîne russe d'information internationale RT, suffit :

---
83. *Le Monde*, *La boîte à outils du traité de Lisbonne*, par Valéry Giscard d'Estaing, publié le 26-10-2007.

> Débiner ses collègues #fdo sur une chaîne appartenant à une puissance étrangère à laquelle on est idéologiquement inféodé ça porte un nom. @Place_Beauvau @prefpolice

Qu'est-ce que « débiner ses collègues » selon Synergie officier ? C'est venir expliquer que dans la disparition de Steve à Nantes, sur laquelle nous reviendrons ultérieurement, l'IGPN ne satisfait, une nouvelle fois, que la haute hiérarchie policière, et ne cherche manifestement pas à établir les faits et les responsabilités, comme son devoir l'y oblige. En revanche, mettre en copie le ministère de l'Intérieur et la préfecture de police de Paris, est-ce que « ça porte un nom » ? « Délation »[84], « obséquiosité »[85], « servilité »[86]… ?

Aujourd'hui, les services de renseignement français peuvent voir leurs compétences en matière d'intelligence économique employées à titre gracieux par des groupes du CAC 40[87] au nom des « intérêts économiques, industriels et scientifiques majeurs de la France ». Pourquoi ces sociétés privées bénéficient-elles des services de l'État ? Les intérêts de la France sont-ils ceux des actionnaires de ces grands groupes, dont beaucoup sont d'origine étrangère ? La question est d'une actualité brûlante quand on connaît la volonté du gouvernement actuel de privatiser une entreprise stratégique comme Aéroport de Paris (ADP).[88]

Réprimer toute opposition

En parallèle, le pouvoir peut désormais surveiller le peuple pour éviter toute mauvaise surprise. En effet, TOUS les manifestants pourront être placés sous surveillance, uniquement pour avoir participé à une

---

84. Larousse : « Dénonciation intéressée, méprisable, inspirée par la vengeance, la jalousie ou la cupidité. »
85. Larousse : « Excès de politesse, de respect, par servilité ou flatterie. »
86. Larousse : « Esprit de servitude, de basse soumission. »
87. C'est un panier composé de quarante valeurs de sociétés françaises, choisies parmi les cent sociétés françaises dont les volumes d'échanges de titres sont les plus importants.
88. Il est possible de voter pour un référendum d'initiative partagé, ayant débuté le 13 juin 2019 et se terminant le 13 mars 2020, sur www.referendum.interieur.gouv.fr

manifestation : il suffit, selon l'alinéa 5°c), que se produisent « des violences collectives de nature à porter gravement atteinte à la paix publique ». Cet article a-t-il trouvé son inspiration dans l'article 419 du Code pénal italien, introduit dans l'ordre juridique de ce pays sous le régime fasciste de Mussolini le 1er juillet 1931 ? Voici :

> Quiconque commet, en dehors des cas prévus par l'article 285, des faits de dévastation et de saccage est puni d'une réclusion de huit à quinze ans.

Qui n'a pas vu ces images de manifestations contre la loi Travail et les Gilets jaunes où les casseurs criminels semblent s'infiltrer sans difficulté dans les cortèges pacifiques ? Les gouvernants auraient-ils oublié de donner les ordres aux policiers de terrain pour interpeller ces délinquants ? Du moins, sur les manifestations contestant les mesures prises par le pouvoir ?

En résumé, tous les opposants politiques pourront être suivis par les services de renseignement et voir leur vie privée violée, pour peu qu'ils participent à une manifestation.

Afin que les opposants ne soient pas vus comme des combattants de la liberté, les membres de la majorité actuelle n'hésitent pas à utiliser des qualificatifs extrêmes, en les comparant à des terroristes pour les dénigrer.[89]

Normalement, le renseignement est au service du judiciaire, mais cette loi entérine l'inverse. Ne sera judiciarisé que ce que le renseignement voudra. Pourquoi ? Le juge antiterroriste Marc Trévidic donne la réponse au journal *Le Télégramme* le 27 juin 2015 :

> Il [le gouvernement] ne peut pas contrôler le judiciaire. Le renseignement, sur lequel il a la main, si.

---

89. *L'Opinion, Acte 18 des Gilets jaunes : Aurore Bergé (LREM) déplore le « terrorisme urbain » qui s'est déployé sur les Champs-Élysées*, le 18-03-2019, en répondant aux questions de Nicolas Beytout.

Qui est le Grand Manitou ?
Vu ce qui précède, la rédaction de l'article suivant est sans surprise :

> Art. L. 821-1 du Code de la sécurité intérieure (CSI) – La mise en œuvre sur le territoire national des techniques de recueil de renseignement mentionnées au titre V du présent livre est soumise à autorisation préalable du Premier ministre, délivrée après avis de la Commission nationale de contrôle des techniques de renseignement.

Le Premier ministre et lui seul, donc une personne nommée et non élue, donne les autorisations. Vive le contrôle républicain ! D'ailleurs, dès qu'un citoyen voudra faire valoir ses droits quant à la violation de sa vie privée, le gouvernement pourra lui opposer que c'est couvert par le secret défense, comme la quasi-totalité des activités de la DGSI.

Heureusement, il y a une commission de contrôle. C'est sûr, elle va empêcher toute dérive…

Une commission de contrôle de rien
Si vous êtes Gilet jaune et que le gouvernement considère que vous portez « des atteintes à la forme républicaine des institutions », elle n'a pas vraiment de contrôle sur ce que peut décider le Premier ministre :

> Art. L. 821-5 du CSI - En cas d'urgence absolue et pour les seules finalités mentionnées aux 1° et 4° et au a du 5° de l'article L. 811-3, le Premier ministre, ou l'une des personnes déléguées mentionnées à l'article L. 821-4, peut délivrer de manière exceptionnelle l'autorisation mentionnée au même article L. 821-4 sans avis préalable de la Commission nationale de contrôle des techniques de renseignement. Il en informe celle-ci sans délai et par tout moyen.
> Le Premier ministre fait parvenir à la commission, dans un délai

maximal de vingt-quatre heures à compter de la délivrance de l'autorisation, tous les éléments de motivation mentionnés audit article L. 821-4 et ceux justifiant le caractère d'urgence absolue au sens du présent article.

Ce qu'il y a de bien quand on fait soi-même les lois, c'est qu'on les fait comme pour soi. D'abord, créer un organisme de contrôle, pour que cette information puisse être diffusée sur les supports de communication du gouvernement. Dans le même texte législatif, annihiler tout caractère contraignant de ce contrôle, mais rester très discret sur le sujet dans la propagande officielle.

L'urgence est déterminée par le Premier ministre, selon son « bon vouloir ».

Quand il aura le temps, il enverra les documents à la commission. Certes, il est marqué « un délai maximal de vingt-quatre heures », mais s'il ne le fait pas ? Que se passe-t-il ? Rien. Rien du tout. De toute façon, la commission ne donne qu'un avis. Imaginons même qu'il soit négatif ; que va-t-il se passer pour les données collectées le temps que la décision soit rendue, tandis que les décideurs au pouvoir s'en seront quand même servi ? On va vider les têtes de toutes les personnes qui y ont eu accès ?

D'ailleurs, plusieurs organes consultatifs émettent des critiques et des réserves lors de la préparation de cette loi :

- le Conseil national du numérique parle de « surveillance de masse » ;[90]

- le Défenseur des droits, Jacques Toubon, lors de son audition à l'Assemblée nationale, demande une loi « d'une clarté et d'une précision suffisantes pour fournir aux individus une protection adéquate contre les risques d'abus de l'exécutif dans le recours aux techniques de renseignement. »[91]

---

90. Communiqué de presse, *Renseignement : le Conseil national du numérique s'inquiète d'une extension du champ de la surveillance et invite à renforcer les garanties et les moyens du contrôle démocratique*, du 19-03-2015.
91. Avis 15-04 du 2 avril 2015 relatif au renseignement : projet de loi n°2669 relatif au renseignement.

Bien sûr, ils n'ont pas été écoutés, témoignant ainsi du niveau de contrôle des organismes qui rendent des avis. Ils sont là pour rassurer le peuple, pendant que le pouvoir a les mains libres.

Cela dit, il peut y avoir des situations qui exigent d'agir dans l'urgence. La difficulté, dans une démocratie, ce sont les dossiers à la marge, comme le martèle le juge antiterroriste Marc Trévidic :

> Dans 95 % des cas, tout va bien. Le problème en renseignement, c'est le conflit d'intérêts : quand un dossier entrave la bonne marche du service, risque de mettre en péril des relations avec d'autres services, ou gêne une personnalité proche de l'exécutif... Quel directeur, nommé par ce même exécutif, osera dire non ? Et sans aller jusque-là, on constate souvent qu'il y a un zèle naturel des services dans les dossiers auxquels le pouvoir prête une grande attention.[92]

Pourquoi nos gouvernements successifs généralisent-ils l'exceptionnel alors que seulement 5 % des cas nécessitent de telles mesures ?

Adoption de la loi
Finalement, elle est promulguée le 24 juillet 2105, pendant les vacances. Pourquoi les gouvernements semblent-ils toujours profiter des périodes estivales ou de la trêve des confiseurs pour faire passer leurs mesures les plus scélérates ?

Malgré les nombreuses oppositions populaires, les alertes d'experts et d'organismes étatiques, les « représentants » votent presque tous en faveur de cette loi. Pour quelle(s) raison(s) ? La défense de leur fauteuil passerait-elle avant celle de l'intérêt général ?

---

92. *Le Télégramme*, *Le juge Trévidic : « La religion n'est pas le moteur du jihad »*, propos du juge recueillis par Hervé Chambonnière, le 27 juin 2015.

V. État d'urgence

Larmes de sang sur la France
Le 13 novembre 2015, notre pays est de nouveau touché par les attentats que tout le monde a encore en mémoire : au Bataclan, au Stade de France et à des terrasses de café. Après la liberté de la presse et *Charlie Hebdo*, l'obscurantisme s'en prend à la culture, aux loisirs, aux sports et à un art de vivre.

Pourtant, le peuple français a renoncé à de nombreuses libertés avec la Loi renseignement votée en juin 2015. En échange d'un contrôle de plus en plus intrusif de nos vies privées par le Premier ministre, nous ne devions plus vivre d'attentats. Finalement, l'affirmation de Jean de La Fontaine venait de se réaliser :

> L'adversaire d'une vraie liberté est un désir excessif de sécurité.[93]

Il faut dire que la lutte contre le terrorisme a semblé se résumer à des affichettes de ce genre :

---
93. *Le loup et le chien*, publié en 1668.

L'Ennemi de l'Intérieur

Nous pourrions nous croire dans le sketch de Gad Elmaleh :

> Ch'ais pas si vous avez remarqué dans les TGV, quand tu prends le TGV, là où tu mettais tes bagages avant, maintenant y'a du scotch !
> Sérieux ! En France on va combattre le terrorisme avec du scotch, ouais, j'te jure ! Mais ils ont raison ! Comme ça, si y'a un terroriste qui vient pour mettre une bombe, il va dire : « Aaahh meeeeerrrrrde ... y'aaaa duuuu scooootch ... Je ne peux pas terroriser... »
> Moi j'aurais aimé être là le jour de la réunion au ministère de l'Intérieur quand le mec il a dit : « Bon, les gars, on va prendre des mesures un peu draconiennes ! Heu, j'veux voir du scotch partout moi, ok ? Et s'ils continuent à faire les malins, on leur met du double face ! »[94]

Par moment, la fiction est en deçà de la réalité.

La vie des autres
Au-delà des effets d'annonce, le bilan de la Loi renseignement pour la lutte contre le terrorisme est nul. Pour le contrôle social et la surveillance de masse contre toutes formes d'opposition, elle semble fonctionner.

Insidieusement, le gouvernement habitue la population à la présence de l'armée sur le territoire national, alors même que nous ne sommes ni envahis ni en guerre civile. Les pays où les militaires patrouillent dans les rues sont bien souvent des dictatures. Une préparation vers une évolution du régime républicain français ? Cela semble pourtant impossible.

Le gouvernement disposant du contrôle de la Police nationale et d'une forme de contrôle social de la population par une surveillance qui ne déplairait pas à un régime totalitaire, il ne manquait plus qu'une étape : pouvoir réprimer la contestation sociale et les opposants politiques.

---
94. Extrait du spectacle *L'autre c'est moi,* joué pour la première fois en 2005.

La liberté, c'est l'esclavage ![95]

L'état d'urgence est prononcé le jour même des attentats, confisquant encore plus de libertés individuelles. Il permet à l'autorité administrative de prendre les décisions suivantes :

> - Interdire la circulation des personnes ou des véhicules dans les lieux et aux heures fixés par arrêté ;
> - Ordonner la fermeture provisoire des salles de spectacles, débits de boissons et lieux de réunion de toute nature ;
> - Interdire, à titre général ou particulier, les réunions de nature à provoquer ou à entretenir le désordre ;
> - Prononcer l'assignation à résidence dans une circonscription territoriale ou une localité ;
> - Ordonner des perquisitions à domicile de jour et de nuit ;
> - Prendre toutes mesures pour assurer le contrôle de la presse et des publications de toute nature ainsi que celui des émissions radiophoniques, des projections cinématographiques et des représentations théâtrales ;
> - Autoriser la juridiction militaire à se saisir de crimes, ainsi que des délits qui leur sont connexes, relevant de la cour d'assises.[96]

Le Parlement réuni en Congrès à Versailles le 20 novembre 2015 supprime de l'état d'urgence ce qui est devenu inacceptable aux mentalités du XXIe siècle, à savoir le contrôle de la presse et la substitution des cours d'assises par des juridictions militaires, mais ce sera tout.

Le crime organisé... administratif

Cet enchaînement de textes liberticides peut-il aboutir à la rédaction d'arrêtés préfectoraux autorisant des actions insoutenables mais devenues légales, à l'exemple de la circulaire signée du préfet de

---

95. Citation de Georges Orwell, dans *1984*.
96. Loi n°55-385 du 3 avril 1955 instituant un état d'urgence et en déclarant l'application en Algérie.

police de Paris du 13 juillet 1942 ? Il commence par cette phrase glaçante :

> Les Autorités Occupantes ont décidé l'arrestation et le rassemblement d'un certain nombre de Juifs étrangers.[97]

À propos de ce document, Maître Eolas rédige le commentaire suivant :

> On a coutume de dire que le crime contre l'humanité qu'a constitué l'extermination des juifs en Europe au cours de la Seconde Guerre mondiale est unique en ce qu'il est un crime administratif. Ce n'est pas l'œuvre d'un fou, car un fou seul n'aurait pas pu tuer autant en aussi peu de temps. C'est un crime commis à l'aide de la machine administrative, froide, efficace, organisée et insensible.[98]

Jusqu'où peuvent aller nos gouvernements dans les dysfonctionnements et les dérives de l'administration aujourd'hui, quand on constate la répression contre le mouvement des Gilets jaunes ?

L'écologiste, l'ennemi de l'Intérieur[99] ?
Immédiatement après le vote de l'état d'urgence, il est utilisé pour assigner à résidence... des militants écologistes, afin qu'ils ne participent pas aux manifestations lors de la COP 21 – elle se tient au Bourget du 30 novembre au 11 décembre 2015.

Le Conseil d'État confirme la légalité de ces assignations à résidence. Dans sa décision du 11 décembre 2015 n° 395009, le juge administratif prend même en considération des « notes blanches » des services de renseignement :

---

97. Circulaire n°173-42 de la préfecture de police du 13 juillet 1942.
98. *Le crime administratif, en action*, publié le 10-03-2010 par Maître Eolas sur https://www.maitre-eolas.fr/post/2010/03/09/Le-crime-administratif.
99. Rappel typographique : écrit avec un i majuscule, le mot « Intérieur » désigne le ministère de l'Intérieur.

Dérives et dysfonctionnements

> Aucune disposition législative ni aucun principe ne s'oppose à ce que les faits relatés par les « notes blanches »[100] produites par le ministre, qui ont été versées au débat contradictoire et ne sont pas sérieusement contestées par le requérant, soient susceptibles d'être pris en considération par le juge administratif ;[101]

On note la magnifique articulation entre la Loi renseignement et l'état d'urgence, qui permet d'assigner à résidence des opposants politiques au nom de la lutte contre... le terrorisme.

La députée Isabelle Attard ne peut s'empêcher d'interroger le ministre de l'Intérieur au sujet de ces « notes blanches » :

> Une « note blanche » est une note émise sans mention de son origine, ni du service dont elle provient, ni du nom du fonctionnaire l'ayant rédigé. En 2002, le président de la République Nicolas Sarkozy avait demandé la suppression des « notes blanches ». En 2004, Dominique de Villepin, répondant à la question d'actualité au Gouvernement n° 0349G sur la réforme des renseignements généraux, assurait avoir confirmé cette instruction à son arrivée. Il précisait alors qu'« il n'est pas acceptable en effet dans notre République que des notes puissent faire foi alors qu'elles ne portent pas de mention d'origine et que leur fiabilité ne fait l'objet d'aucune évaluation ». En 2007, à la question écrite n° 1720, le ministre de l'Intérieur confirmait à nouveau la réalité de la disparition des « notes blanches ». Le 11 décembre 2015, le Conseil d'État, saisi dans le cadre de la procédure du référé-liberté, a examiné en urgence sept affaires d'assignations à résidence prononcées à l'occasion de la COP 21. Dans les décisions contentieuses de

---

100. Documents attribués aux services de renseignement, rédigés sans en-tête, ni date, ni référence, ni signature. Destiné à protéger le secret des sources, l'anonymat évite également que quiconque ait à endosser la responsabilité des affirmations portées sur ces notes.
101. N° 395009, ECLI:FR:CESEC:2015:395009.20151211, publié au recueil Lebon, Mme Cécile Barrois de Sarigny, rapporteur, M. Xavier Domino, rapporteur public, SCP Spinosi, Sureau ; SCP Garreau, Bauer-Violas, Feschotte-Desbois, avocats.

ces sept affaires, il est stipulé que le Conseil d'État « a admis de prendre en compte les faits présentés dans des « notes blanches » produites par le ministre ». Elle lui demande donc qui a rétabli l'utilisation des « notes blanches », quand et pourquoi. Elle lui demande également s'il compte supprimer à nouveau les « notes blanches », et si oui, à compter de quelle date.[102]

La députée, faute de réponse, doit renouveler sa question le 19 avril 2016, puis le 2 août 2016, puis le 21 mars 2017, pour finalement la retirer le 20 juin 2017, son mandat prenant fin. Une élue du peuple, malgré ses demandes répétées, n'obtient pas de réponse d'un ministre nommé par le pouvoir à une question portant sur la justification à de graves atteintes aux libertés individuelles. Est-ce normal dans une démocratie ?

Même si le Conseil d'État avait donné raison à la personne privée de sa liberté d'aller et venir, la Justice est tellement lente que la décision arrive le 11 décembre 2015, soit le jour de la fin de la COP 21. En conséquence, même si un contestataire avait réussi à faire « casser » son assignation, il aurait été trop tard pour qu'il puisse agir. Et, dans le pire des cas, si l'État doit lui verser des dommages et intérêts pour le préjudice subi, l'argent ne sort pas de la poche des membres du gouvernement ou des préfets. Non, c'est le peuple qui paie, étant donné que cette somme sera versée grâce à nos impôts.

Perquisition partout, justice nulle part
En parallèle de l'assignation à résidence des dangereux terroristes écolos, le ministre de l'Intérieur demande des perquisitions administratives. Sans doute faut-il faire de la com', donc les services de renseignement sont mis à contribution et doivent produire du « chiffre ». En conséquence, un nombre minimum de perquisitions doit être mené chaque semaine. Si les « objectifs » ne sont pas atteints, il faut être créatif, car l'important est manifestement la quantité (pour la propagande), non la qualité (pour la sécurité de la

---
102. Question écrite n° 92304, publiée au *Journal officiel* le 05-01-2016.

population). Après la politique du chiffre au pénal, la politique du chiffre au renseignement.

Le soupçon ayant remplacé la preuve, 3 379 perquisitions sont effectuées en quatre-vingt-seize jours.[103] En moyenne, trente-cinq par jour.

Le gouvernement, E. Valls en tête, peut déclarer à la presse qu'il agit. En réalité, il s'agite, car, dans la vraie vie, seules quatre perquisitions confirmeront des procédures de terrorisme ; elles sont déjà en cours, donc des perquisitions judiciaires auraient suffi, cette loi n'était pas nécessaire pour ces cas. Sinon, rien : pas d'attentat déjoué, pas de nouveau terroriste appréhendé. Non, rien, le néant. Mais cette loi liberticide demeure.

La loi Travail, encore plus et tais-toi
C'est le printemps 2016. Le gouvernement veut procéder à un grand nettoyage, celui des droits acquis par nos aïeux, en détruisant le Code du travail et en inversant la hiérarchie des normes. La loi ne protégera plus des abus, l'accord local d'entreprise passera au-dessus. L'intérêt d'une telle fiction juridique ? Une entreprise aura plus de droit qu'un travailleur, un être humain réel.

Le Premier ministre E. Valls doit utiliser l'article 49-3 de la Constitution pour forcer la main à sa majorité. Le 49-3 permet de se passer du vote de l'Assemblée nationale pour faire adopter une loi, car le choix que les députés ont alors semble se résumer à l'alternative suivante :
- soit tu te tais et tu gardes ton poste ;
- soit tu l'ouvres et votes une motion de censure qui fait tomber le gouvernement. Alors, le président de la République dissoudra l'Assemblée nationale et tu pourras dire au revoir à tous tes petits avantages.

Est-il besoin de préciser le choix que firent nos « représentants » ?

---

103. Le lien portant sur le contrôle de l'état d'urgence par la commission des lois de l'Assemblée nationale entre le 14 novembre 2015 et le 12 février 2016 constatant ces chiffres a été supprimé depuis. Pour le vérifier : http://www2.assemblee-nationale.fr/14/commissions-permanentes/commission-des-lois/controle-parlementaire-de-l-etat-d-urgence/controle-parlementaire-de-l-etat-d-urgence/donnees-de-synthese/mesures-administratives-prises-en-application-de-la-loi-n-55-385-du-3-avril-1955-depuis-le-14-novembre-2015-au-12-fevrier-2016.

La Police nationale au service de la propagande d'État

Comme sans doute beaucoup de Français pensent qu'il n'y a plus grand-chose à attendre de leurs élus, la contestation s'organise avec des manifestations de rue. Il est alors nécessaire de rassurer les policiers en usant de propagande, pour éviter les défections.

Méprisant le devoir de neutralité du service public, le directeur général de la Police nationale de l'époque, Jean-Marc Falcone, m'envoie un courrier référencé DGPN-Cab-16-2278-D, en date du 17 mai 2016, où il fait l'éloge de la loi de casse du Code du travail en parlant d'un :

> Projet de loi visant à instituer de nouvelles libertés et de nouvelles protections pour les entreprises et les actifs.

Comme on a pu le constater depuis, de nouvelles libertés pour les entreprises, oui ; pour les personnes, ce qu'il appelle « les actifs » dans son courrier, certainement pas.

Garantir le droit de manifester ?

C'est plutôt le contraire qui se produit, avec une forme d'organisation du chaos, qui permettra par la suite de justifier les mesures prévues par l'état d'urgence. Un des exemples les plus significatifs est sans doute la journée de manifestation du samedi 9 avril 2016 entre République et Nation, à Paris.

Dès 14 h 00, toutes les forces mobilisées sont averties sur les ondes qu'un point de rassemblement d'activistes violents est localisé boulevard du Temple, en tête de cortège avec une camionnette munie d'un drapeau couleur pirate.

Les autorités laissent partir la manifestation de la place de la République, malgré la présence de groupuscules violents anarchistes cagoulés. Aucune action n'est menée pour empêcher leur progression vers Bastille puis vers Nation.

À Bastille, un officier CRS reçoit dans une jambe un tir de mortier[104]

---

104. Mortier utilisé pour lancer des feux d'artifice.

déclenché par ce groupe : plaies saignantes et profondes. Il est évacué par les sapeurs-pompiers.

À Nation, les casseurs démontent la chaussée et le mobilier urbain pour les jeter sur des compagnies d'intervention et des gendarmes non protégés par des grilles... Où sont les moyens de la préfecture de police, tels que des barres-ponts et les lanceurs d'eau ?

Ensuite, la consigne est donnée de laisser partir les manifestants par petits groupes pour vider la place de la Nation puisqu'aucune action de maintien de l'ordre n'est ordonnée pour contenir, encercler et interpeller les casseurs. Ces derniers se fondent donc dans la foule des manifestants pacifiques pour quitter la place de la Nation par le boulevard Diderot, en le bloquant par de nombreuses barricades érigées avec des poubelles, des barrières de chantier et des matériels de canalisation très volumineux, empêchant ainsi la progression rapide des véhicules de police... qui auraient éventuellement pu les poursuivre.

Nouvelle consigne : se rendre à Bastille, puisque les casseurs, qui ont quitté Nation au nez et à la barbe des policiers, s'y regroupent avant de disparaître après de multiples dégradations.

Tout est manifestement fait pour ne pas inquiéter ces casseurs du début jusqu'à la fin de la manifestation, et ce ne sont pas les cent quarante grenades à effet lacrymogène MP7 lancées place de la Nation qui ont eu le moindre impact pour les contrer et permettre à la manifestation de se dérouler sereinement.

Toujours ce même samedi, plus tard dans la soirée dans le quartier République, une compagnie de CRS stationne boulevard Magenta. Vers 22 h 45, la station directrice parisienne l'avise qu'un groupe de deux à trois cents excités arrive de la gare du Nord, justement par le boulevard Magenta pour rejoindre la place de la République, où se tient un rassemblement Nuit Debout.

Ordre lui est donné de se déplacer à l'opposé de son emplacement et de se positionner boulevard Voltaire.

Pendant ce temps, le groupe rejoint sans encombre la place de la République et voit ses rangs grossir avec des recrues supplémentaires récupérées parmi les plus virulents du rassemblement déjà sur place.

Cette « joyeuse bande » tombe ensuite sur les CRS et les prend à partie. Ils sont repoussés avec l'aide de gendarmes mobiles. Au lieu de pourchasser et d'interpeller ce groupuscule ultra-violent, la compagnie de CRS est sommée de quitter les lieux sur-le-champ, pour un retour immédiat au casernement.

Ces individus peuvent ainsi tranquillement quitter l'avenue de la République et l'avenue Parmentier pour rejoindre la rue Keller, lieu de résidence du Premier ministre, où ils ont envie de « prendre l'apéro ».

Sur le chemin, ils saccagent le commissariat du 11e arrondissement et de nombreux commerces. Aucun ordre n'est donné pour les interpeller.

Des mesures sont enfin prises pour défendre le domicile du Premier ministre ! Là, le secteur est quadrillé et les interpellations ordonnées. Il est normal de protéger le domicile d'un ministre, et encore plus du premier d'entre eux, mais une telle action n'aurait pas été nécessaire si les individus avaient été interpellés dès le premier acte délictuel. Le droit à la sécurité est-il réservé aux proches du président de la République François Hollande ? Oui, ce président qui comparait le peuple à des « sans-dents ».[105]

Pour confirmer cette mentalité, la presse rapporte le 26 octobre 2016, une autre situation où la protection des proches de nos gouvernants passe avant celle de la population :

> **Surréaliste.** *Le Parisien* dévoile une information troublante : cinq villes du département de l'Essonne ont été privées de policiers, réquisitionnés pour... assurer la protection du domicile privé de l'ex-femme de Manuel Valls !
>
> Nos confrères du *Parisien* dévoilent une information qui risque de faire couler beaucoup d'encre. Manuel Valls semble se servir « trop » régulièrement des services de police de son département d'origine, l'Essonne, où il a été maire d'Évry. Ainsi,

---

105. Publication du SMS du 31-05-2008 de François Hollande à Valérie Trierweiler, que cette dernière a publié sur son compte Twitter le 12-10-2016 : « Je suis avec ma copine Bernadette dans une grande manifestation dans son canton. Je lui ai fait un numéro de charme. Mais tu ne dois pas t'inquiéter. Dans son discours, elle a fait un lapsus formidable. Rire général, même chez les sans-dents. »

Le Parisien énumère : « Deux policiers affectés 24 heures/24 devant l'appartement de l'ex-femme de Manuel Valls à Évry. Trois autres avec le rabbin de Ris-Orangis, Michel Serfaty, dès qu'il quitte son domicile. Deux de plus qui accompagnent le recteur de la mosquée de Courcouronnes, Khalil Merroun. Sans compter les nombreux équipages nécessaires à la protection du Premier ministre lors de ses récurrentes visites dans le département. »

Mais le scandale ne s'arrête pas là. Ainsi, le quotidien rapporte que lundi matin dernier, vers 6 heures, afin de « surveiller la résidence du Premier ministre », « le commissariat de Brunoy a été contraint d'envoyer un équipage sur place… Et s'est retrouvé sans policier disponible sur sa propre circonscription » !

Le Parisien s'est procuré une note confidentielle révélant que « c'était l'unique patrouille disponible » pour intervenir durant toute la matinée sur ce secteur de 55 000 habitants comprenant les villes de Boussy-Saint-Antoine, Brunoy, Épinay-sous-Sénart, Quincy-sous-Sénart et Varennes-Jarcy ».

Le rédacteur de la note explique également qu'il est resté seul dans le poste de police pour pouvoir répondre au téléphone…
« Nous n'avons pas les effectifs suffisants pour nous permettre d'assurer des missions de sécurité auprès des personnalités » explique au quotidien national Claude Carillo, du syndicat de police Alliance.

Le Parisien précise que l'Essonne « compte aujourd'hui près de 2 050 policiers, soit 150 de moins qu'en 2011, à une époque où la menace d'attentat et le plan Vigipirate n'étaient pas aussi chronophages ».[106]

Qu'est-ce qui est le plus important : protéger l'ex-femme du Premier ministre ou les habitants de cinq communes ? Les deux le sont, mais il est inadmissible qu'il n'y ait pas assez de policiers pour assurer chaque mission.

---

106. *Valeurs actuelles, Cinq villes de l'Essonne privées de policiers pour… surveiller la résidence de Valls !*, publié par valeursactuelles.com le 26-10-2016.

Le syndicaliste, l'ennemi de l'Intérieur ?

Le chaos est installé dans les manifestations organisées par les opposants au pouvoir, les médias peuvent ainsi relayer les violences qui s'y déroulent. Il est temps pour le gouvernement d'utiliser les mesures de l'état d'urgence afin de museler les contestataires.

Au nom de la menace terroriste, il faut protéger les manifestants et, du coup, interdire les manifestations, comme celle du 23 juin 2016.

Il faut dire que lors de la manifestation du 14 juin à Paris, la préfecture de police laisse des hooligans venir « s'amuser » avec les gardiens de la paix. Oui, nous sommes en plein Euro 2016 et ces « supporters » profitent de cette journée ensoleillée pour venir donner un coup de main aux blacks blocks.

Selon la com' gouvernementale, l'hôpital Necker fait même l'objet d'une « attaque insupportable » par les manifestants.[107] Une nouvelle fois, les policiers ne reçoivent aucun ordre d'intervention, devant, de fait, laisser faire. En réalité, il s'avérera qu'il s'agit plus de manipulation gouvernementale de l'information que de la présentation de faits objectifs (cf. Hôpital Necker : une manipulation gouvernementale[108]).

En conséquence, la préfecture de police décide de changer les règles pour le 23 juin 2016. Compte tenu de ces éléments, le ministre de l'Intérieur propose aux organisateurs, par courrier du 20 juin, une solution, moins consommatrice en effectifs et permettant une meilleure sécurisation des personnes et des biens, consistant en la tenue d'un rassemblement statique sur une grande place parisienne.[109]

La préfecture de police espère pouvoir limiter le nombre de manifestants à une seule place. Ainsi, lorsqu'elle sera pleine, les autres manifestants ne seront pas comptabilisés. Cependant, une manifestation statique renforce le danger en cas d'attentat, car les personnes sont concentrées et leur évacuation s'avérera difficile.

---

107. Tweet de Marisol Touraine @MarisolTouraine, ministre de la Santé, 14-06-2016.
108. *Hôpital Necker : une manipulation gouvernementale*, André Gunthert, 16 juin 2016, https://fr.sott.net/article/28451-Hopital-Necker-une-manipulation-gouvernementale
109. Préfecture de Police, cabinet du préfet, service de la communication : la Préfecture de Police communique, publié le 22-06-2016.

Dérives et dysfonctionnements

D'autant plus qu'une personne voulant commettre un attentat déposera son matériel dans les jours précédents la manifestation pour éviter de se faire fouiller le jour J.

La préfecture de police balaie toutes les autres propositions alternatives en menaçant d'interdire de manifester :

> [L]es propositions alternatives ne permettent en aucune façon de répondre à la nécessaire sécurité des personnes et des biens, ni aux exigences de mobilisation maximale des forces de police et des forces mobiles contre la menace terroriste qui se situe à un niveau élevé imposant des sollicitations exceptionnelles sur le territoire national.

Dans ces conditions, le préfet de police considère qu'il n'a pas d'autre choix que d'interdire la tenue de la manifestation.[110]

Finalement, le ministre de l'Intérieur revient sur la décision du préfet et autorise un mini-parcours entre Bastille et le bassin de l'Arsenal à Paris.

---

110. Préfecture de Police, cabinet du préfet, service de la communication : la Préfecture de Police communique, publié le 22-06-2016.

Toujours une bonne excuse
L'état d'urgence est un état provisoire. Néanmoins, il est alors toujours déniché une bonne excuse pour le proroger. Après la fin des manifestations contre la loi Travail, puis la finale de l'Euro 2016, puis l'arrivée du Tour de France, le gouvernement manque de prétextes pour continuer de le proroger.

En conséquence, François Hollande évoque la fin de l'état d'urgence dans son allocution du 14 juillet 2016. Se produit le soir même le terrible attentat de Nice. Une compagnie de CRS devant servir à sécuriser la ville de Nice a été envoyée en Avignon pour le déplacement de l'impopulaire président de la République, François Hollande. Il est évidemment indispensable d'assurer la sécurité du chef de l'État. Il est toutefois possible de se demander pourquoi est-ce la ville de Nice qui a été choisie pour être « dégarnie » d'une compagnie de CRS et, surtout, si elle était restée sur place, l'attentat aurait-il eu lieu ?

Nous ne connaîtrons jamais la réponse.

Au total, l'état d'urgence fera l'objet de six lois de prorogation, jusqu'au 1er novembre 2017.

VI. L'état d'urgence temporaire est fini : vive l'état d'urgence permanent !

Le candidat Emmanuel Macron avait un projet, comme il aimait le crier dans ses shows. Les paroles s'envolent, mais les écrits restent. Cela tombe bien, il a aussi écrit son programme dans un livre paru en novembre 2016, intitulé *Révolution*. Sur l'état d'urgence, sa position est claire et il nous l'annonce les yeux dans les yeux :

> Nous devons collectivement préparer, dès que cela sera possible, une sortie de l'état d'urgence. [...] Sa prolongation sans fin, chacun le sait, pose plus de questions qu'elle ne résout de problèmes. Nous ne pouvons pas vivre en permanence dans un régime d'exception. Il faut donc revenir au droit commun, tel qu'il a été renforcé par le législateur et agir avec les bons instruments. Nous avons tout l'appareil législatif permettant de répondre, dans la durée, à la situation qui est la nôtre.

Mais ça, c'était avant
Dès qu'il est élu président de la République, le discours change. Nous allons donc sortir de l'état d'urgence, mais ce sera cosmétique, étant donné que cet état d'exception devient... permanent. Nous sommes face à un joueur de bonneteau :

> – Ma détermination n'a jamais été aussi grande. Pour garantir la sécurité dans la continuité et la stabilité, la République sera bientôt réorganisée [...] pour une société fondée sur l'ordre et la sécurité.
> – Ainsi s'éteint la liberté sous une pluie d'applaudissements.[111]

---
111. Discours du futur empereur Palatine devant le Sénat intergalactique et réaction de la sénatrice Amidala dans le film Star Wars III.

Un échange entre Emmanuel Macron et un opposant politique ? Non un extrait de Star Wars III. Heureusement pour nous, notre bien-aimé président de la République ne veut pas devenir empereur…

Graver l'état d'urgence dans la loi commune est l'une des premières mesures du quinquennat. Elle est présentée en conseil des ministres le 22 juin 2017 par Gérard Collomb, alors ministre de l'Intérieur. Une procédure accélérée est engagée dès le 28 juin. Il faut aller vite, la lutte contre le terrorisme n'attend pas.

Un état d'urgence permanent pour lutter contre le terrorisme ?
Qu'on se rassure, la réponse est non. Le terrorisme sert manifestement de prétexte pour que nous, Français, acceptions l'inacceptable. Une vieille technique qui nous rappelle le *Discours sur la servitude volontaire* de La Boétie :

> Mais ils ne font guère mieux ceux d'aujourd'hui qui, avant de commettre leurs crimes les plus graves, les font toujours précéder de quelques jolis discours sur le bien public et le soulagement des malheureux.

Trois jours avant la présidentielle de 2017, le 20 avril, se produit à Paris l'attentat des Champs-Élysées, qui coûte la vie au gardien de la paix Xavier Jugelé, nommé capitaine à titre posthume. Le candidat Emmanuel Macron déclare alors sur France 2, juste après l'attentat :

> Cette menace, cet impondérable, fait partie du quotidien des prochaines années.

La phrase n'est pas une erreur, vu qu'il la confirme le lendemain matin, le 21 avril, sur RTL :

> Nous vivons et vivrons durablement avec le terrorisme.

Le terrorisme, nous allons devoir nous y habituer, voilà le programme. D'ailleurs, Gérard Collomb, toujours ministre de l'Intérieur le 14 mai

2018, reconnaît sur Cnews, deux jours après la seconde attaque terroriste depuis que la Loi antiterroriste est en vigueur, que ces lois ne peuvent pas permettre de lutter contre le terrorisme :

> Nous étions sous l'état d'urgence quand se sont produits les attentats de Nice et de Marseille. Pourtant, ils ont eu lieu.

Le pauvre, l'ennemi de l'Intérieur
Pierre Gattaz, patron du Medef, déclare le 29 mai 2016 que les syndicalistes s'opposant à la loi Travail sont « des voyous » et agissent « comme des terroristes ».[112] Du coup, nous pouvons constater les prémices de cette interprétation durant les manifestations contre cette loi. Cependant, le patron du Medef n'est pas le président de la République. Alors qui sont les terroristes pour le locataire de l'Élysée ? Il donne sa définition en deux temps. D'abord le 29 juin 2017 :

> On croise les gens qui réussissent et les gens qui ne sont rien.[113]

Cette phrase témoigne d'un grand mépris, ou d'une lucidité cynique sur notre régime :

> Les hommes sont tous égaux dans le gouvernement républicain ; ils sont tous égaux dans le gouvernement despotique : dans le premier, c'est parce qu'ils sont tout ; dans le second, c'est parce qu'ils ne sont rien.[114]

Quel rapport avec le terrorisme ? Voici la suite quelques jours plus tard, le 2 juillet 2017 :

---

112. *Le Monde, Pierre Gattaz : « Le sigle CGT est égal à chômage »*, propos recueillis par Bertrand Bissuel, publié le 29-05-2016 et mis à jour le 30-05-2016.
113. Discours d'Emmanuel Macron lors de l'inauguration le 29-à-2017 de la Station F, campus géant dédié aux start-up et initié par Xavier Niel.
114. *L'Esprit des lois,* Montesquieu, publié en 1748.

> Ces gens ne sont rien. Ce sont des terroristes, des voyous et des assassins, et nous mettrons toute notre énergie à les éradiquer.[115]

Dans la pensée jupitérienne, les terroristes seraient-ils aussi les pauvres, qui veulent venir retirer le pain de la bouche des plus riches ?

Christophe Castaner, ministre de l'Intérieur, vient compléter la définition le 31 juillet 2019 en évoquant au micro de LCI le saccage d'une permanence parlementaire d'un député LREM à Perpignan :

> Cette dégradation est un attentat, puisque les auteurs ont acheté les bidons d'essence en amont. Ils ont tenté d'attenter à la vie d'un parlementaire qui était présent dans la permanence.

Parler d'« attentat » pour des dégradations qui relèvent pénalement du contraventionnel, il fallait oser en tant que « premier flic » de France. On ne va plus rien comprendre au trucage des statistiques, où les faits sont habituellement minimisés par rapport au préjudice subi par la victime.

Finalement, un terroriste est tout opposant politique à ce gouvernement et à son parti ? Ne serait-ce pas un copier-coller des méthodes du gouvernement de Vichy qui appelait « terroristes » les résistants ?

La solution contre le terrorisme : le doux despotisme
Le 18 juillet 2017, Gérard Collomb, ministre de l'Intérieur, est sur RTL pour défendre le projet de loi « renforçant la lutte contre le terrorisme et la sécurité intérieure », qui s'apparente à vouloir inscrire dans la loi un état d'urgence permanent. Le journaliste lui demande :

> Quitte à tomber dans le doux despotisme ?

---
115. Emmanuel Macron à propos des ravisseurs de Sophie Pétronin, enlevée à Gao au Mali en décembre 2016, alors qu'elle était à la tête d'une association humanitaire d'aide aux enfants.

Dérives et dysfonctionnements

La réponse est éloquente :

Oui, peut-être.

Le « doux despotisme » fait référence à Alexis Tocqueville, dans son livre *De la démocratie en Amérique*, tome 2 :

> Je veux imaginer sous quels traits nouveaux le despotisme pourrait se produire dans le monde : je vois une foule innombrable d'hommes semblables et égaux qui tournent sans repos sur eux-mêmes pour se procurer de petits et vulgaires plaisirs dont ils emplissent leur âme. Chacun d'eux, retiré à l'écart, est comme étranger à la destinée de tous les autres : ses enfants et ses amis particuliers forment pour lui toute l'espèce humaine ; quant au demeurant de ses concitoyens, il est à côté d'eux, mais il ne les voit pas ; il les touche et ne les sent point ; il n'existe qu'en lui-même et pour lui seul, et, s'il lui reste encore une famille, on peut dire du moins qu'il n'a plus de patrie.
> Au-dessus de ceux-là s'élève un pouvoir immense et tutélaire, qui se charge seul d'assurer leur jouissance et de veiller sur leur sort. Il est absolu, détaillé, régulier, prévoyant et doux. Il ressemblerait à la puissance paternelle si, comme elle, il avait pour objet de préparer les hommes à l'âge viril ; mais il ne cherche, au contraire, qu'à les fixer irrévocablement dans l'enfance ; il aime que les citoyens se réjouissent, pourvu qu'ils ne songent qu'à se réjouir. Il travaille volontiers à leur bonheur ; mais il veut en être l'unique agent et le seul arbitre ; il pourvoit à leur sécurité, prévoit et assure leurs besoins, facilite leurs plaisirs, conduit leurs principales affaires, dirige leur industrie, règle leurs successions, divise leurs héritages, que ne peut-il leur ôter entièrement le trouble de penser et la peine de vivre ? C'est ainsi que tous les jours il rend moins utile et plus rare l'emploi du libre arbitre ; qu'il renferme l'action de la volonté dans un plus petit espace, et dérobe peu à peu à chaque

citoyen jusqu'à l'usage de lui-même. L'égalité a préparé les hommes à toutes ces choses ; elle les a disposés à les souffrir et souvent même à les regarder comme un bienfait.

Après avoir pris ainsi tour à tour dans ses puissantes mains chaque individu et l'avoir pétri à sa guise, le souverain étend ses bras sur la société tout entière ; il en couvre la surface d'un réseau de petites règles compliquées, minutieuses et uniformes, à travers lesquelles les esprits les plus originaux et les âmes les plus vigoureuses ne sauraient se faire jour pour dépasser la foule ; il ne brise pas les volontés, mais il les amollit, les plie et les dirige ; il force rarement d'agir, mais il s'oppose sans cesse à ce qu'on agisse ; il ne détruit point, il empêche de naître ; il ne tyrannise point, il gêne, il comprime, il énerve, il éteint, il hébète, et il réduit enfin chaque nation à n'être plus qu'un troupeau d'animaux timides et industrieux, dont le gouvernement est le berger.

Ce texte date de... 1840. A-t-il vieilli ?

Lapsus révélateurs ?
C'est le ministre de l'Intérieur, Gérard Collomb qui ouvre le bal lors de son audition sur son projet de loi à l'Assemblée nationale le 13 septembre 2017 :

> Sur la sortie de l'état de droit, euh de l'état d'urgence...

Le chef de l'État confirme ces propos révélateurs lors d'un déplacement à New York le 19 septembre 2017 :

> C'est pourquoi j'ai décidé qu'en novembre prochain, nous sortirons de l'état de droit ... de l'état d'urgence, pardonnez-moi...

Selon Freud, le lapsus ne serait pas une simple erreur verbale ou mémorielle, mais la manifestation inconsciente d'un désir profond. Y a-t-il encore des doutes à avoir : s'agit-il du fantasme de personnes au pouvoir ou d'un programme gouvernemental ?

L'ordinaire état d'exception

L'état d'urgence a jusqu'alors brillé par son inefficacité pour lutter contre le terrorisme, tout en épuisant les personnels de la Police nationale. En revanche, il a prouvé son efficacité pour « lutter » contre tous ceux qui ont osé critiquer le pouvoir en place : militants écologistes durant la COP 21, syndicalistes ne voulant pas de la réforme du Code du travail, militants de la Manif pour tous, journalistes voulant relater tous ces mouvements de contestation…

La banalisation de l'état d'urgence va permettre la mise en place de nouvelles mesures. Serviront-elles à lutter contre le terrorisme ?

Le musulman, l'ennemi de l'Intérieur ?

Pour cette loi, une des priorités du quinquennat Macron, ce sont les bâtiments qui commettent des attentats, pas les individus qui y sont présents :

> Art. L. 227-1.-Aux seules fins de prévenir la commission d'actes de terrorisme, le représentant de l'État dans le département ou, à Paris, le préfet de police peut prononcer la fermeture des lieux de culte […].[116]

En fermant un lieu de culte « gangréné » par des thèses faisant l'apologie du terrorisme, on complique la tâche des services de renseignement, qui doivent de nouveau chercher les lieux de rendez-vous de ces gens potentiellement dangereux.

Bien sûr, les surveiller 24h/24 coûte beaucoup plus cher qu'un document administratif pour fermer un lieu de culte. Toutefois, si

---

116. Loi n° 2017-1510 du 30 octobre 2017 renforçant la sécurité intérieure et la lutte contre le terrorisme.

l'objectif du gouvernement consiste en priorité à faire croire en sa propagande plutôt qu'à protéger, il est manifestement atteint.

Les fermetures de lieux de culte visent prioritairement les mosquées. Ce faisant, le gouvernement stigmatise une partie de la population, en laissant sous-entendre l'équation musulman = terroriste.

Aussi bien par souci d'apaiser les tensions que d'efficacité opérationnelle, il aurait fallu classer en dérive sectaire le comportement radical de certains pratiquants de l'islam, comme cela est possible pour d'autres religions.

Qu'est-ce qu'une dérive sectaire ?

Selon la Mission interministérielle de vigilance et de lutte contre les dérives sectaires (Miviludes), dépendant du Premier ministre :

> Il s'agit bien d'un dévoiement de la liberté de pensée, d'opinion ou de religion qui porte atteinte à l'ordre public, aux lois ou aux règlements, aux droits fondamentaux, à la sécurité ou à l'intégrité des personnes. Elle se caractérise par la mise en œuvre, par un groupe organisé ou par un individu isolé, quelle que soit sa nature ou son activité, de pressions ou de techniques ayant pour but de créer, de maintenir ou d'exploiter chez une personne un état de sujétion psychologique ou physique, la privant d'une partie de son libre arbitre, avec des conséquences dommageables pour cette personne, son entourage ou pour la société.

Quel faisceau d'indices permet de caractériser l'existence d'un risque de dérive sectaire ?

> Pour exercer sa mission de vigilance, elle [la Miviludes] s'appuie notamment sur un certain nombre de critères de dangerosité édictés sur la base des travaux de plusieurs commissions d'enquête parlementaires et sur sa propre expérience :
> - la déstabilisation mentale ;
> - le caractère exorbitant des exigences financières ;
> - la rupture avec l'environnement d'origine ;

- l'existence d'atteintes à l'intégrité physique ;
- l'embrigadement des enfants ;
- le discours antisocial ;
- les troubles à l'ordre public ;
- l'importance des démêlés judiciaires ;
- l'éventuel détournement des circuits économiques traditionnels ;
- les tentatives d'infiltration des pouvoirs publics.

En classant les fanatiques d'une religion en dérives sectaires, la police aurait disposé d'un cadre d'action judiciaire, sans avoir besoin d'un état d'urgence permanent.

De plus, cela permettrait aux musulmans qui pratiquent leur foi dans le respect des règles de la République d'alerter les services de renseignement sur des cas de radicalisation, afin qu'il n'y ait pas d'amalgame entre eux et ceux qui se fanatisent.

La grande majorité des gens veulent vivre en harmonie avec leurs voisins, il est regrettable que cette loi ne fasse que semer la discorde entre Français de toutes confessions.

Mesures individuelles de contrôle administratif et de surveillance
L'article 3 de la loi n° 2017-1510 du 30 octobre 2017 renforçant la sécurité intérieure et la lutte contre le terrorisme prévoit :

> Aux seules fins de prévenir la commission d'actes de terrorisme, le ministre de l'Intérieur peut décider de mesures de surveillance à l'encontre de toute personne à l'égard de laquelle il existe des raisons sérieuses de penser que son comportement constitue une menace d'une gravité particulière pour la sécurité et l'ordre publics.

Si les raisons sont sérieuses, pourquoi passer par le pouvoir administratif qui peut seulement surveiller, tandis que le pouvoir judiciaire peut condamner à une peine de dix ans d'emprisonnement et de 150 000 € d'amende[117], tout en permettant à la personne accusée de présenter sa défense ?

Néanmoins, comment surveiller ceux qui sont soupçonnés par le ministre de l'Intérieur ?

Le pouvoir dispose de la possibilité de les assigner à résidence ou à ne pas sortir d'un périmètre. Cette mesure est très pratique pour éviter que des opposants viennent sur des manifestations ou casser les images d'Épinal de foules en liesse lorsque le président de la République ou un membre du gouvernement se déplace. D'autres contraintes peuvent être prononcées, telles que pointer au commissariat, signaler tout changement d'adresse et/ou communiquer tous ses numéros de téléphone, ainsi que l'accès à toutes ses boîtes mail. À part le gouvernement et nos représentants, qui peut croire qu'un terroriste sera dissuadé ou arrêté par de telles mesures ?

De plus, ces missions sont chronophages pour les policiers, qui, pendant ce temps, ne s'occupent pas des vrais besoins de sécurité de la population. Mais dormez tranquilles, braves gens, la sécurité... de la propagande est assurée.

Visites et saisies

Le terme « perquisition administrative » ne faisait pas assez « novlangue », donc il a été remplacé par « visite ». Un terme sympa. Il est déjà utilisé, par exemple, lorsque le président de la République se déplace. On parle alors de « visite présidentielle », comme quand on va rendre une « visite de courtoisie » à une vieille tante. Du coup, on a presque envie de vivre une « visite du ministère de l'Intérieur ». Pourtant, dans les faits, cela s'apparente à du totalitarisme : sur des soupçons et non des preuves, le ministre de l'Intérieur ou le préfet peut faire saisir tout ce que bon lui semble chez qui il veut. Évidemment, aucun recours a priori n'est possible, il faut se laisser dépouiller. On peut contester a posteriori, mais l'État a déjà récupéré tout ce qu'il voulait.

La loi prévoit néanmoins quelques limites :

---

117. Article 421-5 du Code pénal.

Ces opérations ne peuvent concerner les lieux affectés à l'exercice d'un mandat parlementaire ou à l'activité professionnelle des avocats, des magistrats ou des journalistes et les domiciles des personnes concernées.[118]

Le journaliste, l'ennemi de l'Intérieur ?
La mention des journalistes dans cette loi est hypocrite, car, en effet, le pouvoir ne procède pas ou rarement à des perquisitions, mais les fait directement convoquer par la Direction générale du renseignement intérieur (DGSI) pour compromission du secret défense, quand ils publient de nouvelles révélations dans l'affaire Benalla, sur laquelle nous reviendrons au prochain chapitre :

> [...] Ariane Chemin et Louis Dreyfus ont été interrogés séparément – trois quarts d'heure pour l'une, une heure et quart pour l'autre.
> « Tout est fait pour que ce soit intimidant », a expliqué M. Dreyfus :
> « En plus du néon dans les yeux, il y avait un écrou juste à côté de mon poignet gauche, où pendait une paire de menottes… Ça crée une certaine ambiance. »

Le dispositif est le même pour Ariane Chemin :

> « On se retrouve dans des locaux où sont interrogées les personnes pour terrorisme, on nous fait comprendre que c'est grave, qu'on a commis une faute lourde, et très clairement qu'on est là en tant que suspects. »
> La policière de la DGSI a demandé à la journaliste : « Vous avez conscience que vous n'êtes pas là pour un article sur l'affaire Benalla ? » Ariane Chemin a refusé de répondre – l'article était titré : *Affaire Benalla : Matignon tente de circonscrire*

---
118. Article 4 de la loi n° 2017-1510 du 30 octobre 2017 renforçant la sécurité intérieure et la lutte contre le terrorisme.

l'incendie. Il faisait état de la démission de la chef de la sécurité de Matignon, dont le compagnon, Chokri Wakrim, un proche d'Alexandre Benalla et sous-officier de l'armée de l'air, venait d'être suspendu par le ministère des Armées et mis en cause dans une affaire de corruption avec un oligarque russe – c'est lui qui a porté plainte. [...]
Ces convocations interviennent après celles de sept autres journalistes du site *Disclose*, de Radio France et de l'émission *Quotidien* de TMC, poursuivis pour violation du secret-défense, et ayant pour point commun d'avoir enquêté sur l'utilisation d'armes françaises au Yémen.[119]

Des intérêts particuliers passent-ils avant la liberté d'informer ? La DGSI est la garante de cette censure. Dans quels types de régimes les journalistes sont convoqués par les services de renseignement pour avoir fait éclater la vérité sur des dysfonctionnements et des dérives au plus haut sommet de l'État ?

> À partir du moment où il n'y a plus de presse libre, tout peut arriver. Ce qui permet à un régime totalitaire ou une dictature de gouverner, c'est le fait que les gens ne soient pas informés. Comment pouvez-vous vous faire une opinion si vous n'êtes pas informés ?[120]

L'étranger, l'ennemi de l'Intérieur ?
Dans les zones frontière et jusqu'à dix kilomètres[121], cette loi « renforçant la sécurité intérieure et la lutte contre le terrorisme » permet de :

---

119. *Le Monde, Affaire Benalla : notre journaliste Ariane Chemin et Louis Dreyfus, directeur de la publication, ont été interrogés par la DGSI*, 29-05-2019, Franck Johanès.
120. *Entretien sur le totalitarisme*, Hannah Arendt, 1974, par Roger Errera, https://www.nybooks.com/articles/1978/10/26/hannah-arendt-from-an-interview/
121. Article 19 de la loi n° 2017-1510 du 30 octobre 2017 renforçant la sécurité intérieure et la lutte contre le terrorisme.

[...] vérifier le respect, par les personnes dont la nationalité étrangère peut être déduite d'éléments objectifs extérieurs à la personne même de l'intéressé, [...].[122]

En premier lieu, tout Paris peut être soumis à ce type de contrôle étant donné que la gare du Nord est une zone frontière. C'est très pratique, d'autant plus que personne ne pense à Paris comme zone frontière.

Pour reconnaître objectivement un étranger, vivement que la France mette en place un Institut d'étude des questions ethno-raciales, comme elle avait su mettre en place un Institut d'étude des questions juives et ethno-raciales en 1943, qui permettait de reconnaître un juif physiquement à :

> Le type juif sephardim : charpente déliée, tête et face allongée, nez étroit et haut, souvent aquilin. Mais le faciès est austère.
> Le type ashkénazim : charpente trapue, tête large, grand nez plongeant.[123]

Une fois la France libérée des nazis, ce livre se retrouve sur la première liste des « ouvrages à retirer de la vente » publiée par le contrôle militaire des informations dans la circulaire n° 1 du 15 janvier 1945.

Mais qu'on se rassure, comme le rappelle le site de la Direction de l'information légale et administrative, qui dépend du Premier ministre, c'est uniquement :

> Afin de mieux contrôler l'immigration et prévenir les actes de terrorisme.[124]

---

122. Suite de l'article 19 de la loi n° 2017-1510 du 30 octobre 2017 renforçant la sécurité intérieure et la lutte contre le terrorisme.
123. *Comment reconnaître le juif*, Georges Montandon, publié aux Nouvelles éditions françaises en 1940.
124. https://www.vie-publique.fr/actualite/panorama/texte-discussion/projet-loi-renforcant-securite-interieure-lutte-contre-terrorisme.html.

Après avoir sous-entendu qu'un musulman est un terroriste, cette fois-ci, la loi est directe et claire : un étranger est un terroriste potentiel.

La France est vraiment un pays dangereux avec autant de terroristes : les écologistes, les pauvres, les opposants politiques, les syndicalistes, les Gilets jaunes, les musulmans, les journalistes, les étrangers... Ne serait-il pas plus simple de comptabiliser les non-terroristes ?

VII. L'affaire d'État Benalla : un escadron de protection fidèle au chef ?

La France est de plus en plus sous contrôle. Une seule chose peut encore arriver à l'oligarchie : une contestation populaire spontanée, comme « les policiers en colère » en octobre 2016. Pour maîtriser le mouvement, le gouvernement de l'époque « verrouille » les mutations et avancements des policiers. Par exemple, une de nos adhérentes, qui remplit toutes les conditions pour un poste profilé[125] et dont le dossier est défendu par le chef du service où elle postule, doit payer une cotisation chez un de ces syndicats ayant l'aval du ministre de l'Intérieur pour obtenir son poste. Est-ce digne d'une démocratie d'user de chantage pour obtenir la paix sociale ?

De plus, le mouvement s'organise en association, ce qui permet à notre employeur d'identifier les « leaders » à sanctionner. Ce qu'il fait et, finalement, le mouvement s'éteint assez vite. Toutefois, au cas où la méthode ne marcherait pas pour un futur mouvement, il fallait prévoir un plan B. C'est peut-être l'affaire Benalla-Macron qui en est le révélateur.

Au commencement de l'affaire Benalla-Macron était *Le Monde*
C'est un article du journal qui met le feu aux poudres le 18 juillet 2018.[126] L'adjoint au directeur de cabinet d'Emmanuel Macron, Alexandre Benalla, est reconnu sur une vidéo du 1er mai 2018, de Taha Bouhafs.

> Ce collaborateur du président de la République, chargé de mission à l'Élysée, qui n'est nullement policier, était alors muni

---
125. Poste où les personnes sont recrutées sur des compétences particulières et non sur leur dossier administratif.
126. *Le Monde identifie, sur une vidéo, un collaborateur de Macron frappant un manifestant le 1er mai, à Paris*, par Ariane Chemin.

> d'un casque de police de maintien de l'ordre. Il a agi sous le regard des CRS, et avait été autorisé par le directeur de cabinet d'Emmanuel Macron à participer à cette manifestation en tant « qu'observateur ». D'après des images tournées ce jour-là, il a aussi été aperçu muni d'un brassard « police ».[127]

Il est accompagné dans ses frasques par Vincent Crase, qui

> était « l'un des agents en charge de l'accueil et de la sécurité au siège de la République en marche » en tant que « responsable adjoint sûreté et sécurité [...] sous l'autorité d'un chef de sécurité ».[128]

Il est choquant de constater que l'opprobre a été jeté sur tous les policiers, sous la rubrique « violences policières », alors qu'il s'agissait plus de violences élyséennes.

Pour éviter que de tels dysfonctionnements et dérives puissent se reproduire, le syndicat VIGI dépose plainte[129] dans un premier temps. Dans un second temps, il se constitue partie civile :

> Nous voulons avoir accès au dossier pour qu'aucun des responsables hiérarchiques au plus haut sommet de l'État ne soit « oublié », comme il a été « oublié » de saisir le procureur dès que ces mêmes personnes ont eu connaissance des délits commis par le sbire de l'Élysée.
> Car non, une sanction administrative de quinze jours d'exclusion de fonction, non effective selon le directeur de la DOPC, ne peut pas remplacer la décision pénale d'un juge.
> **Être partie civile nous permettra de vérifier que nos trois collègues fautifs soient sanctionnés, mais uniquement pour**

---

127. BFMTV.com, *Qui est Alexandre Benalla, le collaborateur de Macron filmé en train de frapper un manifestant ?*, par Charlie Vandekerkhove, le 19-07-2018.
128. FranceTvInfo.fr, *Ce que l'on sait de Vincent Crase, ce proche d'Alexandre Benalla également mis en examen*, par Camille Caldini, publié le 31-07-2018.
129. Communiqué VIGI, *Nous déposons plainte contre Alexandre Benalla et contre X*, du 20-07-2018.

leur manquement et non qu'ils soient les boucs-émissaires d'un système de « magouilles ».[130]

Sans le dépôt de plainte et la constitution de partie civile, la plainte pénale aurait, probablement, été classée sans suite.

Les envoyés de Jupiter[131]

Est-ce que le 1er mai 2018, le jour où Alexandre Benalla et Vincent Crase, « se font la main » sur des manifestants, est une phase de préparation de ce plan B évoqué en début de chapitre ? Pour mémoire, ils sont déguisés en policiers et violentent deux manifestants en dehors de tout cadre légal, comme le démontre VIGI dans un communiqué :

> Pour sa défense, M. Alexandre Benalla invoque un acte pouvant être accompli par tout membre de la police judiciaire et même par un simple citoyen : l'appréhension, appelée aussi parfois arrestation.
> Un acte peut être effectué par n'importe quelle personne : l'arrestation avant la garde à vue. En effet, l'article 73 du C.P.P. décide que « dans des cas de crime flagrant ou de délit flagrant puni d'une peine d'emprisonnement, toute personne a qualité pour en appréhender l'auteur et le conduire devant l'officier de police judiciaire le plus proche ». Dans « l'affaire Benalla », des précisions sont toutefois nécessaires. [...]
> L'infraction doit aussi être un crime ou, s'il est puni d'emprisonnement, un délit. [...]
> Dans son exercice, ce droit d'appréhension est loin de tout permettre. L'arrestation, si elle autorise l'usage de la force, implique que cette force soit « nécessaire et proportionnée

---

130. Communiqué VIGI, *Après la plainte, la constitution de partie civile*, publié le 24-07-2018.
131. Dans l'interview, *Macron ne croit pas « au président normal, cela déstabilise les Français »*, accordé à *Challenge*, le 16-10-2018, Emmanuel Macron se compare à un président jupitérien, Jupiter étant le chef des dieux romains.

aux conditions de l'arrestation ». Cette double exigence jurisprudentielle évoque les conditions de la légitime défense et il peut advenir que l'arrestation de l'auteur d'une infraction se combine avec une situation de légitime défense. Mais les conditions de la légitime défense peuvent n'être pas remplies et, en l'espèce, il se peut même que M. Benalla, auteur d'une arrestation spectaculaire, n'ait pas été le moins du monde menacé lui-même...
En outre, l'appréhension effectuée, son auteur doit aviser immédiatement la police judiciaire ou conduire la personne de suite au poste de police le plus proche. Car **le pouvoir d'appréhension est une mesure d'urgence permettant seulement de pallier l'absence ou la défaillance momentanée de la police**. M. Benalla aurait-il l'outrecuidance d'affirmer que, sans son intervention, les effectifs de police présents sur les lieux de la manifestation parisienne place de la Contre-escarpe, soit une section de CRS (20 personnes) doublée d'effectifs locaux (17 personnes), se seraient montrés incapables d'appréhender seuls le couple d'auteurs présumés ? [...][132]

L'Élysée est au courant de ces faits, ne les dénonce pas et ne prend aucune sanction sérieuse. Oui, je parle de « sanction sérieuse », car la Présidence s'est prévalue d'avoir sanctionné Alexandre Benalla de quinze jours d'exclusion temporaire de fonction en étant payé. Cela ne s'appelle pas plutôt des vacances ?

À titre de comparaison, le journal *20 Minutes* relate le 10 octobre 2017 le jugement d'une affaire similaire à Mulhouse :

> Le tribunal a statué [...] pour répondre « d'usage public d'insigne ou de document pouvant créer une méprise avec ceux de la police » et pour « port sans motif légitime d'arme à feu », précisent nos confrères. Celui qui affirmait avoir toujours rêvé de devenir policier a écopé de quatre mois de prison

---

132. Communiqué VIGI, *La défense d'Alexandre Benalla à l'épreuve du droit*, publié le 05-10-2018.

Dérives et dysfonctionnements

avec l'interdiction de détenir une arme soumise à autorisation et interdiction d'exercer un métier dans la fonction publique durant dix ans.

Quand il s'agit d'un simple citoyen, la Justice est impartiale, rapide et efficace : deux mois après l'interpellation de l'auteur, le jugement est rendu.

La disparation du coffre-fort mystère
La procédure judiciaire dont fait l'objet Alexandre Benalla est un cas d'école, comme, par exemple, la perquisition de son domicile relatée dans l'un de nos communiqués syndicaux :

> Alors que Monsieur Benalla est en garde à vue le 20 juillet 2018, les policiers de la police judiciaire de Paris décident d'aller perquisitionner à son domicile privé à Issy-les-Moulinaux à 19 h 45, pour chercher les armes qu'il a dit avoir stockées dans son armoire forte.
> Une erreur bête : personne n'a pensé à prendre les clés de l'appartement. D'ailleurs, ont-elles bien été enlevées à Monsieur Benalla et consignées sur le PV de garde à vue ?
> Impossible de trouver une solution pour ouvrir la porte avant 21 h 00, heure où les perquisitions ne sont plus possibles, et ce jusqu'à 6 h 00 le lendemain matin. Un autocollant est mis sur la porte pour la sceller.
> Avec toute la panoplie de policier de Monsieur Benalla, peut-être que lui ou ses amis avaient en leur possession des autocollants de scellé ? [...]
> Bonne nouvelle pour nos collègues, l'appartement est tout propre. Un petit loupé dans le ménage : la personne qui a tout nettoyé a oublié de remettre le coffre-fort à sa place. D'ailleurs, il n'est même plus dans l'appartement. Pour rappel, dissimuler des preuves, c'est 3 ans de prison et 45 000 € d'amende.[133]

---
133. Article 434-4 du Code pénal.

Qui est cette personne qui nettoie vite et bien ? Monsieur Benalla répond « un ami ». Si nous étions au jeu *Qui veut gagner des millions ?*, que l'ami reste anonyme, pas de problème. Mais dans une affaire d'État, ne pas avoir l'identité de cet « ami » pose un sérieux problème.
Heureusement, le 30 juillet 2018, notre avocat, Maître Bouzrou, dépose un réquisitoire supplétif pour siffler la fin de la récréation. Du coup, Monsieur Benalla retrouve le même jour ses armes et les apporte à la Justice. Les armes, qui sont listées officiellement, bien sûr !
Les trois juges d'instruction nommées dans cette affaire vont avoir beaucoup de travail pour retrouver les traces et indices, afin que la vérité éclate.
On pourrait croire que le Parquet, aux ordres de la Garde des Sceaux et indirectement de l'Élysée, a voulu savonner la planche avant de passer le dossier. Heureusement que nous sommes dans une République irréprochable et qu'une telle chose est impossible.[134]

Interrogé sur cette étrange perquisition, Christophe Castaner, alors secrétaire d'État aux relations avec le Parlement, déclare :

Ah oui, c'est bizarre... C'est a minima croquignolesque... Je peux difficilement vous dire autre chose que ça.[135]

L'enquête n'a toujours pas pu déterminer où est ce coffre ni ce qu'il contenait. Pourquoi Christophe Castaner, devenu ministre de l'Intérieur, ne tente-t-il pas de résoudre cette bizarrerie « croquignolesque » ?

---

134. Communiqué VIGI, *Coffre-fort mystère de M. Benalla : demande d'un réquisitoire supplétif*, publié le 01-08-2018.
135. Émission *Les Terriens du samedi*, présentée par Thierry Ardisson sur C8 le 15-09-2018.

Le pistolet à eau

Alexandre Benalla affirme n'avoir jamais porté d'arme en dehors du QG d'En Marche durant la campagne. Pourtant, *Mediapart* publie le 24 septembre 2018 un selfie du garde du corps du candidat à la présidentielle en date du 28 avril 2017 à Poitiers, où il brandit un pistolet de type Glock dans un restaurant.[136]

> « Ça peut paraître loufoque, mais c'est la réalité. » Réentendu le 29 novembre par les juges d'instruction, Alexandre Benalla a affirmé que l'arme avec laquelle il apparaît sur un selfie lors de la campagne présidentielle n'était pas un pistolet de type Glock, mais un pistolet à eau.[137]

Le Gorafi, journal parodique sur internet, avait fait la blague dans un tweet le 19 septembre 2018. Si même la réalité dépasse la satire, que dire ?

Un port d'arme dans une pochette surprise

Il existe néanmoins une certitude : Alexandre Benalla avait un port d'arme et était armé. Cependant, la motivation administrative de l'obtention de ce dernier reste pour le moins obscure :

> La décision du préfet de police de Paris, pour accorder le port d'arme à Alexandre Benalla, ne repose sur aucune base légale satisfaisante, comme on peut le voir avec un examen minutieux des textes de loi visés par le document. Auditionné lundi après-midi par la commission d'enquête, Michel Delpuech a été obligé de le reconnaître et l'a assumé. Il s'agissait d'une « demande transmise par l'Élysée dans le cadre des fonctions liées à la sécurité, a-t-il dit. [...] J'ai pris cette décision [...] Je l'assume [...] Tout ce qui concernait le casier, ça avait été vu. »

---

136. *Mediapart, En pleine présidentielle Benalla dégaine son arme pour un selfie*, par Christophe Gueugneau et Antton Rouget, publié le 24-09-2019.
137. *20 Minutes, Le pistolet à eau de Benalla ? Le Gorafi avait déjà fait la blague*, par V. J. le 17-12-2018.

Avant d'admettre : « Il y a un point de faiblesse que je reconnais, parce que je ne vais pas tourner autour du pot. Les articles réglementaires [...] renvoient à un arrêté ministériel les services ou les catégories de service auxquels doit appartenir l'agent. Cela n'était évidemment pas le cas en l'espèce [...] Dès lors que l'Élysée avait relayé auprès de moi cette demande, sans faire pression, en me laissant le soin d'apprécier et d'apprécier seul, j'assume cette responsabilité personnellement. » Cette décision, prise à la demande de l'Élysée pour des raisons inconnues, justifie-t-elle de faire de Michel Delpuech le fusible d'une affaire qui le dépasse ?[138]

L'Élysée demande un acte illégal consciemment, mais laisse un subordonné, ici le préfet de police, « le soin d'apprécier la situation ». De qui se moque-t-on ?

La ministre à la rescousse
La garde des Sceaux, Nicole Belloubet, prend fait et cause pour Alexandre Benalla, au mépris de l'indépendance de l'autorité judiciaire, pour critiquer l'action de l'enquête sénatoriale en cours :

> Personne n'est dupe de l'instrumentalisation d'une dérive personnelle.[139]

Cette déclaration vient en complément de sa tribune publiée dans *Le Monde* le 15 septembre 2018, intitulée *Le parlement ne peut pas empiéter sur le domaine judiciaire*. Manifestement, elle n'est pas informée que l'exécutif est lui aussi soumis à la séparation des pouvoirs et ne peut pas empiéter ni sur le législatif ni sur le judiciaire. Dommage de la part d'une ministre de la Justice, diplômée en droit public.

---

138. *Le Point, Pourquoi Benalla détenait illégalement un port d'arme ?*, par Marc Leplongeon, publié le 23-07-2018.
139. Propos de Nicole Belloubet dans le 7/9 sur France Inter, le 12-09-2018.

> Madame Belloubet a reproché à la commission d'enquête du Sénat d'avoir une approche biaisée de cette affaire. On pourrait lui faire la même remarque. La ministre n'est pas objective – ce n'est pas un reproche mais une constatation : elle est membre d'un gouvernement, elle était à la maison de l'Amérique latine quand le président Macron s'est exprimé devant les députés de sa majorité, en juillet. Elle a un intérêt à ce que les travaux de la commission d'enquête prennent une direction plutôt qu'une autre.
> Dans sa position de garde des Sceaux, il serait préférable qu'elle reste à distance de cette enquête. Elle n'a par ailleurs pas à pointer une « dérive » de Monsieur Benalla, personnelle ou non. Il bénéficie de la présomption d'innocence, comme tout citoyen, et c'est à la justice pénale de qualifier les faits.[140]

On ne saurait trop suggérer à Nicole Belloubet, effectivement, de rester « à distance de cette enquête », il y a déjà assez de suspicion sur l'impartialité de la Justice dans cette affaire.

Paris à tout prix
L'avocat du syndicat VIGI demande le dépaysement de l'affaire, car

> « il existe une communication en temps réel entre le procureur de la République de Paris et le cabinet du président de la République sur les affaires en cours », estime Me Bouzrou, qui dénonce une atteinte au principe de la séparation des pouvoirs. La demande de dépaysement se fonde [...] sur les « nombreux dysfonctionnements » dont s'est rendue, selon lui, coupable la justice parisienne depuis le début de l'affaire. [...] [comme] le refus [...] de lancer des investigations sur la disparition du coffre-fort de l'ancien collaborateur de l'Élysée à son domicile d'Issy-les-Moulineaux.[141]

---
140. *Marianne, Affaire Benalla :* « *Nicole Belloubet instrumentalise la séparation des pouvoirs* », propos de Paul Cassia, professeur de droit public à Paris I-Sorbonne, recueillis par Etienne Girard.
141. *Le Parisien, Affaire Benalla, un avocat demande le dépaysement*, par Jean-Michel

L'Ennemi de l'Intérieur

Le silence du parquet de Paris est éloquent :

> Contacté, le parquet de Paris n'a pas souhaité faire de commentaires dans l'immédiat. Dans un autre dossier politico-judiciaire, l'affaire Bettencourt, la justice avait accepté un dépaysement à Bordeaux, notamment en raison d'un conflit entre magistrats.[142]

Malgré tous les dysfonctionnements et les conflits d'intérêts, la procédure reste à Paris, avec pour principale motivation : pas de commentaire. Est-ce que l'État n'abuse pas de sa toute-puissance pour ne pas assumer ses dérives ?

Les vidéastes amateurs
Le dernier point qui intéresse les policiers est la transmission ou diffusion de vidéosurveillances[143] de la préfecture de police à des tiers non habilités à les regarder. En effet, de telles vidéos sont transmises à l'Élysée le 18 juillet 2018 et diffusées sur les réseaux sociaux, le 19 juillet 2018. La réglementation de la CNIL[144] soulève une première question :

> **Vidéoprotection/vidéosurveillance : combien de temps peuvent être conservées les images ?**
> La conservation des images ne doit pas dépasser 1 mois.
> En règle générale, conserver les images quelques jours permet d'effectuer les vérifications nécessaires en cas d'incident et de lancer d'éventuelles procédures disciplinaires ou pénales. Dans

---

Décugis, Eric Pelletier et Jérémie Pham-Lê, publié le 14-02-2019.
142. *Le Parisien, Affaire Benalla, un avocat demande le dépaysement*, par Jean-Michel Décugis, Eric Pelletier et Jérémie Pham-Lê, publié le 14-02-2019.
143. Le choix de vidéo-surveillance et non vidéoprotection est volontaire. Les caméras protègent rarement, mais surveillent toujours.
144. Commission nationale de l'information et des libertés : créée en 1978 par la loi Informatique et Libertés, la CNIL est une autorité administrative indépendante, composée d'un Collège de dix-huit membres et d'une équipe d'agents contractuels de l'État.

ce cas, les images sont extraites de l'installation et conservées pour la durée de la procédure.

Lorsque c'est techniquement possible, une durée maximale de conservation des images doit être paramétrée dans le système. Cette durée ne doit pas être fixée en fonction de la seule capacité technique de stockage des appareils.[145]

Comment des bandes de vidéosurveillance datant du 1er mai 2018 ont pu être copiées pour l'Élysée le 18 juillet 2018, vu que la conservation des enregistrements est d'un mois ?

Tout simplement par la magie d'une note de service signée d'Alain Gibelin, directeur de la Direction de l'ordre public et de la circulation (DOPC), qui crée la cellule Synapse en janvier 2017, pour analyser les bandes des 36 000 caméras de la capitale, mais également les copier sur des cd-rom.

L'initiateur de cette cellule, Alain Gibelin,

> reconnaît sur procès-verbal et du bout des lèvres « une difficulté juridique », mais il a fini par lâcher le morceau.[146]

C'est un délit puni de cinq de prison et 300 000 € d'amende.[147]

Avec ces vidéos obtenues illégalement, le conseiller spécial d'Emmanuel Macron, Ismaël Emelien, organise ensuite une mise en scène pour qu'Alexandre Benalla apparaisse comme un gentil garçon face aux personnes qu'il a violentées.

> Le compte anonyme @FrenchPolitic (aujourd'hui supprimé) publie ces images avec pour légende : « OK, même si ce n'était pas à #Alexandre Benalla de le faire, ne faisons pas passer cet étudiant pour un garçon bien sous tout rapport. C'était un

---

145. Site de la CNIL : https://www.cnil.fr/fr/cnil-direct/question/videoprotectionvideosurveillance-combien-de-temps-peuvent-etre-conservees-les.
146. *Le Canard Enchaîné*, *Caméra de surveillance : textes, mensonges et vidéo*, de Didier Hassoux et Christophe Labbé, 1er août 2018.
147. Article 226-20 du Code pénal.

individu violent qui était sciemment venu place de la Contre-escarpe pour casser du flic. » [...]
On sait désormais que ce compte est piloté par Pierre Le Texier, salarié de LREM chargé du numérique, qui a reçu ces images du conseiller spécial du président, Ismaël Emelien.[148]

La divulgation à un tiers, en l'occurrence des dizaines de milliers de personnes via les réseaux sociaux et la presse, est punie de cinq ans d'emprisonnement et de 300 000 € d'amende.[149]

Surtout, ces faits font passer le président de la République pour une personne hypocrite quand il déclare :

> Les réseaux sociaux ont permis le langage désinhibé, la très grande violence sous couvert d'anonymat. [...] L'anonymat devient un casque, une cagoule, un masque, je ne suis pas reconnaissable et je peux faire le pire.[150]

En résumé, l'anonymat est dangereux sur les réseaux sociaux, sauf s'il facilite la propagande du pouvoir ?

« L'anonymat devient un casque [...] je ne suis pas reconnaissable et je peux faire le pire ». Quand on dresse le parallèle entre cette phrase d'Emmanuel Macron et Alexandre Benalla, chargé de mission de l'Élysée, violentant des manifestants anonymement sous son casque, on peut se poser la question : est-ce que l'Élysée, en plus de son « officine de riposte numérique clandestine »[151], n'a pas une officine de riposte physique clandestine ?

---

148. *L'Express, L'Élysée a tenté de disculper Benalla avec un montage vidéo trompeur*, publié le 30-03-2019 par Lexpress.fr.
149. Article 226-22 du Code pénal.
150. Emmanuel Macron échangeant avec les intellectuels lors du grand débat le 18-03-2019.
151. *Marianne, Derrière l'affaire Benalla, une officine de riposte numérique clandestine pilotée par l'Élysée*, par Etienne Girard, publié le 08-03-2019.

Des barbouzes à l'Élysée ?

Je n'ai pas la réponse à la question posée, juste des pistes de réflexion que je partage avec vous, pour que chacun en tire ses conclusions.

Un point m'intéresse particulièrement : l'équipe de gendarmes réservistes de l'Élysée créée par le général Bio Farina, dont la date de création est un mystère. Voici un extrait de son audition par la commission des lois du Sénat le 12 septembre 2018 sur le sujet :

> Jean-Pierre Sueur, rapporteur : M. Vincent Crase aurait été employé de manière régulière en tant que réserviste au sein de votre commandement militaire. Comment a-t-il été recruté ? Quelles étaient ses missions au sein de votre équipe ?
>
> Général Éric Bio Farina : Vincent Crase est employé dans la réserve opérationnelle de la gendarmerie nationale depuis plusieurs années, six ou sept ans, je crois. Au départ, il servait en tant qu'officier de la réserve opérationnelle du groupement de gendarmerie départementale de l'Eure. Il m'a été suggéré par M. Benalla, à l'époque où je souhaitais créer une cellule de réservistes au sein de la présidence de la République, d'une part, parce que la réserve opérationnelle est un moyen assez performant en gendarmerie, les gens étant très bien formés, d'autre part, parce que c'était aussi le souhait du Président de faire en sorte que la réserve opérationnelle, ces citoyens qui s'engagent au service d'une cause patriotique, nationale, puisse servir au plus haut niveau de l'État.
>
> J'avais donc décidé de créer une cellule de réserve pour la présidence de la République. Son volume était bien sûr destiné à rester très restreint ; il ne devait pas dépasser la vingtaine de réservistes.
>
> Lorsque j'ai évoqué ce projet avec M. Benalla, il m'a suggéré le profil de Vincent Crase, qu'il connaissait et dont le parcours dans la réserve opérationnelle de la gendarmerie apparaissait exemplaire. Fort de ces garanties, j'ai recruté M. Crase, dont les fonctions, comme officier supérieur de gendarmerie, consistaient à gérer l'équipe de réservistes en cours de

> constitution, soit, concrètement, à planifier les convocations – tâche délicate considérant qu'il convient d'articuler lesdites convocations avec les contraintes professionnelles des réservistes – et à assurer la surveillance et le contrôle de la cellule.
> [...]
> Philippe Bas, président : Combien de réservistes compte l'équipe que vous avez créée à la présidence de la République ?
> Général Éric Bio Farina : Sur un objectif initial de vingt, quatorze réservistes ont été recrutés.

Personne ne s'interroge sur qui sont ces quatorze gendarmes réservistes, ni quelles sont leurs missions, malgré ce qui s'est passé le 1er mai 2018 et qui est devenu l'affaire Benalla. S'agirait-il d'une unité pour aller expliquer à certains contestataires du pouvoir que, pour leur santé et celle de leur famille, il vaudrait mieux rester chez eux ?

Une nouvelle Direction de la sécurité de la présidence de la République (DSPR) est en gestation. C'est une réforme sur laquelle travaillait Alexandre Benalla, comme le déclare le général Bio Farina, toujours dans son audition du 12 septembre 2018 au Sénat :

> Jean-Pierre Sueur, rapporteur : D'après de nombreux témoignages et selon les propos tenus devant notre commission par le chef de cabinet de la présidence de la République, une réflexion – d'ailleurs légitime – serait en cours s'agissant des conditions d'exercice de la sécurité du Palais de l'Élysée impliquant une éventuelle fusion entre le commandement militaire et le groupe de sécurité de la présidence de la République (GSPR). Une cellule de réflexion aurait été chargée de préparer cette réforme, ainsi que l'a évoqué Alexandre Benalla dans *Le Monde* et *Le Journal du Dimanche*. Confirmez-vous l'existence d'une telle instance ? Était-elle placée sous votre autorité et sous celle du GSPR ? M. Benalla y participait-il ? Quel y était, le cas échéant, son rôle exact ? M. Benalla a également fait

état, s'agissant de ce projet de réforme, de tensions avec le ministère de l'Intérieur. Est-ce, à votre connaissance, exact ? Comment expliquer une telle opposition ? Depuis les débuts de la Ve République, les personnels chargés de la protection du président de la République relèvent du ministère de la Défense ou du ministère de l'Intérieur.
Général Éric Bio Farina : Il existe effectivement un projet d'amélioration du dispositif de sécurité de la présidence de la République, reposant, comme M. Strzoda et moi-même l'avons indiqué lors de précédentes auditions, sur le principe de continuum de sécurité et lancé sous l'impulsion du président de la République et de son directeur de cabinet. J'en ai personnellement piloté la phase conceptuelle, pendant laquelle ont été définis les éléments de doctrine relatifs au continuum de sécurité, afin d'en assurer la cohérence. Selon une méthode de travail validée par le directeur de cabinet du président de la République, un comité de pilotage de conception, composé d'un nombre restreint de personnes, a été installé pour valider les lignes directrices du concept. Puis des groupes de travail interservices ont été mis en place sur différentes thématiques, notamment les questions de mutualisation et de convergence des moyens, au sein de l'Élysée. Leurs travaux, lancés en janvier dernier, sont désormais bien avancés.
M. Benalla participait, pour sa part, à certains des groupes de travail susmentionnés en tant que représentant de la chefferie de cabinet de la présidence de la République. Il jouait, en effet, un rôle charnière des plus intéressants entre le GSPR et le commandement militaire et connaissait, comme responsable de la sécurité du candidat Emmanuel Macron pendant la campagne électorale, l'approche du président de la République s'agissant de sa sécurité personnelle. De fait, il est inenvisageable, en France, d'imposer un carcan sécuritaire au Président sans tenir compte de sa sensibilité en la matière.

Une sensibilité qui ne fait pas confiance à la Police et à la Gendarmerie, qui ont protégé tous les présidents de la Ve République sans jamais faillir, pour assurer sa sécurité ? Une sensibilité qui veut des personnes qui ne répondent de personne, sauf de l'Élysée ? Il y a une différence entre « être au service de l'État » et « au service du chef de l'État ».

Laissons la conclusion à Aristote[152], qui écrit ces lignes dans *La Politique*[153] :

> Ce sont des citoyens en armes qui veillent à la sûreté d'un roi ; le tyran ne confie la sienne qu'à des étrangers. C'est que là, l'obéissance est légale et volontaire, et qu'ici elle est forcée. Les uns ont une garde de citoyens ; les autres ont une garde contre les citoyens.

---

152. Philosophe grec, 384 av. J.C. – 322 av. J.C.
153. Ouvrage rédigé entre 325 av. J.C. et 323 av. J.C.

VIII. Le Gilet jaune, l'ennemi de l'Intérieur ?

Tout l'arsenal répressif étant finalisé, il ne restait plus qu'à lui faire passer l'épreuve du feu. Rien de tel qu'une énième augmentation des taxes sur l'essence pour mettre le feu aux poudres et lancer le mouvement des Gilets jaunes le 17 novembre 2019. Le gouvernement peut ainsi passer de la théorie à la pratique, accélérant encore la dérive antidémocratique du pouvoir.

La menace terroriste, outil de contrôle du gouvernement

L'acte 1 est un succès. Aussitôt, la Police nationale informe la presse qu'une attaque terroriste était prévue ce même jour contre les Gilets jaunes, comme le titre *Le Figaro* du 20 novembre 2018 :

> Ils projetaient une attaque terroriste lors de la mobilisation des « gilets jaunes ».[154]

Enfin, c'est la conviction des juges, car les personnes arrêtées déclarent qu'elles voulaient commettre un braquage, pas un attentat.

> L'un des suspects a expliqué en garde à vue vouloir profiter du désordre engendré par les Gilets jaunes et la mobilisation policière pour commettre un braquage. Mais les juges antiterroristes sont convaincus que le petit groupe voulait commettre une attaque terroriste sur le sol français ce jour-là.[155]

On déforme un peu beaucoup la réalité, mais il faut bien tenter de sauver le gouvernement.

---

154. Le Figaro.fr.
155. *Le Parisien, Terrorisme : ils voulaient « frapper » le 17 novembre*, par Jean-Michel Décugis et Jérémy Pham-Lê, publié le 19-11-2018.

Les arrestations préventives

Pour l'acte 4, l'État se lance dans des interpellations préventives et des placements en garde à vue au motif d'« association de malfaiteurs » et « incitation à la provocation d'un délit ou d'un crime » :

> Les chiffres et les témoignages interrogent. Samedi, les forces de l'ordre ont procédé à 1 723 interpellations sur le territoire national, dont 1 082 à Paris, **un record dans la capitale** selon l'Agence France-Presse.
> Mais, selon leurs récits, des manifestants affirment que c'était un moyen de les empêcher de rester mobilisés. Des avocats dénoncent le caractère préventif de ces interpellations, avant toute infraction. Le secrétaire d'État à l'Intérieur et la ministre de la Justice s'en défendent. [...]
> « On a interpellé des gens qui voulaient simplement aller manifester. [...] Lorsqu'on interpelle des gens qui n'ont rien fait, simplement parce que l'on considère qu'ils ont des intentions dangereuses, on change de régime, on change de paradigme », s'est indigné dimanche sur France Info Me Arié Alimi, avocat au barreau de Paris et membre de la Ligue des droits de l'homme.
> « Je ne vais pas crier à la dictature, mais il y a une dérive autoritaire du gouvernement. Dès 8 heures du matin, avant même que la manifestation ne démarre, des interpellations arbitraires ont eu lieu en marge. Le gouvernement voulait dissuader les gilets jaunes d'aller manifester, les chiffres des gardes à vue ont immédiatement été donnés. C'était une opération de communication », estime au *Parisien* Me Avi Bitton, qui défend une famille venue d'Alsace. [...].
> « Le résultat, c'est que 70 % des gardes à vue se terminent sans poursuite. La justice est prise en otage. Les gardes à vue préventives, ça n'existe pas dans le Code pénal », [déclare] Me Avi Bitton dans *Le Parisien*.
> « La seule question qui se pose, c'est de savoir si des manifestants ont été arrêtés alors qu'ils n'ont pas commis la moindre infraction autre que de vouloir manifester ou pas. Sur

ce point, je n'ai aucune raison de douter de la parole d'un certain nombre d'avocats. Il faut voir les dossiers et les situations. Mais pour l'instant, on est en face de quelque chose qui est grave [...]. On ne peut pas arrêter quelqu'un simplement parce qu'il va participer à une manifestation », a réagi sur France Info Henri Leclerc, avocat et président d'honneur de la Ligue des Droits de l'Homme.[156]

Les gardes à vue durent entre 24 h 00 et 48 h 00, le temps que l'acte 4 passe. Les opposants les plus virulents ne seront pas présents sur les manifestations. Si jamais ces personnes étaient si dangereuses, pourquoi la Justice ne les condamne-t-elle pas à de la prison ? La suspicion remplace la preuve, une fois de plus.

À noter également que les consignes sont de faire du « chiffre » sur la journée du 8 décembre 2018, et tous les services doivent interpeller tout et n'importe qui, pour permettre à Christophe Castaner de ne pas mentir quand il affirme :

> Il y a eu aujourd'hui 1 385 interpellations [NdA : en cours de journée].[157]

En effet, il ne ment pas. Mais, à ce moment, il ne parle plus du mouvement des Gilets jaunes, mais des interpellations en France de façon générale sur la journée. Dans ces 1 385 interpellations, il y a des vols à l'étalage, des différends conjugaux, des tapages, etc.

En cas d'attentat en France, ce sera la faute des Gilets jaunes
Le 11 décembre 2018 a lieu l'attentat du Marché de Noël de Strasbourg. Aussitôt, le secrétaire d'État à l'Intérieur, Laurent Nunez, comme le relate RTL le 12 décembre 2018, espère :

---

156. *Sud-Ouest, Recours massifs aux interpellations : le gouvernement s'en défend*, par sudouest.fr, publié le 10-12-2018.
157. Allocution du ministre de l'Intérieur sur *BFM TV*, le 08-12-2018.

> Qu'on n'aura pas à mobiliser autant d'hommes (que samedi 8 décembre) simplement parce qu'il y aura une responsabilité générale dans le pays qui fera qu'on aura un peu moins de manifestations voire beaucoup moins.

En deux mots, le gouvernement doit choisir entre réprimer le mouvement des Gilets jaunes ou mobiliser les policiers pour la lutte antiterroriste.
Il a fait le choix de déployer les policiers en priorité contre les Gilets jaunes et, du coup, la France peut faire l'objet d'une attaque terroriste. Mais il ne veut pas assumer la responsabilité politique de ce choix, en essayant par avance de faire porter le chapeau aux Gilets jaunes.

Faites ce que je dis, pas ce que je fais
Emmanuel Macron, président de la République tient ces propos le 31 décembre 2018, à l'occasion de ses vœux de 2019 :

> Et n'étant en fait que les porte-voix d'une foule haineuse, s'en prennent aux élus, aux forces de l'ordre, aux journalistes, aux juifs, aux étrangers, aux homosexuels, c'est tout simplement la négation de la France !

N'est-ce pas de la propagande pure et dure ? Qui s'en prend aux étrangers ? Un rappel de ce que dit la loi faisant de l'état d'urgence un état permanent voté par ce gouvernement, qui parle de :

> Nationalité étrangère [pouvant] être déduite d'éléments objectifs extérieurs à la personne même de l'intéressé.

Qui ne donne pas les ordres pour que les policiers puissent interpeller ceux qui s'en prennent à eux et viennent perturber par la violence les manifestations ?
Qui s'en prend aux journalistes ?

Dérives et dysfonctionnements

De nombreux journalistes venus couvrir les manifestations des Gilets jaunes ont été blessés ce week-end et déplorent des « dérapages inadmissibles » des forces de police.

Quatre syndicats de journalistes ont déploré lundi les « nombreux blessés parmi les journalistes de terrain, reporters et photographes » qui couvraient les manifestations des Gilets jaunes samedi et condamné « les dérapages inadmissibles des forces de police, notamment à Paris ».

Dénonçant la « gestion calamiteuse des manifestations de samedi par les forces de l'ordre », le SNJ, le SNJ-CGT, la CFDT-Journalistes et le SGJ-FO ont exigé dans un communiqué commun « des explications de la préfecture de police, du ministère de l'Intérieur et du gouvernement sur les consignes qui ont été données pour en arriver à cette situation ».

« Dès 8 heures du matin, samedi, de nombreux photographes de presse, clairement identifiés comme tels, se sont fait confisquer leur équipement de protection individuel, parfois sous la menace d'une garde à vue. Ce qui a eu pour effet d'empêcher certains reporters de faire leur travail. »

Ils citent en outre les cas de deux photographes du *Parisien* visés par des tirs de lanceurs de balles de défense, d'un photographe du JDD hospitalisé après avoir été frappé par un CRS, et disent qu'une quinzaine de témoignages de confrères « mis en joue, pris pour cibles parfois intentionnellement, commotionnés ou molestés par les forces de l'ordre » leur sont remontés ces dernières heures. [...]

« Il est totalement inacceptable, dans un pays démocratique et dans un État de droit, que les pouvoirs publics ne garantissent pas la liberté d'informer » [...][158]

Contrairement à la déclaration du président Macron, qui est réellement dans la négation des valeurs de la France ?

---

158. *Sud-Ouest, Gilets jaunes : les syndicats de journalistes dénoncent des « dérapages inadmissibles » de la police*, par sudouest.fr, avec l'AFP, publié le 12-12-2018.

Les Gilets jaunes, complices des casseurs

Christophe Castaner, ministre de l'Intérieur, criminalise le mouvement des Gilets jaunes :

> Demain, je le dis, ceux qui viennent manifester dans des villes où il y a de la casse qui est annoncée savent qu'ils seront complices de ces manifestations-là.[159]

Exactement la même interprétation que l'article 419 du Code pénal italien, introduit en 1931 sous Mussolini et intégré à la Loi renseignement française de 2015 comme nous l'avons vu précédemment :

> Le texte permet, au nom de la notion de « concours moral », de sanctionner la simple présence à des manifestations considérées comme insurrectionnelles, sans preuves factuelles.[160]

Le gouvernement, depuis le début du mouvement, n'a pas donné des ordres cohérents pour interpeller et présenter à la Justice les auteurs de violences lors des manifestations. Pour camoufler son incompétence – mais est-ce de l'incompétence ? –, il choisit de punir les manifestants qui lui tombent sous la main, pacifiques ou non, comme lors de la croisade contre les albigeois en 1209 et du sac de Béziers avec le célèbre « Tuez-les tous, Dieu reconnaîtra les siens ». À noter que, comme nous avons un président jupitérien, lui aussi reconnaîtra les siens en tant que Dieu.

D'ailleurs, la Justice se fait complice du gouvernement quand, le 11 mars 2019 à Lyon, une juge déclare à un prévenu, qui avait un équipement défensif pour aller participer à une manifestation :

---

159. *Brut*, Entretien exclusif avec Christophe Castaner, ministre de l'Intérieur. Gilets Jaunes, grand débat et affaire Benalla, il répond à vos questions et à celles de Rémy Buisine, réalisé le 11-01-2019.
160. *Blog Médiapart, Pétition pour libérer Vincenzo qui risque 13 ans de prison en Italie*, par Abouadil, publié le 21-08-2019.

Dérives et dysfonctionnements

Monsieur, si c'est dangereux, n'allez pas en manif.[161]

C'est vrai que le plus simple, c'est de ne pas aller manifester pour avoir le droit de vivre dignement.

Sur la même liste qu'Haïti et le Venezuela

Le gouvernement, tout au long du mouvement des Gilets jaunes, laisse la violence gangréner les manifestations. Cette escalade empêche le plus grand nombre, notamment les plus jeunes, les plus anciens et les plus fragiles à venir manifester.

Devant cette répression, les manifestations attirent de plus en plus d'éléments violents, et les ripostes des forces de l'ordre sont donc en conséquence de plus en plus violentes.

Pourtant, le porte-parole du gouvernement, Benjamin Griveaux, crie à l'indignation quand, le 6 mars 2019, Michelle Bachelet, la Haute-Commissaire aux droits de l'homme de l'ONU, épingle la France pour un usage excessif de la force lors des manifestations des Gilets jaunes, en classant la France dans la même liste qu'Haïti ou le Venezuela :

> Il faut s'étonner tout de même de se retrouver cité dans une liste entre le Venezuela et Haïti où il y a eu des morts.

Le problème est que, en France, aussi il y a eu au moins un mort : Zineb Redouane, une personne âgée qui ne manifestait pas. Elle vaquait à ses occupations dans son appartement marseillais quand, par sa fenêtre ouverte, deux grenades à effet lacrymogène sont entrées. L'une l'a atteinte au visage, entrainant son décès. Pourtant, voici ce que déclare le ministre de l'Intérieur :

> Zineb Redouane est sur son balcon, elle ne manifeste pas. Elle est atteinte par une grenade lacrymogène, elle va à l'hôpital

---

161. Rebellyon.info, *Jugements de gilets jaunes du 11 mars :* « *Monsieur, si c'est dangereux, n'allez pas en manifestation* », publié le 14-03-2019, https://rebellyon.info/Jugements-de-gilets-jaunes-du-11-mars-20339.

parce qu'elle est blessée dans ce cadre-là et l'enquête indique qu'elle meurt d'un choc opératoire.[162]

Elle serait donc morte par la seule faute des médecins ?! Cependant, le rapport d'autopsie des médecins-experts algériens conclut à

> un important traumatisme facial imputable à l'impact d'un projectile non pénétrant à surface contondante, pouvant correspondre à une bombe lacrymogène. Que l'importance de ce traumatisme est directement responsable de la mort par aggravation de l'état antérieur de la défunte, malgré les soins intensifs prodigués en urgence.[163]

Quand un gouvernement nie les dommages collatéraux allant jusqu'à la mort, est-ce que la liberté est encore garantie ?

Mais qu'attendre d'autre comme réaction quand Emmanuel Macron, président de la République, lors de la réunion publique du grand débat le 7 mars 2019, interrogé sur la répression ordonnée, répond :

> Ne parlez pas de « répression » ou de « violences policières », ces mots sont inacceptables dans un État de droit.

Oui, ces mots sont effectivement « inacceptables dans un État de droit », sauf que ces faits se sont réellement produits, et devant les caméras du monde entier. Sommes-nous alors encore dans un État de droit, si nous suivons la pensée jupitérienne ?

---

162. Déclaration de Christophe Castaner dans l'émission *Bourdin Direct* sur RMC, le 28 août 2019.
163. Rapport d'autopsie, pratiquée le 25 décembre 2018, CHU Mustapha Bacha, service de médecine légale, chef de service et médecin expert Prof. Belhadj, assisté du médecin-expert le Dr R. Yala.

Gazer sa population et ses policiers

La Convention sur l'interdiction des armes chimiques signée à Paris en 1993 est en vigueur depuis 1997 :

> Chaque État partie à la présente Convention s'engage à ne jamais, en aucune circonstance :
> a. Mettre au point, fabriquer, acquérir d'une autre manière, stocker ou conserver d'armes chimiques, ou transférer, directement ou indirectement, d'armes chimiques à qui que ce soit ;
> b. Employer d'armes chimiques ;

Les armes chimiques sont interdites en temps de guerre, contre une armée étrangère, mais les pays signataires se réservent le droit de punir les agitateurs menaçant la stabilité de leur régime par ces mêmes armes :

> Chaque État partie s'engage à ne pas employer d'agents de lutte antiémeute en tant que moyens de guerre. [...]
> On entend par « agent de lutte antiémeute » :
> Tout produit chimique qui n'est pas inscrit à un tableau et qui peut provoquer rapidement chez les êtres humains une irritation sensorielle ou une incapacité physique disparaissant à bref délai après qu'a cessé l'exposition.

Pourtant, Kamran Loghman, spécialiste international du gaz CS et des grenades utilisées dans la répression des manifestations, décrit bien des gaz pouvant tuer :

> Les CS et le CN provoquent tous deux une dermatite et sont des sensibilisants susceptibles de provoquer de très graves réactions allergiques à la suite d'expositions répétées. Les tests toxicologiques ont prouvé que les animaux morts après une exposition à la CS montraient une augmentation du nombre de cellules caliciformes dans les voies respiratoires et dans la conjonctive (la membrane muqueuse des yeux, le long

de la paupière et recouvrant une partie du globe oculaire), de la nécrose (la mort des cellules) dans les voies respiratoires et gastro-intestinales, des œdèmes pulmonaires (poumons remplis de liquide) et des hémorragies de la surrénale.
La mort résulte d'une altération du transfert d'oxygène dans le sang provoqué par un œdème, une hémorragie et une obstruction des voies respiratoires dans les poumons. Dans le cas d'une substance telle que le CS, l'attention doit être portée sur les produits de dégradation qui se produiront dans le corps humain. Le clivage ou l'hydrolyse en malononitrile et en ortho-chlorobenzaldéhyde est une réaction complète à 50 % en environ dix minutes.
On pense que le malononitrile subit une dégradation en cyanure et en thiocyanate, tandis que le reste de la molécule est combiné à la glycine et excrété sous forme d'acide ortho-chlorohippurique. Par conséquent, le malononitrile est une substance hautement toxique trouvée dans le CS. La dose mortelle pour une personne de 70 kilogrammes est estimée à moins d'un gramme.[164]

Cet expert développe son raisonnement jusqu'au bout sans mâcher ses mots et conclut que

C'est de plus en plus à la mode, en ce moment, d'utiliser des produits chimiques sur les gens qui expriment une opinion. À mon avis, cela montre qu'on est dépassé par les événements dans la police et que les personnes pouvant traiter la racine du problème ne le veulent pas et préfèrent gazer les gens pour les calmer. Le gaz CS n'est pas censé être utilisé pour ça. Il n'est pas fait pour résoudre les problèmes ou calmer les gens.[165]

---

[164]. Traduction publiée dans le communiqué VIGI, *La Présidence et le Gouvernement utilisent-ils des armes chimiques contre le peuple et les policiers ?*, publié le 02-05-2019.
[165]. Interview sur Democracy Now, Independant Global News, le 29-11-2011. Cela signifie que le danger de ces armes est dénoncé depuis près de dix ans.

Comme quoi, en 2019, on a toujours un gouvernement à la pointe de la mode en France. Le problème est pour ceux qui en « bénéficient » :

> **Mortel pour des personnes souffrant d'asthme ou d'autres problèmes bronchiques**
>
> Les dégâts instantanés sur la santé sont inventoriés ; les effets durables, beaucoup moins. Dans l'immédiat, on constate des effets irritants sur les yeux, des plaques rouges sur la peau, presque instantanés : mais une exposition prolongée à des composés neurotoxiques peut occasionner des problèmes respiratoires sérieux, voire des crises cardiaques, comme le documentait une étude de l'université anglaise de Newcastle-upon-Tyne, publiée en 2003 par le *Journal of the American Medical Association*. Ces effets sont renforcés chez des enfants (que la police a par exemple gazés lors de la manifestation du 1er mai 2017 à Paris). Chez des femmes enceintes, il peut provoquer des fausses couches et s'avère mortel pour des personnes souffrant d'asthme ou d'autres problèmes bronchiques.
>
> « De fortes concentrations sur des périodes courtes peuvent être plus dangereuses que la même dose dispersée en petites concentrations sur une plus longue durée », note une étude néo-zélandaise publiée en 2013 [...].[166]

L'article commence d'ailleurs ainsi :

> Les gaz lacrymogènes sont largement utilisés par les gouvernements français. Leur composition évolue vers plus de toxicité, semble-t-il, ce qui est nocif pour les manifestants et... pour les policiers. Mais à la différence de tout autre produit chimique, fabricants et État ne disent rien sur sa composition. La transparence est nécessaire.

---

166. Reporterre, *Les gaz lacrymogènes : dangereux pour la santé, mais... silence d'État !*, par Nicolas de la Casinière, publié le 15 mars 2018.

Les conséquences se font sentir sur nos collègues : le 28 juin 2019 sur le pont Sully, un commandant CRS fait un malaise avec perte de connaissance par suffocation à cause de l'usage de ces armes chimiques sur ordre du préfet de police de Paris contre des manifestants écologiques pacifiques :

> « Deux minutes seulement après les dernières sommations, les gazeuses sont déjà utilisées. C'est très très court, surtout face à des manifestants assis qui ne représentent aucune menace », explique à Mediapart un policier chargé d'opérations de maintien de l'ordre depuis plus de sept ans. D'autant que ces gazeuses sont utilisées à quelques centimètres du visage. « La hiérarchie CRS n'a pas fait preuve de discernement. Ce qui ne doit évidemment pas se faire. À une distance de cinq mètres, votre cible est déjà largement incommodée. C'est massif, pas déontologique et disproportionné. »
> En quelques minutes, entre 13 h 14 et 13 h 39, dix conteneurs, soit cinq litres de gaz, sont utilisés. En première ligne, assis en tailleur, Gwen, « pris de brûlures », ne peut ouvrir les yeux. Il s'était préparé à finir en garde à vue en occupant un lieu non autorisé, mais pas « à une telle répression, qui a été surtout psychologique ».
> « C'est violent. C'est surtout suicidaire en termes d'image que l'on donne, estime le même policier. Mais il ne faut pas oublier une chose : nous répondons à des ordres. Si le préfet ou son adjoint mettent la pression pour qu'on évacue, ça peut donner ce genre de résultat chaotique avec un commandant qui en perd lui-même connaissance. On frôle le ridicule. C'est l'arroseur arrosé. »[167]

---

167. Mediapart, *Pont de Sully : l'usage de gaz lacrymogène a été tel que le commandant des CRS a perdu connaissance*, par Pascale Pascariello, publié le 16-07-2019.

Dérives et dysfonctionnements

Face à cette situation dangereuse tant pour les manifestants que pour nos collègues, le syndicat VIGI interpelle le ministre Castaner par écrit le 6 septembre 2019 en demandant :

- La composition exacte des grenades qu'on nous demande d'utiliser.
- Un protocole de décontamination après chaque fin de service où des armes chimiques sont utilisées.
- Un suivi a minima mensuel par la médecine de prévention pour nos collègues exposés à ces armes chimiques, avec prises de sang, ainsi qu'une vérification du bon fonctionnement des reins et du foie indispensable à l'élimination des toxines par l'organisme.
- Ce suivi permettra de protéger la santé de nos collègues. En cas d'empoisonnement, il permettra également de faire reconnaître l'imputabilité au service dans les cas d'invalidité, en vue d'une indemnisation.
- Des tenues NRBC (vêtements, masques à gaz...) adaptées au maintien de l'ordre pour protéger la santé de nos collègues.

Certes, nous avons des masques à disposition, mais la hiérarchie nous déconseille d'y recourir, les cartouches charbon coûtant 75 € pièce. Même sans ces mesquineries budgétaires, les masques à gaz présentent le défaut de s'embuer rapidement. Chaque collègue doit donc choisir entre s'empoisonner en respirant les gaz utilisés, mais bénéficier alors de la meilleure visibilité possible pour voir arriver les divers projectiles dont il peut être la cible et s'en protéger, ou mettre le masque NRBC, en prenant le risque non négligeable d'être blessé physiquement par un objet volant.
Enfin, nous demandons au ministre dans ce courrier :

- La clarification de nos devoirs et de nos responsabilités de policiers de terrain concernant l'usage de ces munitions, afin d'éviter des poursuites à notre encontre. En cas de procès de la part de manifestants, de riverains, de commerçants, voire

L'Ennemi de l'Intérieur

d'incident diplomatique avec le Qatar, dont l'ambassade se situe place de l'Étoile à Paris, c'est votre éventuelle responsabilité et celle des donneurs d'ordres qui doit être mise en lumière.

À ce jour, nous n'avons toujours pas reçu de réponse du ministre. Pourtant, qui prendra en charge les indemnités des victimes des gaz quand elles commenceront à en subir les effets annoncés par les études américaines et britanniques ?

Merci, Monsieur le Ministre, d'avoir pris en considération les risques chimiques graves encourus par les policiers sur certaines missions, dont ici à Rouen (septembre 2019), en les protégeant des substances dangereuses avec un simple masque… en papier conçu contre les « agents infectieux » tels que la grippe (source : *Les différents types de masques / Grippe* – solidarite-sante.gouv.fr).

L'art d'avoir toujours raison
Le gouvernement n'a aucun argument légitime pour répondre aux revendications sociales des Gilets jaunes. Aussi, il va faire sienne la méthode donnée par Arthur Schopenhauer dans son célèbre ouvrage, *L'Art d'avoir toujours raison*, en appliquant quelques-uns des stratagèmes proposés.

Stratagème XXXII : Principe de l'association dégradante

Lorsque l'on est confronté à une assertion de l'adversaire, il y a une façon de l'écarter rapidement, ou du moins de jeter l'opprobre dessus en la plaçant dans une catégorie péjorative, même si l'association n'est qu'apparente ou très ténue. Par exemple, que c'est du manichéisme, ou de l'arianisme, du pélagianisme, de l'idéalisme, du spinosisme, du panthéisme, du brownianisme, du naturalisme, de l'athéisme, du rationalisme, du spiritualisme, du mysticisme, etc. Nous acceptons du coup deux choses :
1. que l'assertion en question est apparentée ou contenue dans la catégorie citée : « Oh, j'ai déjà entendu ça ! » ;
2. que le système auquel on se réfère a déjà été complètement réfuté et ne contient pas un seul mot de vrai.

Ce n'est pas par hasard que les membres du gouvernement se succèdent pour salir le mouvement avec des comparaisons dégradantes. Gérard Darmanin tweete le 25 novembre 2018 :

> Sur les Champs-Élysées, c'est la peste brune qui a manifesté, pas les Gilets jaunes.

La veille, Emmanuel Macron parle de

> scènes de guerre que beaucoup de médias ont relayées à nouveau en France et à l'étranger.[168]

Oui, des scènes de guerre, et ce gouvernement ne va pas se priver pour en donner l'impression. Par exemple, le 1er décembre 2018 à Paris, 13 500 grenades[169] sont tirées sur les 8 000 manifestants[170] officiellement recensés par le ministère de l'Intérieur.

---

168. *Paris Match*, « Gilets jaunes », *Macron dénonce des « scènes de guerre » ce week-end*, par la rédaction et l'AFP, publié le 26-11-2018.
169. *Ouest-France*, *Gilets jaunes plus de 13 500 grenades ont été tirées samedi à Paris*, publié le 04-12-2018.
170. https://theworldnews.net/fr-news/gilets-jaunes-a-paris-un-retour-au-calme-progressif-plus-de-270-interpellations.

À titre de comparaison, c'est le nombre de grenades tirées sur quinze jours dans le cadre de l'évacuation de la ZAD de Notre-Dame des Landes. Enfin, à Hong Kong, où le gouvernement local est sous la pression de la rue depuis juin, il a été tiré 4 500 grenades en quatre mois de manifestations sur des centaines de milliers de manifestants (au moment de la fin de l'écriture de ce livre).

Cette comparaison pose la question suivante : est-ce que le gouvernement fait la guerre à une partie du peuple ?

Comme nous l'avons déjà rappelé dans ce livre, Aurore Berger évoque le 18 mars 2019, dans *L'Opinion*, du

> terrorisme urbain qui s'est déployé.

À plusieurs reprises, il est fait état de factieux et de séditieux. Ainsi, le 4 janvier, Benjamin Griveaux, encore lui, déclare d'un ton alarmiste :

> Le mouvement des Gilets jaunes « est devenu le fait d'agitateurs, qui veulent l'insurrection et, au fond, renverser le gouvernement ».[171]

En résumé, le parti au pouvoir essaye de manipuler l'opinion publique pour laisser croire que d'un côté, il y a les gentils, lui, et de l'autre, les méchants, ceux qui osent demander à vivre dignement.

Stratagème XXIX : Faire diversion

> Lorsque l'on se rend compte que l'on va être battu, il faut créer une diversion, c'est-à-dire commencer à parler de quelque chose de complètement différent, comme si cela avait un rapport avec le débat et constituait un argument contre votre adversaire.

---

171. Europe 1 avec l'AFP, publié le 4 janvier 2019 : https://www.europe1.fr/politique/gilets-jaunes-le-mouvement-devenu-le-fait-dagitateurs-voulant-renverser-le-gouvernement-3832379.

Du coup, le gouvernement invente le Grand Débat national pour qu'on ne parle que des points qu'il a choisis :

> Comment mieux accompagner les Français dans leur vie quotidienne pour se loger, se déplacer, se chauffer ?
> Comment rendre notre fiscalité plus juste, plus efficace, plus compétitive et plus lisible ?
> Comment faire évoluer la pratique de la démocratie et de la citoyenneté ?
> Comment faire évoluer l'organisation de l'État et des services publics pour les rendre plus proches des Français et plus efficaces ?

En conséquence, le président de la République peut tirer la conclusion suivante lors de son allocution du 25 avril 2019 pour annoncer ses décisions à la fin du Grand Débat national :

> Les transformations en cours ne doivent pas être arrêtées, car elles répondent profondément à l'inspiration [NdA : plutôt « aux aspirations » ?] de nos concitoyens. Les orientations prises au cours de ces deux dernières années ont été justes à bien des égards.[172]

Les questions étant orientées et limitées, les réponses étaient connues avant même la fin de l'exercice de propagande que fut cette opération fort médiatisée.

Stratagème XIV : Clamer victoire malgré la défaite

> Il est un piège effronté que vous pouvez poser contre votre adversaire : lorsque votre adversaire aura répondu à plusieurs questions, sans qu'aucune des réponses ne se soit montrée favorable quant à la conclusion que vous défendez, présentez

---

172. *Les Échos, Macron ne renie rien et entend accélérer ses réformes après le grand débat*, par Grégoire Poussielgue, le 25-04-2019.

quand même votre conclusion triomphalement comme si votre adversaire l'avait prouvée pour vous. Si votre adversaire est timide, ou stupide, et que vous vous montrez suffisamment audacieux et parlez suffisamment fort, cette astuce pourrait facilement réussir.

Le parti au pouvoir a été battu aux élections européennes. Mais, comme nous le rapporte Reuters dans son article du 27 mai 2019 :

> Macron perd son pari mais maintient le cap en France et en Europe.
> [...] Quant à un éventuel changement de cap, cette option a été écartée par l'Élysée dimanche soir.
> « L'intention du président de la République, c'est d'intensifier l'acte II de son quinquennat » donc « il n'y a pas d'inflexion prévue de ce point de vue là » [...]. « Les orientations qui ont été annoncées à la sortie du grand débat vont se poursuivre. »[173]

On pourrait appliquer au président de la République le célèbre règlement :

> Article 1 : le chef a toujours raison.
> Article 2 : quand le chef a tort, se référer à l'article 1.

---

173. Reuters, *Macron perd son pari mais maintient son cap en France et en Europe*, par Marine Pennetier, publié le 27-05-2019.

IX. Policiers, la répression par passion ?

Nous sommes les gardiens de la paix.

L'opinion publique et les médias nous appellent « forces de l'ordre ».

Monsieur le DGPN, nommé depuis que Monsieur Macron est au pouvoir, a choisi de faire de nous les « gardiens de notre paix »[174]. La paix n'est plus universelle, elle semble désormais réservée à une élite, en accord avec le gouvernement.

Ce glissement sémantique illustre la différence entre les convictions qui nous ont poussés à nous engager et comment nous sommes détournés de nos idéaux.

Est-ce que le gouvernement prend soin de nous ? Non, il nous méprise.

Par exemple, les repas fournis lors de journées de travail de plus de vingt-deux heures en maintien de l'ordre sont de qualité inférieure à ceux des personnes déférées, comme le rappelle l'association MPC[175] :

---

174. https://devenirpolicier.fr/
175. https://twitter.com/association_mpc/status/1086757058077184002

Ce non-respect de la dignité humaine avec des vacations de presque un jour entier et des paniers-repas pour des enfants de maternelle permet de faire des économies. Ainsi, François de Rugy et ses amis peuvent rester connectés à la réalité en mangeant des homards, bien que la porte-parole du gouvernement Sibeth Ndiaye nuance les propos de l'ex-ministre :

> Nous sommes tous conscients que tout le monde ne mange pas du homard tous les jours. Bien souvent on mange plutôt des kebabs. Il faut que nous ayons cette raison qui fait qu'on sait apprécier les choses et doser au bon niveau ses frais de représentation.[176]

Pas de chance pour les policiers, ce n'est même pas kebab, c'est pom'potes. Mais qu'attendre des déclarations d'une personne qui ne respecte rien, pas même la mort, comme celle de Simone Veil :

> Yes, la meuf est dead.[177]

Qu'importe l'état d'esprit du « petit peuple », dont font partie les policiers, Sibeth Ndiaye est un rouage indispensable à la propagande gouvernementale actuelle :

> J'assume parfaitement de mentir pour protéger le président.[178]

Après avoir tenu de tels propos, refera-t-elle le coup de : « Je suis sous le feu des critiques parce que je suis une femme ou noire »[179] ? Néanmoins,

---

176. *CNews*, le 16-07-2019.
177. *Le Canard enchaîné, La preuve par meuf*, d'Anne Sophie Mercier, 02-08 2017.
178. *L'Express, Silence radio au château : comment Macron verrouille sa com'*, par Stéphanie Marteau, publié le 12-07-2017.
179. « Quand vous êtes une femme et qu'en plus vous êtes noire, vous êtes cumularde. On met toujours en doute la raison pour laquelle vous êtes là. », Sibeth Ndiaye, BFM TV, le 3 avril 2019.

Quand tout le monde ment en permanence, la conséquence n'est pas que vous croyez aux mensonges, mais que plus personne ne croit à rien... Et un peuple qui ne croit plus en rien ne peut pas se faire une opinion. Il est privé non seulement de sa capacité d'agir mais aussi de sa capacité de penser et de juger. Avec un tel peuple, vous pouvez faire ce qu'il vous plaît.[180]

Refuser des ordres illégaux ?

Avec tout ce que nous subissons de la part de ce gouvernement, il serait dangereux d'accepter des ordres illégaux, car cela engagerait notre responsabilité pénale. En effet, les policiers peuvent les refuser, encore faut-il savoir qu'ils sont illégaux.

En effet, en maintien de l'ordre, les unités n'agissent pas de leur propre initiative mais sur ordre. Quand une place est « nassée », les seuls à le savoir sont les personnes au chaud dans la salle de commandement.

Lorsqu'une unité reçoit l'ordre d'aller disperser un attroupement, elle se déplace et arrive sur les lieux indiqués par la salle de commandement et elle doit faire confiance à ce qu'elle lui a dit.

En résumé, les personnes qui donnent les ordres savent parfaitement qu'ils sont illégaux (lorsqu'ils le sont), mais ceux qui les exécutent, non. Pourtant, a-t-on déjà vu une enquête de l'IGPN sanctionnant tous les responsables hiérarchiques, ou accuse-t-elle toujours le moins gradé ? Donc les mêmes situations sont appelées à se reproduire à l'infini : pour un manifestant pacifique blessé ou mutilé, un policier sera (peut-être) sanctionné voire perdra son travail, mais les vrais responsables ne seront pas inquiétés du tout, voire recevront une promotion.

À noter que, pour se faire obéir, les hiérarques déviants peuvent user de moyens de coercition, parfaitement illégaux, mais efficaces, comme l'illustre le témoignage suivant.

---

180. *Entretien sur le totalitarisme*, Hannah Arendt, 1974, par Roger Errera, https://www.nybooks.com/articles/1978/10/26/hannah-arendt-from-an-interview/

Le scandale de la formation au lanceur de balles de défense (LBD)

Le LBD n'est pas une arme non létale, mais à létalité réduite, comme cela est rappelé lors de la matinée de formation théorique. La théorie cependant ne permet pas la prise de conscience de la dangerosité réelle de ces armes :

> Ces armes à feu ont les caractéristiques de véritables armes de guerre. Un LBD40 délivre une balle en caoutchouc dur de 40 mm à une vitesse de 90 m/s (> 300 km/h) avec une force d'impact de 200 joules à quelques mètres (un gros parpaing lâché d'une hauteur d'un mètre), 122 joules à 10 m et 84 joules à 40 m (10 boules de pétanque lâchées d'une hauteur d'1 m) et une force de pénétration accrue par le diamètre réduit du projectile.
>
> Une étude récente, publiée en 2017 dans le *British Medical Journal Open*[181], rapporte une collection internationale de 1 984 cas de traumatismes liés à ces armes dites « moins-létales » : le risque cumulé de décès (3 %) ou de handicap séquellaire grave (15,5 %) est d'environ 1 chance sur 5. Pour comparatif, le risque de recevoir la balle à la roulette russe est de 1 sur 6. Cette étude confirme donc l'extrême dangerosité constatée dans notre pays de ces armes.[182]

Une fois la matinée théorique terminée, il y a un après-midi pratique, lui aussi aseptisé. En effet, les policiers doivent tirer cinq balles dans un stand de tir, qui ne reflète en rien le contexte opérationnel avec des cibles en mouvement, des passants, du bruit, de la fumée, etc. Sur les cinq balles tirées, trois seulement doivent toucher la cible dans les zones autorisées.

---

[181]. *BMJ Open, death, injury and disability from kinetic impact projectiles in crowd-control settings: a systematic review*, par Haar R.J., Iacopino V., Ranadive N., Dandu M. et Weiser S.D., publié le 05-12-2017.
[182]. *Les soignants français pour un moratoire sur l'utilisation des armes dites « moins-létales »*, par le professeur en neurochirurgie du CHU de Besançon, Laurent Thinès, publié en janvier 2019.

Après cette journée de formation, les policiers sont considérés comme des tireurs d'élite du LBD par les personnes qui écrivent les notes de service dans un bureau, bien loin des réalités du terrain. Jusqu'au 22 novembre 2016, la formation de recyclage au LBD avait lieu tous les deux ans. Mon organisation syndicale avait alerté de la faiblesse de cette formation le directeur général, d'autant qu'il n'y a aucun tir d'entrainement le temps que dure l'habilitation. La réponse de la Direction générale de la Police nationale est une nouvelle note de service indiquant que ce recyclage d'habilitation se ferait dorénavant tous les trois ans.[183]

Le problème de formation se vérifie de façon empirique : les unités les plus mises en cause dans les procédures de « violences policières » lors de dispositifs de maintien de l'ordre sont les brigades anti-criminalité (BAC), qui ne sont pas formées au maintien de l'ordre et bénéficient seulement de la parodie de formation de la police au LBD. Beaucoup moins pointés du doigt, les CRS, très bien formés au maintien de l'ordre, ne sont pas mieux lotis en matière de formation au LBD. Enfin, les unités de gendarmes mobiles ne sont quasiment pas accusées de bavure, car elles sont très bien formées au maintien de l'ordre et bénéficient d'une formation au LBD spécifique à la gendarmerie, qui place les tireurs en contexte quasi opérationnel à l'entraînement, sans limite de cinq balles par personne.

Au bout de neuf mois de manifestations de Gilets jaunes, et trop de blessés et de mutilés, Christophe Castaner finira par avouer, qu'il souhaite

> que la totalité des policiers soient mieux formés à l'usage du LBD.[184]

Le constat est là, mais aucun effet concret n'est à signaler pour le moment, la formation reste toujours identique. D'autant plus que, dans le même temps, le niveau du recrutement baisse.

---

183. Communiqué CGT-Police, *Le scandale de la formation des policiers au « lanceur de balle de défense 40x46 », dit « LBD »*, publié le 25-11-2016.
184. RMC, *Bourdin Direct,* du 28-08-2019.

L'Ennemi de l'Intérieur

Baisse du niveau du concours

Emmanuel Macron annonce le recrutement de dix mille policiers et gendarmes pendant son quinquennat[185]. Pourtant, en 2017, quatre cents postes ne sont pas pourvus, malgré le fait d'avoir abaissé le niveau d'exigence à 8/20 de moyenne pour être reçu.

Est-ce à cause d'une crise des vocations, comme le martèle le DGPN Éric Morvan ? Non. Pour environ deux mille postes à pourvoir en 2017, vingt-quatre mille candidats se sont présentés.

Malgré ces chiffres, Monsieur Morvan débloque un million d'euros pour une campagne (de propagande) de recrutement[186]. Cette dépense manifestement superflue aurait pu contribuer à la remise aux normes des locaux de police ou à payer nos heures supplémentaires.

Si besoin était d'une confirmation que le DGPN analyse mal la réalité, trois cents postes ne sont pas pourvus en 2018, malgré le choix d'abaisser le niveau du concours en acceptant encore les candidats jusqu'à 8/20 de moyenne. Cependant, pourquoi s'en tenir aux faits ? En conséquence, le DGPN met en place une nouvelle campagne de recrutement intitulée #LaBoîte. Il est vrai qu'il est plus facile de jeter l'argent par les fenêtres quand ce n'est pas le sien.

En fait, comme le concours n'attire pas ceux en mesure de le réussir, le choix du gouvernement consiste à abaisser les critères d'entrée. N'aurait-il pas été plus avisé d'offrir une rémunération attractive ? Et que penser d'une police dont le niveau baisse ?

Monsieur Lutz, Directeur central de la formation et du recrutement de la Police nationale (DCFRPN), lui-même se confie au journal *Le Monde* :

> Devant les élèves, on lutte. Au niveau de l'expression, du vocabulaire, de l'orthographe… Il y aussi des choses qu'ils n'intègrent pas au niveau procédural. Ils ont besoin d'être

---

185. Promesse de campagne du candidat Emmanuel Macron lors de son meeting du 18-02-2017 à Toulon.
186. BFM TV, *La campagne de pub à 1 million d'euros de la police nationale pour attirer 8 000 recrues*, par C.H.A. avec AFP, publié le 15-05-2018.

encadrés en permanence. S'ils sont livrés à eux-mêmes sur la voie publique, ça va être compliqué.[187]

Depuis, nous avons effectivement constaté des « complications » sur la voie publique, mais rien toutefois pour réévaluer les salaires et attirer des personnes ayant réellement le niveau pour devenir policier. Et cela ne va pas s'arranger, car le budget formation de la Police nationale pour 2020 baisse de 1,07 million d'euros.

La banalité du mal
Mon collègue Thomas venait, à nouveau, de se voir supprimer son week-end en famille par sa hiérarchie, pour « nécessité de service ». Vu le sous-effectif général dans la Police nationale, cette mention peut être utilisée pour tout et n'importe quoi. Dans le cas présent, c'était la sécurisation d'une manifestation de Gilets jaunes.

Thomas arrive à son service. Il prend son équipement et s'apprête à rejoindre les collègues de son unité lorsqu'un de ses supérieurs lui ordonne de prendre un LBD. Thomas ne comprend pas, car sa hiérarchie sait parfaitement qu'il ne peut pas en être armé. En effet, il n'a pas la « fameuse » habilitation d'un tir de cinq balles tous les trois ans, qui est validée si trois balles atteignent la cible dans un stand de tir aseptisé. Aussi, faisant preuve de discernement, il rétorque qu'il n'a pas la formation nécessaire.

À l'évidence, ce n'est pas la réponse attendue. En conséquence, son supérieur l'informe que s'il ne prend pas ce LBD, il verra ses vacances avec ses enfants décalées pour « nécessité de service », que si on cherche un « volontaire » pour la nuit, ce sera lui, qu'il sera en haut du tableau des rappels au service, etc. En deux mots, son équilibre entre sa vie privée et professionnelle, déjà difficile, virera au cauchemar.

Aussi, Thomas fait le choix ayant le moins de conséquences sur l'instant : il se dote d'un LBD. Il sait parfaitement que s'il doit

---
187. *Le Monde, La police confrontée à des difficultés de recrutement*, par Julia Pascual, publié le 09-02-2017.

L'Ennemi de l'Intérieur

utiliser l'arme, il sera seul à la barre du tribunal. Cette solitude serait accentuée par le fait que les ordres étant oraux, sa hiérarchie l'accuserait d'avoir manqué de discernement en ne l'informant pas de sa non-habilitation.

En résumé, si jamais Thomas faisait usage de cette arme, ce ne serait plus son équilibre de vie qui risquerait d'être brisé, mais sa vie.

Il a toutefois de la chance, car il n'a pas à se servir du LBD.

Maintenant, posons-nous la question avec sincérité : à sa place, qu'aurions-nous fait ?

Les policiers sont majoritairement Gilets jaunes

Les revendications portées par le mouvement des Gilets jaunes nous concernent tous, les policiers y compris. Notre préoccupation est de boucler la fin du mois et non de changer les moquettes de l'Élysée pour 300 000 €.[188]

VIGI n'est pas la seule organisation à affirmer cette réalité dangereuse. Le collectif autonome des policiers d'Île-de-France (CAP IdF) poste ce message dès novembre 2018 sur sa page Facebook :

#OPERATIONGILETSJAUNESPOLICE

> Si vous aussi êtes en détresse dans la POLICE à cause du management carriériste, du manque de moyens, du manque d'effectifs, des décisions de justice laxistes, du manque de volonté politique, de l'individualisme grandissant dans notre profession... Enfilez votre plus beau gilet jaune fourni par l'administration !! Prenez-vous en photo (avec vos collègues) devant un véhicule ou un bâtiment de police et envoyez-nous votre photo sur notre Facebook en MP ou mail idf.cap@gmail.com.
>
> Comme on ne bosse jamais en solo sur la vp, n'hésitez pas à vous prendre en photos avec nos amis Pompiers, Gendarmes,

---

188. *Capital, Pendant ce temps-là, Brigitte Macron change les moquettes et les rideaux de l'Élysée*, par Frédéric Sergeur, publié le 03-12-2018.

> Policiers Municipaux, Douaniers, Agents Pénitentiaires et montrons, NOUS AUSSI, notre mécontentement qui couve depuis des années. Ne soyons pas résignés, les choses peuvent changer grâce à vous, COLLÈGUES et CITOYENS.
> SOLIDARITÉ TOTALE AVEC LA FRANCE D'EN BAS DONT NOUS FAISONS PARTIE !!! (Exclusion faite de la minorité qui profite du mouvement pacifiste pour discréditer les gilets jaunes avec des dégradations et des violences subies par les FDO !!!)
> À partager sans modération !!
> #ForceetHonneur #UPNI #CAPIDF[189]

Le prix de l'essence, à la base du mouvement, nous a touché, peut-être même plus que la moyenne nationale, car nous ne pouvons pas habiter à proximité de notre lieu de travail, soit parce que les loyers sont trop chers, soit parce que nous pourrions arrêter notre voisin, ce qui est problématique d'un point de vue de la sécurité.

Le président de la République nous prend pour des « mercenaires » en voulant nous « acheter » avec une prime d'un montant inférieur au coût des heures supplémentaires pour la journée du 1er décembre.

De plus, cette prime ne compensera jamais ce que l'État nous doit déjà, comme le non-paiement de nos 140 000 années d'heures supplémentaires cumulées.

D'ailleurs, comment concrétiser une promesse alors qu'il n'y a plus d'argent dans les caisses du ministère de l'Intérieur ? Quand nous avons demandé pourquoi de nombreux collègues n'avaient pas reçu le paiement de leur dû par l'administration, la réponse fut :

> Nous avons pour l'heure stoppé les effets pécuniaires [...] faute de crédits. Cette situation, identique dans tous les SGAMI, sera débloquée dès l'allocation de nouveaux crédits par l'Administration centrale.[190]

---

189. RT, « Solidarité avec la France d'en bas dont nous faisons partie » : des policiers avec les Gilets jaunes, par Antoine Boitel, publié le 26-11-2018.
190. VIGI, Le choix du gouvernement : « De la vaisselle neuve pour l'Élysée ou payer les policiers », publié le 06-11-2018.

Pourtant, il y a suffisamment d'argent en 2019 pour commander vingt-cinq millions de balles de fusils d'assaut, qui sont des armes de guerre, à l'usage de la police qui n'intervient que sur le territoire national, pour un coût total de onze millions d'euros[191]. Sans compter les vingt-deux millions dépensés en diverses grenades de maintien de l'ordre[192] par le président de la République fraîchement élu en 2017, tandis qu'il n'y a encore aucune contestation. S'attend-il déjà à un quinquennat difficile ?

Finalement, nous n'avons pas été déçus : pas de prime, alors même qu'Emmanuel Macron demande aux dirigeants d'entreprise du secteur privé d'attribuer une prime de 1 000 €, qui sera défiscalisée. Comme quoi, Emmanuel Macron n'est pas premier de cordée en tant qu'employeur.

Cependant, le ministre de l'Intérieur augmente une partie des effectifs en moyenne de 40 € brut par mois à compter du 1er janvier 2019 et promet également 100 € de plus, mais il faut pour cela qu'il réunisse les syndicats en janvier 2019, ce qu'il ne fait pas. En outre, il aurait fallu que ces derniers acceptent de « négocier » nos heures supplémentaires et le maintien de nos horaires de travail pathogènes, pour des raisons d'économie budgétaire. Il n'est pas sûr, dans ces conditions, même pour des syndicats majoritaires conciliants avec notre employeur, que l'augmentation aurait été finalisée.

D'ailleurs, le directeur général de la Police nationale rédige unilatéralement une note de service en date du 15 octobre 2019[193] pour payer nos heures supplémentaires, mais au prix de... 12,47 € brut, soit moins cher que l'heure normale et en complète contravention du Code du travail :

> À défaut d'accord, les heures supplémentaires accomplies au-delà de la durée légale hebdomadaire fixée à l'article L. 3121-

---

191. Bastamag.net, *Le ministère de l'Intérieur commande en masse des munitions pour fusils d'assaut et des grenades de désencerclement*, par Jean-Marc Manach, publié le 12-06-2019.
192. Marianne, *Prévoyant, le gouvernement commande des grenades lacrymo pour 4 ans*, par Robin Gabaston, publié le 21-08-2019.
193. DGPN/Cab/n°19-3832D, du 15-10-2019, signée Éric Morvan, DGPN.

27 ou de la durée considérée comme équivalente donnent lieu à une majoration de salaire de 25 % pour chacune des huit premières heures supplémentaires. Les heures suivantes donnent lieu à une majoration de 50 %.[194]

En suivant la législation en vigueur, selon le grade et l'échelon, les huit premières heures supplémentaires devraient être rémunérées entre 15 et 30 € de l'heure, et 18 à 36 € au-delà.

En revanche, quand il s'agit de retirer de l'argent aux personnels malades par suite des jours de carence, le calcul n'est pas effectué sur 12,47 € brut mais bien sur le taux horaire normal, en incluant les primes. Pourquoi embaucher de nouveaux policiers puisque ceux en service sont corvéables à merci ; que plus ils travaillent, moins ils coûtent cher ; qu'ils sont sanctionnés directement au porte-monnaie en cas de maladie, due par exemple à l'épuisement professionnel ?

La majorité des policiers reste solidaire du mouvement des Gilets jaunes, comme le montrent quelques syndicats de police et les associations de policiers en colère, même si le gouvernement fait tout pour diviser le peuple et sa police, en ne sanctionnant pas les quelques policiers qui commettent des fautes intentionnellement, ce qui aurait permis d'abaisser les tensions et le niveau de violence.

Pire, le ministre de l'Intérieur, Christophe Castaner, nie ces violences illégitimes :

> Je ne connais aucun policier, aucun gendarme qui ait attaqué un gilet jaune.[195]

Cette attitude irresponsable engendre l'escalade de la violence, dont les policiers sont aussi les premières victimes, tout en encourageant les comportements non professionnels.

Aujourd'hui, le gouvernement veut s'acheter une virginité. Pourtant, il ne veut pas assumer le manque de formation des gardiens de la paix ; il ne veut pas assumer son choix de réprimer par la violence

---

194. Article L3121-36 du Code du travail.
195. *TV Carcassonne le* 14-01-2019, https://www.facebook.com/watch/?v=761087767598399.

un mouvement populaire ; il ne veut pas assumer les ordres donnés oralement. Il veut trouver des « lampistes », qui payeront pour toute la chaîne hiérarchique de la Police nationale. Curieusement pour un État de droit, ni le Directeur général de la Police nationale, Éric Morvan, ni le préfet de police de Paris, Didier Lallement, ni le ministre de l'Intérieur, Christophe Castaner, ne seront inquiétés par la Justice pour leur responsabilité, qui semble, pourtant, écrasante.

Les syndicats majoritaires dans la police cautionnent globalement les mesures gouvernementales de répression. Certains demandent même l'envoi de l'armée, voire déclarent à propos d'une manifestation des Gilets jaunes que « les manifestants se sont comportés comme des sous-êtres humains »[196] et d'un homme qui a eu la main arrachée, que « c'est bien fait pour sa gueule »[197]. Ils donnent une vision infâme des aspirations profondes et de la réalité des policiers.

Les syndicats majoritaires de la Police nationale représentent-ils les policiers ?
Non, car les syndicats dits « représentatifs » ne le sont que grâce au chantage aux avancements et aux mutations, comme ce fut encore le cas aux dernières élections professionnelles de décembre 2018 :

> Lorsqu'ils ne cajolent pas les gilets jaunes, les flics se bastonnent entre eux. Sitôt leurs résultats connus (le 6 décembre), les dernières élections professionnelles ont donné ainsi lieu à un pugilat entre syndicats. Les minoritaires – Alternative Police et Vigi. Ministère de l'Intérieur – ont saisi les juridictions administratives pour dénoncer les turpitudes

---

196. Communiqué de presse du bureau départemental de l'Hérault du syndicat Alliance, 11 août 2019, lors de l'acte 38, dédié à Steve Caniço, mort à Nantes (cf. chapitre plus loin). D'ailleurs, le secrétaire régional d'Alliance Police nationale, Philippe Lavenu, déclare ensuite : « Avec le recul, c'est vrai que parler de «sous-êtres humains» ça fait référence à des heures très noires de notre histoire » pose d'emblée le syndicaliste. Qui rectifie le tir : « Ce n'est pas la formule qu'on aurait dû utiliser. » Source : Libération CheckNews.
197. Propos d'Yves Lefebvre, secrétaire général Unité SGP sur CNews, 11 février 2019.

de leurs concurrents. D'autres se sont carrément tournés vers le tribunal correctionnel. Même au ministère, on le reconnaît : « Sous réserve de vérifications, plusieurs événements pourraient être de nature à entacher la sincérité du scrutin. » Exemple ? La présence sur les listes électorales d'un membre de la CRS 33 décédé plus de quinze jours avant l'élection. Il n'était pourtant pas corse.
À l'inverse, une demi-douzaine de ses collègues affectés à la CRS 01 – la compagnie chargée de protéger les personnalités – auraient bien aimé voter eux. Mais d'autres l'avaient fait à leur place, en utilisant leurs codes électroniques : les flics, comme l'ensemble des fonctionnaires, pouvaient, pour la première fois se prononcer via Internet.
À en croire les procès-verbaux collectés à Beauvau, dont *Le Canard* a eu copie, ce vol de code n'est pas exceptionnel.

Barbecue électoral
Par ailleurs, plusieurs syndicats ont fait de la retape auprès des abstentionnistes en leur proposant d'humbles présents. À Angoulême, Limoges ou Cognac, des délégués d'Alliance (devenu majoritaire) ont été piqués en train de distribuer « des chèques-cadeaux allant jusqu'à 50 euros », des calendriers 2019, « des goodies » ou encore des boîtes de bonbons à leurs couleurs. Les cotises syndicales sont fort bien employées...
En Guyane, c'est à un barbecue que les personnels de l'administration ont été conviés juste avant d'aller voter. Et, dans les locaux d'un immeuble parisien de l'Intérieur, d'autres se sont régalés d'« une dégustation de produits du terroir ». Pour une fois que ce sont les forces de l'ordre qui dégustent...[198]

Petit aparté : le ministère de l'Intérieur est celui qui valide toutes les élections en France. S'il n'arrive pas à gérer une élection professionnelle interne sans fraude, qu'est-ce que cela peut donner

---
198. *Le Canard Enchaîné, Élection piège à baston*, par C. L. et D. H. publié le 19612-2017.

pour un scrutin national ? Par exemple, des personnes empêchées de voter à cause d'un « bug informatique » au moment des élections européennes ?

> Si la plupart des demandes de corrections sollicitées par les communes et les électeurs ont pu être prises en compte, celles induites récemment ne pourront désormais plus l'être d'ici au scrutin. Certains électeurs pourraient n'identifier par ailleurs cette difficulté qu'en allant voter le 26 mai.[199]

Le résultat est que des milliers d'électeurs furent empêchés de voter et, pour certains, le conseil donné fut :

> D'aller [se] plaindre dans un tribunal.[200]

Il est vrai qu'il est plus simple pour orienter le résultat d'un vote de choisir qui a le droit de voter et qui il faut radier. Ce phénomène semble prendre de l'ampleur, et qu'en sera-t-il aux prochaines élections municipales, lorsque nous constatons ce qui s'est passé pour la dernière présidentielle :

> À Strasbourg, ils étaient 16 046 radiées, à Clichy 3 500, au Havre 5 000... Aux quatre coins de la France, une partie de l'électorat a été rayée des listes sans en être informée. Depuis, beaucoup ne décolèrent pas.
> À Strasbourg, les chiffres sont particulièrement éloquents : sur les 146 000 électeurs de cette ville du Bas-Rhin, 16 046 n'ont pas pu participer au scrutin, selon les chiffres de la mairie.[201] [NdA : cela représente plus de 10 % du corps électoral].

---

199. Instruction du ministère de l'Intérieur addendum à l'instruction aux maires du 18 avril 2019 INTA1910814C, du 21-05-2019, signée de Christophe Castaner.
200. *Le Parisien, Européennes : ces électeurs empêchés de voter, car radiés des listes électorales*, par Nicolas Berrod avec RT, publié le 26-05-2019.
201. *Le Figaro, Radiés des listes électorales, des centaines d'électeurs n'ont pas pu voter dimanche*, par Esther Paolini, mis à jour le 26 avril 2017.

Revenons aux élections internes au ministère de l'Intérieur. Ce chantage aux avancements et aux mutations ne date pas des dernières élections. En effet, le système est bien rodé pour assurer la paix sociale : des délégués des syndicats majoritaires se servent en premier[202], ensuite leurs amis proches, puis leurs adhérents. L'avocat Jean-Yves Trennec écrit même une lettre ouverte avec la conclusion suivante après la décision n° 1107811-1101417 du tribunal administratif de Cergy-Pontoise du 27 novembre 2013, qui n'a pas fait l'objet d'appel :

> On est en droit de s'interroger sur les critères qui sont mis en œuvre au ministère de l'Intérieur pour justifier les mutations. Car si les profils correspondant à l'intérêt du service ne sont pas retenus, quelles sont alors les qualités que doivent présenter les candidats pour avoir une chance d'être mutés ? Certains murmurent que l'appartenance syndicale pourrait être déterminante, mais nous n'en croyons pas un mot.

À ce niveau-là, il ne s'agit plus seulement de « murmure », mais bien d'un système institutionnalisé, un dysfonctionnement général.

Tentative de corruption d'un syndicaliste
L'administration essaye d'acheter mon prédécesseur, en lui proposant de passer brigadier en poste SUEP (Secteurs et unités d'encadrement prioritaire). Il demande à l'administration comment il doit procéder. Elle lui répond qu'il choisit un poste près de chez lui, qu'il s'y rend trois jours, mais seulement s'il le peut, et il demeure permanent syndical. Il interroge alors l'administration pour être sûr de sa bonne compréhension :

> Les collègues sur place n'auront pas un nouveau gradé, vu que je ne prends le poste que fictivement. Par contre, un collègue

---

202. Par exemple, Tribunal administratif de Paris, 14 mars 2019, n° 1708101/5-2.

réellement motivé, lui n'aura pas le poste, c'est bien ça ? Oui ? Alors notez que je vais refuser votre tentative de corruption.

Mon prédécesseur est donc toujours sous-brigadier, mais il peut continuer de se regarder en face, car il n'a pas trahi ses convictions et son sens de l'honneur.

Dans les syndicats majoritaires, des permanents syndicaux sont affectés dans le 93 et obtiennent ainsi leur grade en poste SUEP. Il leur devient plus difficile ensuite de critiquer l'administration.

De même, de nombreux permanents syndicaux occupent des postes de Responsable d'unité locale de police (RULP) ou de « commandant divisionnaire fonctionnel ». Sauf que ce ne sont pas des grades mais des fonctions réelles, qu'un syndicaliste permanent ne peut pas exercer. Sans aucun scrupule, ils prennent la place et la paie correspondante, et justifient cette entourloupe en s'attribuant la fonction de « chargé de mission expert », avec comme affectation « syndicats »[203]. « Expert » en quoi, étant donné qu'ils n'occupent aucune fonction sur le terrain ou opérationnelle, et que même l'administration indique clairement qu'ils sont permanents syndicaux ?

2022 : la date où les convictions des policiers seront enfin connues

Le gouvernement fait voter une loi réformant la fonction publique intitulée CAP 2022, promulguée au *Journal Officiel* le 7 août 2019[204], qui indique dans son article 25 :

> L'autorité compétente procède aux mutations des fonctionnaires en tenant compte des besoins du service.

La suite de l'article énumère les critères objectifs pour obtenir sa mutation. Ainsi, les syndicats perdent la cogestion des carrières

---

203. BGGP TG n° 658 détachement RULP 2019.
204. Loi n° 2019-828 du 6 août 2019 de transformation de la fonction publique.

de nos collègues et, en conséquence, leur pouvoir de coercition à base de chantage pour obtenir des adhésions et des votes. Il est fort probable que cette modification fondamentale des pratiques et des agissements en cours produise moins de dérives et de dysfonctionnements à l'avenir, ce qui constituera sans doute un pas vers une police correspondant à une démocratie exemplaire.

À condition toutefois d'en contrôler l'application, afin que de nouvelles dérives n'apparaissent pas par suite du détournement de l'esprit et de la lettre de cette loi.

X. La Vérité, l'ennemi de l'Intérieur ?

Vivre une procédure IGPN est une expérience riche, car on ne peut imaginer toutes les bassesses auxquelles est prête cette police politique afin de garantir l'impunité à notre haute hiérarchie.

Un bête jeu d'écriture

Au nom de mon syndicat VIGI. Ministère de l'Intérieur, je dénonce le fait que le directeur départemental de la Sécurité publique des Bouches-du-Rhône (DDSP 13), Jean-Marie Salanova, bénéficiant du silence complice du directeur général de la Police nationale (DGPN), Éric Morvan, a « truqué » les chiffres de la délinquance sur le département 13.

Pour cela, rien de plus simple : une tentative de vol par effraction, si rien n'est volé, se transforme de façon magique en « dégradation volontaire ». Un acte délictuel devient contraventionnel, ce qui améliore fortement les statistiques de la délinquance. De même, le vol de sac ou de téléphone à l'arraché est un vol avec violence et une atteinte aux personnes. Pas de problème, il suffit de le requalifier en vol simple et le tour est joué.

Ce tour de passe-passe en écriture, digne d'un joueur de bonneteau, s'appelle un faux en écritures publiques par dépositaire de l'autorité et un détournement de fonds publics, étant donné que des primes et des promotions sont obtenues en fonction de ces « bons résultats », ainsi que nous l'avons expliqué précédemment.

En conséquence, nous saisissons les autorités compétentes au sein de la Police nationale, pensant que les mesures adéquates seront mises en œuvre. Pourtant, il n'y a aucune réaction de la part de l'administration.

Une défense évolutive de nos hiérarques en fonction de la médiatisation

Le 16 octobre 2017, ces petits « arrangements entre amis » sont rendus publics dans un de nos communiqués syndicaux[205]. Aucune réaction de la DDSP 13 ou de la DGPN.

Le 18 octobre 2017, Europe 1 se saisit de l'affaire. La DDSP 13 répond et tient à

> souligner que des contrôles réguliers étaient régulièrement effectués sur ce nouveau logiciel de saisie qui est effectivement passé par une phase de rodage.

Il fallait le tenter, le coup de la faute de l'ordinateur et du logiciel en rodage ! Un audit interne est néanmoins déclenché par le DDSP 13, dont il sera le destinataire. Toujours aucune réaction de la part de la DGPN.

Le 15 novembre 2017, c'est au tour du *Canard Enchaîné* de publier un article, après enquête. Avec un bonus de taille : le DDSP 13 a demandé l'audit interne à un commandant sanctionné trois ans auparavant pour... trucage de statistiques. Autant mandater un professionnel, c'est plus sûr ! Ce même jour, la DDSP 13 réagit sur France 3 :

> La Direction départementale de la sécurité publique ne prend pas l'article au sérieux. Un ou deux policiers auraient lancé ces informations. Mais ce serait juste une histoire de rancœur envers la hiérarchie. Ces informations ne seraient pas fiables.

Le lendemain, nous saisissons le DGPN, Monsieur Morvan, afin de le forcer à sortir de son silence et exiger un audit échappant au contrôle du premier mis en cause, Monsieur Salanova, DDSP 13. Sous la pression, il demande à la Direction centrale de la sécurité publique (DCSP) de diligenter cet audit. Il souligne dans un mail qu'il m'adresse, qu'il aurait

---

205. Communiqué de Vigi, « *Magouille* » sur les statistiques de la délinquance dans la Police nationale ?, 16 octobre 2017.

pris connaissance avec intérêt de [l']alerte, fondée ou non, si elle [lui] avait d'abord été destinée.

Prendre connaissance avec intérêt d'une alerte ne signifie en aucun cas « agir ». D'ailleurs, le DGPN n'a jamais demandé à voir ou recevoir les preuves soutenant les accusations.
Le 18 décembre 2017, l'audit sur le trucage des statistiques est fini ou en passe de l'être. Dans « L'Œil du 20 H » sur France 2, le DDSP13 change une nouvelle fois sa défense :

> Il n'y a eu aucune instruction de ma part d'intervenir sur la comptabilisation des statistiques.

À plusieurs reprises, nous demandons communication de cet audit. Nous apprendrons par la suite de façon officieuse qu'il confirme la falsification des chiffres de la délinquance sur la région de Marseille. Est-ce pour cela qu'il demeurera caché au sommet de la hiérarchie de la Police nationale ? Monsieur le DGPN préfère-t-il l'opacité à la vérité ? En effet, est-il logique de penser que le rapport d'audit serait resté caché s'il n'y avait eu aucune fraude ? Quelles ont alors été les mesures et sanctions prises par le DGPN, car il s'agit de faits graves pénalement répréhensibles ?

Saisie de l'IGPN

Je saisis donc l'IGPN pour signaler les agissements de Messieurs Salanova et Morvan, qui semblent abuser de leurs fonctions pour des avantages personnels, en enfreignant le Code pénal. Voici le message reçu :

> Votre signalement posté sur la plateforme internet de l'inspection générale de la police nationale (IGPN) a été enregistré sous la référence S-2018/88.
> Une réponse sur le fond vous sera adressée.

Première riposte de l'institution : menace et intimidation
Effectivement, je reçois une menace de fond, pardon, une réponse de fond :

Monsieur,

Votre signalement posté sur la plateforme internet de l'IGPN le 10 janvier 2018, enregistré sous le n° S-2018/88, m'a été communiqué et appelle les observations suivantes.
Vous dénoncez d'une part une falsification de statistiques produites par la direction départementale de la sécurité publique des Bouches-du-Rhône, et d'autre part, vous mettez en cause le directeur général de la police nationale quant aux mesures qu'il n'aurait pas prises sur ce dossier.
Sur le premier point, et alors que rien n'y oblige l'administration, je peux vous répondre et vous confirme, comme vous le savez, que le directeur général de la police nationale a ordonné un audit afin d'évaluer si les allégations de production de statistiques erronées étaient avérées et intentionnelles. En effet, informé de cette possible manipulation des chiffres territoriaux de la délinquance, il a immédiatement réagi par des mesures administratives qu'il lui appartient de décider au titre des attributions et des prérogatives qui sont celles d'un chef d'administration centrale. En votre qualité de représentant syndical, vous êtes seul juge des critiques que vous souhaitez formuler sur cette action, mais ne pouvez prétendre qu'il a été fait preuve d'inertie. Par ailleurs, sur le second point, vous n'ignorez pas que la liberté d'expression syndicale n'affranchit ni du devoir de réserve ni de l'obligation de ne pas porter atteinte au crédit de l'institution. Or, en mettant en cause, expressément, la probité du directeur général de la police nationale, en lui imputant une participation à un délit de faux en écriture alors que celui-ci ne s'applique qu'aux écrits établissant la preuve d'un droit ou d'un fait ayant des conséquences juridiques (ce qui n'est absolument pas le cas des statistiques de la délinquance,

à la différence des procédures qui en font l'objet), il me semble que vous vous engagez sur un terrain juridiquement périlleux, que ce soit sur le plan judiciaire ou administratif.

Pour autant, l'IGPN prend évidemment en compte votre signalement et le relaiera comme il se doit auprès de l'autorité administrative. Elle émet cependant des doutes sur la pertinence de la saisine de la plate-forme pour faire valoir vos arguments. Il vous est ainsi rappelé qu'il appartient au DGPN de déterminer si des manquements professionnels ont été commis à l'occasion de l'établissement des statistiques de la délinquance. Si des manquements étaient relevés, il lui appartiendra de décider de la suite à leur donner.

En espérant que notre réponse retienne votre attention, je vous prie de recevoir, Monsieur, l'expression de mes salutations distinguées.

Pour les administrateurs de la plate-forme de l'IGPN, le contrôleur général, chef de l'unité de coordination des enquêtes, David Chantreux.

David Chantreux est l'une des personnes, qui, interrogées sur le rapport IGPN concernant l'affaire Steve à Nantes, défend la transparence de ses services :

Nous n'avons jamais eu la volonté de blanchir qui que ce soit.[206]

S'il n'y a pas l'intention coupable de blanchir volontairement, tout va bien.

Où est Steve ?

Je profite que ce soit le même commissaire qui ait tenté de m'intimider pour avoir dénoncé des dysfonctionnements au sein de la Police nationale et qui chante les louanges de la transparence de l'IGPN dans l'affaire de Steve, pour revenir brièvement sur cette affaire.

---

206. *Libération*, « *On ne dit pas «circulez, y'a rien à voir» » : entretien musclé avec les dirigeants de l'IGPN*, par Willy Le Devin et Ismaël Halissat, publié le 04-08-2019.

Steve est ce jeune qui est mort noyé dans la Loire à Nantes, lors de la Fête de la musique, le 21 juin 2019. Il est probablement tombé à l'eau suite à l'intervention de la police, mais

> les pompiers entreprennent les premières recherches dans la Loire [...] [seulement] près de trois jours après la disparition de Steve.[207]

Pourquoi avoir attendu trois jours ? Je constate un parallèle avec la mort de ma collègue de la brigade fluviale parisienne le 5 janvier 2018, qui elle aussi s'est noyée, mais au cours d'un entrainement.
Le Canard Enchaîné révèle le 25 avril 2018 tous les dysfonctionnements ayant abouti à son décès.[208] Et là, miracle dû aux médias, presque quatre mois après le drame, la préfecture de police annonce le 29 avril 2019 avoir retrouvé le corps de la noyée. Mais pourquoi tout ce temps ? Pourquoi attendre quatre mois avant de repêcher le corps d'une fonctionnaire et, surtout, pourquoi a-t-il fallu un article de presse ?
Une des hypothèses avancées est qu'il faut éviter à tout prix que la preuve matérielle d'un équipement défectueux puisse être avérée, ce qui mettrait de facto en cause la responsabilité de l'institution. À force de faire passer les restrictions budgétaires avant des vies, il y a des morts, c'est inévitable. Rappelons qu'être policier est un métier dangereux. VIGI est partie civile dans ce dossier, mais la Justice n'avance pas vite. Est-ce parce que la haute hiérarchie est directement mise en cause, y compris le précédent préfet de police, Michel Delpuech, et que l'IGPN semble orienter l'enquête dans un sens favorable aux autorités policières ?
Nous retrouvons les mêmes procédés dans le cas de la mort de Steve. D'ailleurs, le préfet suggère l'information que Steve ait pu être sous l'emprise de l'alcool et/ou de stupéfiants au moment de sa chute dans le fleuve :

---

207. France TV Info, *Pourquoi les recherches pour retrouver Steve, mort noyé dans la Loire, ont-elles pris tant de temps ?*, par France Info, publié le 30-07-2019.
208. *Le Canard Enchaîné*, *Des vérités cachées à la famille d'une policière disparue*, par Christophe Labbé, publié le 25-04-2018.

Dérives et dysfonctionnements

Les forces de l'ordre sont donc intervenues une deuxième fois, face à des gens qui avaient beaucoup bu et qui avaient aussi sans doute pris de la drogue.[209]

En ne retrouvant son corps que cinq semaines plus tard, après des recherches dont les conditions posent question, l'autopsie ne pourra jamais confirmer ou infirmer de telles déclarations. Une fois de plus, le soupçon remplace les faits sous l'ère Macron.

Pas de chance, nous connaissons la technique
L'intimidation ne marche pas, et je réponds par mail :

> Monsieur le Contrôleur général,
>
> Je vous remercie de votre réponse.
> En premier lieu, je constate que vous ne faites aucune observation concernant notre signalement à l'encontre de Monsieur le Directeur départemental des Bouches-du-Rhône, c'est qu'a priori concernant Monsieur Salanova notre signalement vous semble fondé.
> En second lieu, concernant Monsieur le Directeur général de la Police nationale, nous avons fait le signalement, car il nous a paru étrange qu'il mette un mois à déclencher un audit et ce uniquement suite à la parution d'un article dans le *Canard Enchaîné*. En tant que policiers, il nous semble impensable que si une personne venait nous signaler des faits pouvant être qualifiés de criminels, de ne pas les prendre en considération, à moins que la presse ne s'en saisisse. Pour mon organisation syndicale, c'est de l'inertie, c'est pour cela que nous avons fait un signalement à l'encontre de Monsieur le Directeur général de la Police nationale.

---
209. France Bleu Loire-Océan, *Au moins quatorze personnes tombées dans la Loire après une intervention de la police à Nantes*, par Marion Fersing, publié le 24-06-2019.

En troisième lieu, il semble que vous essayez d'entraver la liberté d'expression syndicale. J'imagine que vous prenez pour référence l'article R433-29 du Code de déontologie de la Police nationale du 1er janvier 2014, pris sous forme de décret. Pour notre part, nous nous basons sur l'article 27 de la Loi 83-634 du 13 juillet 1983, qui est donc supérieur à un décret dans l'ordre juridictionnel, qui prévoit que « les fonctionnaires ont le devoir de satisfaire aux demandes d'information du public ». De plus, le rédacteur de cette Loi, qui est le mieux placé pour en connaître l'esprit, Monsieur Le Pors, a exclu le devoir de réserve, car cela empêcherait les fonctionnaires de critiquer leur institution, ce qui les placerait au service du pouvoir et non de la population.

Concernant l'atteinte au crédit de l'institution, il nous semble que c'est le fait de truquer les statistiques et de minimiser les qualifications pénales, avec des conséquences juridiques pour les victimes, qui en est la cause et non de le dénoncer. De même, Monsieur le Directeur général n'a pas agi pendant un mois, ce qui a laissé le temps au *Canard Enchaîné* de sortir un article, et c'est cette inaction qui jette le discrédit sur notre institution. Ensuite, si les statistiques sont truquées, cela fausse les procédures qui en font l'objet et c'est donc bien ce trucage qui est l'origine de la minimisation des infractions, pour lesquelles des victimes viennent déposer plainte. Donc le trucage des statistiques est bien à l'origine de conséquences juridiques.

Pour ce qui est de nous engager sur un « terrain juridiquement périlleux, que ce soit sur le plan judiciaire ou administratif », mon organisation syndicale et nos délégués ont malheureusement l'habitude de subir des tentatives d'intimidation et d'être discriminés, depuis que le précédent secrétaire général a refusé la « tentative de corruption » de notre administration, dans l'espoir que nous passerons sous silence tous les dysfonctionnements internes.

Nous préférerions que notre institution cherche à être

exemplaire plutôt que de chercher par tous moyens à faire taire ceux qui dénoncent ses « turpitudes », mais votre conclusion nous incite à peu d'espoir vu que c'est Monsieur le DGPN qui va « déterminer si des manquements professionnels ont été commis [...]. Si des manquements étaient relevés, il lui appartiendra de décider de la suite à leur donner ». En deux mots, la hiérarchie de la Police nationale ne pourra jamais être sanctionnée vu qu'elle est juge et partie.
Mon organisation syndicale est prête à ce que la Direction générale de la Police nationale dépose plainte contre nous. Pour une fois, le Procureur ne devrait pas classer sans suite. Mais seul Monsieur Gibelin, directeur de la DOPC, s'est essayé à cet exercice périlleux, sans succès.
En l'attente du retour des diligences de vos services sur le signalement que j'ai fait en tant que secrétaire général de mon organisation syndicale, je vous prie de recevoir, Monsieur, l'expression de mes salutations distinguées.

Alexandre Langlois

Mince, vous connaissez le droit !
Face à cette réponse, le changement de ton est manifeste :

Monsieur Langlois,

Je vous remercie pour vos bons vœux et veuillez recevoir les miens en retour.
Je vais être assez bref et vous répondre une dernière fois, car la plate-forme de signalement comme son nom l'indique n'est pas une autorité d'enquête mais d'orientation des signalements. Or, il me semble, sauf erreur de ma part, que vous vous êtes mépris sur son objet et ses missions.
1) Il n'y a donc pas lieu d'en attendre des diligences supplémentaires, car il s'agit d'une courroie de transmission des

signalements vers les autorités administratives susceptibles d'en traiter le fond.

Comme vous en convenez, l'autorité administrative sur ce dossier était déjà informée et saisie.

2) Je vous laisse tirer les conclusions que vous souhaitez de ce qui est mentionné ou non dans la précédente réponse qui vous a été faite. Mais il s'agit de vos seules interprétations ou déductions et vous en êtes parfaitement libre, comme je le suis de ne pas les reprendre à notre compte.

3) L'analyse que vous faites du faux en termes de droit pénal diffère de la nôtre. Il n'appartient pas davantage à la plateforme de trancher cette différence d'analyse.

4) L'article 27 de la loi du 13 juillet 1983 est une disposition qui demande aux administrations de traiter les demandes d'information des usagers dans le cadre du service public qui leur est rendu (en l'occurrence une mission de sécurité : plainte, accueil, contrôle d'identité, perquisition, etc.), et non de rendre compte sur la nature des diligences d'un chef d'administration sur le contrôle interne de ses services qu'il a par ailleurs exercé.

5) L'article 26 de la loi précitée dispose bien en outre que les fonctionnaires sont tenus à l'obligation de discrétion professionnelle dans l'exercice de leur mission, y compris dans l'accomplissement des dispositions prévues par l'article 27 que vous citez (dernier alinéa).

6) Le devoir de réserve ne figure pas dans la loi contrairement à ce que vous dites et il n'exclut pas les représentants syndicaux. Il s'agit d'un principe général du droit dégagé par le CE pour les corps à statut spécial comme ceux de la police nationale (CE 1993). Il est certes regardé avec davantage de souplesse dès lors que l'agent bénéficie d'un mandat syndical. Pour autant, ce périmètre, plus large, du droit de critique ou d'expression, ne l'affranchit pas de cette obligation qui pèse sur tous les agents (jurisprudence constante depuis 1956).

J'espère avoir répondu une dernière fois à vos interrogations, vous répète que votre signalement a été transmis à l'autorité

administrative conformément aux attributions de la plate-forme qui, sur ce dossier et à son niveau, a épuisé sa compétence d'orientation.
Je vous prie de recevoir, monsieur, l'expression de mes salutations distinguées.

Le contrôleur général, chef de l'unité de coordination des enquêtes de l'IGPN David Chantreux.

Finalement, la plate-forme IGPN n'a pas vocation à faire des enquêtes mais à orienter les signalements. Sur quelles bases ? Est-il encore possible de s'étonner d'enquêtes qui n'aboutissent jamais, vu que la recherche de la vérité ne semble pas être le but premier de cette institution ?

Vous connaissez le droit ? Pas grave, nous avons l'aval de la directrice pour nous assoir dessus
Madame Monéger, directrice de l'IGPN, confirme malheureusement que les syndicalistes n'ont pas le droit de critiquer leur institution dans un mail que je reçois de sa part le 11 janvier 2018, dont voici un extrait :

> L'administration (et en conséquence l'IGPN) n'a pas pour intention d'entraver la liberté syndicale, mais rappelle à l'ensemble de ses agents, fussent-ils représentants syndicaux, qu'ils sont soumis à un devoir de réserve et à l'obligation de ne pas porter atteinte au crédit de l'institution.

On remarquera une fois de plus le sens de la formule : pas d'« intention d'entraver la liberté syndicale », sauf si les propos vont à l'encontre de la propagande officielle. Dans ce cas, nous apparaissons comme des déviants qu'il faut sans doute briser pour les faire rentrer dans les rangs.

Crise de colère de Monsieur le DGPN

Début février 2018, un mois après avoir saisi l'IGPN, j'écris au DGPN, Éric Morvan, sur un autre sujet que le signalement effectué à son encontre, mais il est vexé, comme l'atteste son mail en réponse :

> Ne m'envoyez pas vos respectueuses salutations tout en me traitant de « criminel » dans vos écrits.
> La duplicité a ses limites.
> EM

Monsieur le DGPN, qui est devenu policier le jour de sa prise de fonction en tant que directeur, ce qui pose la question de son expérience et de sa compétence pour diriger la Police nationale, montre que, même avec de telles responsabilités et le salaire correspondant, on peut avoir un comportement puéril digne d'un enfant boudeur de maternelle.

Il se comporte pareillement lorsque je le croise le 12 avril 2019. Même si je désapprouve certaines de ses actions ou inactions, je viens le saluer, comme toute personne civilisée et polie, mais il me répond, en cachant sa main :

> Ah non ! Je ne vous dis pas bonjour à vous. Vous m'insultez à longueur de communiqués. Non, ne me touchez pas ! Ne m'approchez pas !

Oui, il s'agit bien du Directeur général de la Police nationale. Pourtant, je lui ai déjà indiqué qu'il n'y a aucune duplicité de ma part, comme en témoigne ma réponse à son mail cité précédemment :

> Monsieur le Directeur,
>
> N'y voyez pas de la duplicité, seulement une marque de politesse.
> Quant au fait que nous vous traitions de « criminel », cela n'est pas de notre fait, mais la conséquence de votre comportement

et de vos agissements, qui semblent correspondre à un crime défini par le Code pénal.

Si jamais vous estimez que nous sommes dans de la diffamation, vous avez toute la liberté pour lancer une procédure devant les juridictions compétentes, pour qu'un juge puisse trancher notre différend sur ce point précis du « faux en écriture publique » sur le département des Bouches-du-Rhône.

En dehors de cette divergence profonde d'analyse, sur ce point précis, je vous renouvelle, Monsieur le Directeur, mes respectueuses salutations.

Conclusion du signalement à l'IGPN

Monsieur le DGPN ne s'est pas autopoursuivi.

Monsieur le DGPN a déposé plainte contre moi pour diffamation, avec l'argent du contribuable. Il a mobilisé la Police judiciaire du 36[210] en urgence devant l'importance de « l'affaire ». Le procureur l'a cependant classée sans suite, car le droit ne se confond pas avec les caprices d'un directeur, fût-il directeur général de la Police nationale. Monsieur le DGPN a demandé une enquête IGPN à mon encontre, afin de pouvoir gérer une procédure disciplinaire interne. Sans doute est-il pénible d'avoir à supporter que la Justice puisse entraver « le fait du prince » ? Et également qu'un syndicat fasse de la résistance en témoignant des dérives et des dysfonctionnements au sein de la Police nationale, dont le DGPN a la responsabilité ?

---

210. Ex-36, quai des Orfèvres et nouveau 36, rue du Bastion.

XI. Dans l'antre de la bête : interrogatoire à l'IGPN

J'ai fâché les plus hautes instances de la hiérarchie policière bien involontairement. Je voulais juste que la loi s'applique pour tous.

En retour, c'est une convocation à une audition administrative pour le 22 mars 2018 que je reçois (le 13 mars). En l'occurrence, le motif doit être clairement stipulé sur la lettre, afin de pouvoir assurer sa défense. Ma convocation ne comporte aucun motif de faute, donc j'écris immédiatement à la personne m'ayant convoqué, qui me répond le lendemain :

> Vous êtes convoqué dans le cadre d'une enquête administrative relative à la diffusion le 10/01/2018 d'une publication intitulée « criminels », publication supportant les photographies du directeur général de la police nationale et du directeur départemental de la sécurité publique des Bouches-du-Rhône.

J'en profite pour lui rappeler quelques règles élémentaires de droit, comme le fait que convoquer un syndicaliste pour son activité syndicale est complètement illégal, sauf à considérer qu'il n'y ait plus de liberté syndicale au sein de notre institution. Si jamais le ministère de l'Intérieur veut poursuivre en justice ou déposer plainte contre l'organisation que je représente, c'est un juge qui est compétent et non une IGPN juge et partie.

Je lui rappelle également que j'ai déposé un signalement auprès de ses services, qui a bien été enregistré et dont je n'ai aucune nouvelle. Cette enquête administrative a-t-elle pour but de nous transformer en coupables, afin de « sauver » le Directeur général ? Sommes-nous face à de l'intimidation ?

L'idée de l'intimidation est renforcée par le fait que cette convocation tombe une semaine après le jugement du tribunal administratif condamnant le ministère de l'Intérieur pour discrimination syndicale vis-à-vis de moi. [211] Un hasard ?

---
211. Tribunal administratif de Versailles (9e chambre), décision n° 1504355, du 5 mars 2018.

Le ministère de l'Intérieur n'exécutant pas ce jugement, je finis par écrire à Emmanuel Macron une lettre ouverte le 25 janvier 2019 :

> Je porte à votre attention que j'ai fait condamner l'administration pour ses agissements à mon encontre par une décision du tribunal administratif de Versailles n° 1504355, du 5 mars 2018, à me verser la somme de 6 500 €. Pour le moment, malgré une demande à la Préfecture de Police et un rapport adressé à mon directeur, le ministère de l'Intérieur refuse d'appliquer la décision de Justice. Monsieur le Président de la République, pourriez-vous obliger Monsieur le Ministre de l'Intérieur à me verser cette somme, plus les intérêts légaux ? Sauf si vous confirmez que les Lois de la République et les décisions de Justice ne s'appliquent pas au ministère de l'Intérieur.

À ce jour, je n'ai reçu aucune réponse de la présidence de la République, pas même d'accusé de réception de la lettre, et le ministère de l'Intérieur ne m'a pas versé mon dû non plus. Comme nous le verrons un peu plus loin, il est beaucoup plus prompt à supprimer mon salaire qu'à payer ses dettes.

Mon audition du 22 mars 2018 en tant que syndicaliste
Je relate mon audition dans son intégralité afin que chacun puisse comprendre les méthodes employées par l'IGPN pour obtenir une vérité conforme au besoin des plus hautes instances de la Police nationale – dans mon cas, le directeur général lui-même. Chacun pourra ainsi se faire une idée sur les conclusions des diverses enquêtes de l'IGPN, qui servent pourtant de base aux sanctions disciplinaires, ainsi qu'à des décisions pénales concernant les policiers et les citoyens. Cela pose directement la question de l'existence même de cette branche au cœur de la Police nationale, en violation du Code européen d'éthique de la police, que la France a pourtant signé, ainsi que nous l'avons déjà expliqué.

J'arrive donc le 22 mars 2018 à 10 h 00 au 30, rue Antoine-Julien Hénard à Paris. Une dizaine de personnes m'accompagnent en cette froide matinée. Aucune n'aura le droit d'entrer dans la salle d'accueil de l'IGPN, collègue ou citoyen.

Je ne porte quasiment jamais mon arme de service, parce que je ne m'estime pas assez formé avec trois tirs de trente cartouches par an, bien qu'avec les attentats nous puissions porter notre arme 24h/24, à deux exceptions près : lorsque nous sommes convoqués à la médecine statutaire ou à l'IGPN. Toute la population française doit nous faire confiance, mais notre propre administration, non ? À moins que ce ne soit par crainte qu'un collègue écœuré face aux pratiques de ces deux services, comme nous allons le voir à l'instant pour l'IGPN et un peu plus loin pour la médecine statutaire, ne sorte son arme et tire sur ses bourreaux ?

Je pénètre dans le bâtiment seulement assisté de Bruno Rieth, un journaliste de *Marianne*. En effet, nous pouvons être accompagnés de la personne de notre choix et le mien s'est porté sur la presse, afin d'avoir un témoin objectif des pratiques internes de notre institution, qui rejaillissent forcément sur la société.

Nous sommes tous les deux fouillés et palpés, ce qui constitue une première pour moi entre collègues. Finalement, le commissaire Demoly vient personnellement nous chercher pour nous emmener dans le bureau du commandant et de la capitaine en charge de mon audition administrative.

En préambule, les deux enquêteurs veulent m'interdire de disposer de mon ordinateur. Je leur réponds qu'il contient les pièces numérisées me permettant de répondre au mieux à leurs questions. Ils me répondent que les questions seront simples et que ce sera rapide. Comme nous le verrons par la suite, les questions étaient complexes et posées de façon à me piéger. Et « rapide » ? Nous sommes arrivés à 10 h 00 pour ne ressortir qu'à 14 h 00.

Une fois ce premier point réglé et ayant pu conserver mon ordinateur, mon assistant et moi-même sommes menacés de sanctions disciplinaires si jamais la moindre information « fuitait » de cette audition, car ce serait la violation de l'obligation de discrétion professionnelle pour intérêt protégé. Je rigole encore de la menace de sanction disciplinaire à l'encontre d'un journaliste. Heureusement que le ridicule ne tue pas.

Le lendemain, mon avocat me confirme que cette audition n'entre nullement dans l'obligation de discrétion professionnelle. Cependant, il y a des menaces et une tentative d'intimidation qui lui semblent caractérisées.

Finalement, je découvre enfin le motif sophistiqué me valant ma convocation en tant que secrétaire général de mon organisation syndicale pour une publication syndicale, mais dans le but d'être sanctionné en tant que... gardien de la paix, donc personnellement à titre professionnel, ce qui n'a aucun sens en droit :

> Enquête administrative relative à la publication en ligne d'un article mettant en cause le DGPN et le DDSP 13, qui constitue un manquement à l'obligation de rendre compte de tout fait se rapportant à votre service ou à votre mission ou tout fait à caractère personnel pouvant avoir une répercussion sur la vie professionnelle.

La personne qui a demandé cette enquête : Éric Morvan, directeur général de la Police nationale.

Le face-à-face peut commencer. Bruno et moi-même d'un côté du bureau, les deux enquêteurs de l'autre.

Pour le confort de la lecture, les questions posées par mes collègues de l'IGPN sont en gras et italique.

Pouvez-vous nous présenter sommairement votre syndicat ?
Nous sommes le syndicat historique de la Police nationale, défendant les collègues depuis 1883.
Au cours de notre histoire, nous avons changé de nom :
– 1883-1906 « Société amicale des personnels de la préfecture de police.
– 1906-1946 « Fédération des sociétés amicales de la police de France et des colonies ».

Dérives et dysfonctionnements

Durant la guerre 39-45, notre organisation adhère au Front National de la Résistance et en août 1944, les adhérents de notre organisation participent à la Libération de Paris.
– 1946-2017 « Fédération CGT-Police ».
– Nous sommes devenus « VIGI. Ministère de l'Intérieur » lors de notre Congrès de juin 2017, tout en restant affilié à la CGT.

Depuis, VIGI a quitté la confédération, pour redevenir indépendant.

– En octobre 2017, le ministère de l'Intérieur a tenté de nous faire interdire notre nouveau logo.

Sur ce dernier point, une décision sortie de nulle part arrive en juin 2019, ne nous interdisant pas l'utilisation de notre logo mais son enregistrement auprès de l'Institut national de la propriété industrielle (INPI), au motif qu'une confusion est possible avec un service du ministère de l'Intérieur ou Vigi Pirate. Bien évidemment, ces arguments sont infondés, vu qu'au bout de deux ans d'utilisation de ce logo, personne ne nous a confondus avec notre employeur ou un plan antiterrorisme. Faites vous-même le test :

Avez-vous eu un seul instant de confusion en comparant les images de gauche et de droite ?

Nos statuts sont déposés à la mairie de Montreuil (93) et la DRCPN en a une copie.

Quelles sont vos fonctions au sein du syndicat VIGI. MI ?
Secrétaire général au sein de la Fédération.

Bénéficiez-vous d'un détachement syndical pour exercer vos fonctions de secrétaire général ?
Cent jours de détachement, soit un peu moins d'un mi-temps.

Qui est le directeur de la publication du site syndical VIGI ?
Moi-même.

Reconnaissez-vous cette capture d'écran de cette publication du 10 janvier 2018 faite sur le site VIGI ?

Oui.

Êtes-vous l'auteur intellectuel de cette publication, qui, en droit, vous engage ?
Non, c'est VIGI, personne morale.

Est-ce que ce tract a été affiché ou distribué dans les services de police ?
Oui, dans certains.

Question intéressante, qui sous-entend que, dans la police, un communiqué syndical n'a pas vocation à être diffusé. Dans ce cas, pourquoi en rédiger un ?

Sur quels sites ou réseaux sociaux ladite publication a-t-elle été postée ?
Sur notre site uniquement, puis elle a été partagée sur notre page Facebook et notre compte Twitter.

Cet article du 10 janvier 2018 est librement accessible au grand public sur le site internet du syndicat, est-ce à dire que vous vouliez lui accorder une plus large diffusion possible ?
Toutes nos publications sont sur notre site internet, donc pas plus qu'à une autre de nos publications.

Dans le titre, les termes « magouilles » et « trucages » de la délinquance dans la Police nationale sont employés. Que signifie pour vous le terme « magouille » ?
« Trucage », n'est pas le titre, mais dans le corps du texte. « Magouille » veut dire qu'il y a une volonté de falsifier la vérité pour servir des intérêts personnels.

Les questions qui déforment la réalité commencent.

Vous parlez d'un audit. De quel audit parlez-vous ?
De celui diligenté par la direction centrale de la sécurité

publique, faisant suite à notre demande auprès de Monsieur le DGPN.

Avez-vous plus de précisions sur les dates et les conditions de cet audit ?
Malgré nos demandes répétées, nous n'avons eu aucune réponse officielle.

Seulement quelques personnes ont pu avoir accès à cet audit. L'IGPN essaye donc de se renseigner comment nous avons pu avoir accès aux conclusions, qui confirment nos accusations. Sûrement la raison pour laquelle le DGPN n'a pas voulu nous y donner accès.

Sur la photo de cette publication du 10 janvier 2018, on constate en majuscules rouges le terme suivant, « criminel ». Quelle signification donnez-vous au terme criminel ?
En premier lieu, il y a un point d'interrogation. Ensuite, le terme « criminel » est défini pour nous par le code pénal. Ici, les faits sanctionnés par l'article 441-4 du code pénal, comme précisé dans notre publication. Le point d'interrogation souligne que nous nous interrogeons.

L'utilisation de la couleur rouge a-t-elle une signification particulière ?
Non, c'est juste une technique de communication pour attirer le regard.

Quel est votre objectif d'assimiler potentiellement le Directeur général et le DDSP 13 à des criminels ?
Il n'y a aucun objectif, c'est juste l'illustration de la question posée par signalement sur la plate-forme IGPN et que nous relatons dans le corps du texte.

Ici, l'IGPN sous-entend que des directeurs sont au-dessus de tous soupçons. L'élément nocif qui remet en cause ce postulat nécessite, semble-t-il, d'être purgé de la Police nationale.

Si l'administration présentait votre photo publique avec de tels mots, délinquant ou criminel, y verriez-vous quelque chose de flatteur ou d'injurieux ?
Cela dépend si les faits sont fondés ou pas. Mais un syndicat n'est pas une administration. Comparons ce qui est comparable.

Faute d'argument de fond, l'IGPN essaye d'orienter l'enquête sur la forme. Comme c'est l'administration qui décide quel fait est fautif a posteriori, le fondement est complètement subjectif.

Est-il d'usage dans le cadre du dialogue social d'utiliser le terme « criminel » pour décrire des interlocuteurs ?
Est-il d'usage quand des signalements internes sont faits sur des faits pouvant être qualifiés pénalement, depuis presque deux ans, conformément à l'article 40 du code de procédure pénale, que rien ne soit fait ?

D'une manière générale, en libre consultation sur le site internet, il a été remarqué la présence d'article présentant Monsieur le DGPN comme responsable de la mort de plusieurs policiers. Quels sont les éléments qui vous permettent d'aboutir à cette assertion particulièrement grave pénalement et disciplinairement pour le DGPN ?

Une enquête administrative doit se borner aux motifs évoqués sur la convocation, afin de respecter les droits de la défense. Les enquêteurs officiers d'expérience ne peuvent l'ignorer et commettent sciemment une faute. Je fais le choix de répondre, ayant tous les éléments nécessaires pour ma défense dans l'ordinateur.

L'explication se trouve dans la lettre ouverte adressée au ministre de l'Intérieur[212] et remise en main propre à son conseiller technique le 22 novembre 2017, lors d'une audience place Beauvau.

---

212. Consultable sur le site de VIGI. https://vigimi.fr/f/actualites-fr/entry/lettre-ou-verte-a-monsieur-le-ministre-de-l-interieur-concernant-les-suicides-au-sein-de-la-police-nationale

De même, nous nous basons sur une étude sur les mesures mises en place dans la police québécoise, qui a permis de faire baisser le taux de suicide de 78 % depuis les années 80. La situation de la Police française était similaire dans les années 1980, mais à la différence du Québec, nous sommes toujours dans la même situation.

De même, les mesures proposées par Monsieur le DGPN lors des réunions préventions suicides fin 2017 et janvier 2018 sont de comprendre la situation, mais ne surtout pas chercher de responsabilité. De plus, les mesures proposées ne prennent nullement en compte les recommandations de toutes les expertises que nous avons pris le soin de transmettre.

Dans un article du 19 février supportant la photographie d'Éric Morvan, il est indiqué « y aurait-il une provocation au suicide, voire une complicité de meurtre de nos hauts hiérarques, dans la mort de nos collègues ? »

On peut également y lire « depuis le 02-08-2017, date de nomination de Monsieur Éric Morvan en tant que Directeur général de la Police nationale, qui est responsable du plus grand nombre de policiers tués ? ».

Une fois encore, le DGPN est tenu responsable de la mort de nos collègues. Confirmez-vous ?

Notre organisation a bien publié ce tract. Les éléments de réponse à votre question précédente sont dans ce tract.

À l'heure actuelle, un policier a plus de chance de mourir en se suicidant qu'en exerçant son métier, pourtant dangereux. Cela est lié, pour quasiment tous les suicides de nos collègues à la perte de sens de notre métier, des conditions de travail déplorables, un management délétère, que Monsieur le Directeur général et d'autres responsables de la Police nationale laissent perdurer en toute impunité. Je donne ensuite des exemples concrets, qui ne sont que des illustrations et non des cas particuliers de ce que vivent la plupart des personnels de la Police nationale.

Monsieur le Directeur général en tant que responsable de la Police nationale est responsable des agissements de ses subordonnés. Monsieur le DGPN a été saisi de nombreuses infractions pouvant être qualifiées pénalement. Pour une, il a même été missionné par le ministre de l'Intérieur, mais dans tous les cas, il a fait le choix de ne rien faire.

Depuis, il y a eu le procès France Télécom, où les syndicats ont assigné au tribunal toute la direction pour 35 suicides sur 190 000 salariés en deux ans. Le procureur a demandé les peines maximales contre tous les membres de la direction. Dans la Police nationale, Éric Morvan a vu 97 collègues se donner la mort en deux ans, sur 160 000 fonctionnaires. Comme c'est la police qui enquête sur la police, ce n'est pas lui qui est inquiété, mais notre syndicat. Nous avons donc saisi la justice au nom de VIGI pour que notre direction soit enfin mise devant ses responsabilités.[213]

Que pouvez-vous nous dire sur le sujet de la liberté d'expression d'un délégué syndical, serait-elle pour vous totale et sans limites ?
La liberté syndicale trouve son origine dans la Déclaration des Droits de l'Homme et du Citoyen de 1789, qui a valeur constitutionnelle. L'article 10 prévoit que « nul ne doit être inquiété pour ses opinions, même religieuses, pourvu que leur manifestation ne trouble pas l'ordre public établi par la Loi. »
De même, la Loi 83-634, fondant le statut de la fonction publique dont nous faisons partie, prévoit que :
- Article 6 : « La liberté d'opinion est garantie aux fonctionnaires. Aucune distinction, directe ou indirecte, ne peut être faite entre les fonctionnaires en raison de leurs opinions [...] syndicales [...]. »
- Article 8 : « Le droit syndical est garanti aux fonctionnaires. »
- Article 18 : « Il ne peut être fait état [...] dans tout document administratif, des opinions ou des activités [...] syndicales [...] de l'intéressé. »

---

213. Communiqué VIGI, *100 suicides*, du 12-09-2019.

L'auteur de cette Loi, Monsieur le Ministre et Sénateur Anicet Le Pors, donc celui le plus à même de nous en expliquer le sens, déclare : « Les fonctionnaires [sont des] citoyens de plein droit. Leur statut accorde la liberté d'opinion aux agents publics. Il ne leur impose pas d'obligation de réserve. »
En opposition à ces textes constitutionnels et législatifs, l'administration se base sur le code de déontologie de la Police nationale du 1er janvier 2014, pris sous la forme d'un décret, alors même que toute limitation de liberté est de la compétence du législateur, sans compter qu'un décret est inférieur dans la hiérarchie des normes aux textes précités.

Un schéma est parfois plus explicite :

- Bloc de Constitutionnalité
- Normes internationales
- Lois
- Ordonnances
- Normes réglementaires (décrets, arrêtés)
- Jurisprudence
- Actes administratifs : ministériels, préfectoraux ou municipaux

L'inspiration de ce code de déontologie quant à l'obligation de ne pas porter atteinte au crédit de l'institution est l'article 5 du statut général de la fonction publique de… 1941 ! « Le fonctionnaire doit, dans sa vie privée, éviter tout ce qui serait de nature à compromettre la dignité de la fonction publique, à porter atteinte au crédit et au renom de celle-ci. »
D'ailleurs, Madame Monéger, directrice de l'IGPN, m'a confirmé cette volonté par mail que j'ai reçu de sa part le 11-01-2018, dont voici l'extrait : « L'administration (et en conséquence l'IGPN) n'a pas pour intention d'entraver la liberté syndicale, mais rappelle à l'ensemble de ses agents, fussent-ils représentants syndicaux, qu'ils sont soumis à un devoir de réserve et à l'obligation de ne pas porter atteinte au crédit de l'institution. »
VIGI défend une Police nationale ayant pour valeurs celles de notre République : « Liberté, Égalité, Fraternité » et non celles du régime de Vichy : « Travail, Famille, Patrie ».
La liberté syndicale n'est limitée que par la diffamation et par la tenue de propos pénalement répréhensibles.

En général, j'aime beaucoup dispenser des cours de droit, sauf qu'en l'occurrence, les personnes en face de moi peuvent-elles vraiment être ignorantes en la matière ?

> **Existe-t-il selon vous une disposition législative ou une jurisprudence qui affranchit un délégué syndical des droits et obligations du fonctionnaire ou bien ces obligations lui sont-elles imposées par le juge administratif de manière moins contraignante ?**

Voir la réponse précédente.

> **Pensez-vous que la plus grande liberté d'expression dont peut jouir un représentant syndical permet l'imputation de faits déterminés, le meurtre en l'espèce, imputation qui porte gravement atteinte à l'honneur et à la considération ?**

Nous n'avons traité personne de meurtrier, mais nous avons simplement souligné une part de responsabilité importante de Monsieur le DGPN, vu ses fonctions et du fait de son inaction, dans la mort de nos collègues. Je rappelle que si des personnes ont trouvé nos publications contraires à la Loi, comme je l'ai déjà précisé à Monsieur le DGPN, elles peuvent déposer plainte, pour qu'un juge indépendant puisse rendre un verdict.

Ce que le DGPN a fait, mais le procureur a classé sans suite. Comme mon directeur est obstiné, il a alors saisi un juge d'instruction.

Dans l'écrit auquel nous faisons référence, vous avez employé le terme « complicité de meurtre » ?
Nous avons utilisé la forme interrogative, seul un juge pouvant apporter la réponse.

Le 10 janvier 2018, vous avez fait un signalement pour faux en écriture contre le DGPN et le DDSP 13 sur la plateforme de l'IGPN. Pourquoi n'avez-vous pas souhaité saisir l'autorité judiciaire compte tenu de la gravité et la qualification pénale des faits, conformément à l'article 40 du CPP ?
C'est en cours. Concernant la saisie de l'IGPN, nous voulions voir son niveau d'indépendance par rapport au pouvoir hiérarchique.
On voulait savoir si elle ne poursuivait que les collègues sur le terrain ou si elle pouvait s'intéresser aux plus hautes sphères de la hiérarchie policière.
La réponse de Monsieur le Contrôleur général, chef de l'unité de coordination des enquêtes, n'a laissé aucun doute sur la partialité de l'IGPN quand la haute hiérarchie est mise en cause :
« L'IGPN prend évidemment en compte votre signalement [NdA : signalement sur les faits pouvant caractériser le crime de faux en écriture publique commis par le DGPN et le DDSP 13] et le relaiera comme il se doit auprès de l'autorité administrative.

Elle émet cependant des doutes sur la pertinence de la saisine de la plate-forme pour faire valoir vos arguments. Il vous est ainsi rappelé qu'il appartient au DGPN de déterminer si des manquements professionnels ont été commis à l'occasion de l'établissement des statistiques de la délinquance. Si des manquements étaient relevés, il lui appartiendra de décider de la suite à leur donner. »

Ici, l'IGPN transgresse le secret de l'enquête. En effet, les deux enquêteurs tentent de glaner des informations pour leur chef, le DGPN, Éric Morvan.

Votre tract du 10 janvier se conclut par : « Si l'on s'aperçoit que l'adversaire est supérieur et que l'on ne va pas gagner, il faut tenir des propos désobligeants, blessants et grossiers. » Vous admettez donc dans vos propos avoir été désobligeant, blessant et grossier envers des représentants de l'institution policière. Est-ce là l'expression d'un dialogue social respectueux ? En d'autres termes, l'invective et l'injure sont-elles dans votre esprit des vecteurs efficaces ?
Vous inversez et interprétez nos propos. Il faisait référence à la méthode utilisée par Monsieur Salanova lors de sa déclaration à la presse le 15 novembre 2017, où il préfère essayer de salir la réputation de deux collègues plutôt que de répondre sur le fond de l'affaire du trucage des statistiques : « La Direction départementale de la sécurité publique ne prend pas l'article au sérieux. Un ou deux policiers auraient lancé ces informations. Mais ce serait juste une histoire de rancœur envers la hiérarchie. Ces informations ne seraient pas fiables. » Le DDSP 13 utilise la technique de diversion du livre intitulé *L'Art d'avoir toujours raison*. La question aurait dû s'adresser à Monsieur Salanova, c'est lui qui attaque des personnes au lieu d'utiliser des arguments.
[Interlude de pressions psychologiques et d'intimidation de la capitaine de l'IGPN, qui n'est pas satisfaite de la réponse et

qui veut que je reconnaisse que nous avons été désobligeants, blessants et grossiers. Elle m'assure que la question n'est pas orientée et qu'il n'est nullement dans son intention d'interpréter mes propos selon ses désirs.
La capitaine et le commandant m'informent que je n'aurai pas le droit d'apporter des précisions à la relecture de mon audition. Ils me rabaissent en me disant que je ne fais pas de judiciaire et qu'en conséquence je ne connais rien aux procédures d'audition. Je leur fais remarquer que j'assiste régulièrement des collègues dans le cadre de procédures administratives et que c'est la première fois que je vois utiliser un tel procédé.]

L'invective et l'injure ne sont pas dans mon esprit des vecteurs efficaces et ne participent pas à un dialogue social respectueux. Cependant, nous nous posons la question du dialogue social de certains directeurs et chefs de service, qui semblent cautionner de telles méthodes.

Vous avez évoqué à plusieurs reprises le champ pénal, savez-vous qu'une décision de la chambre criminelle de la cour de cassation de 1990 incrimine le fait d'utiliser « grossier, désobligeant ou injurieux », même en utilisant la forme interrogative derrière laquelle vous vous retranchez systématiquement ?
L'Autriche vient de reconnaître que faire un doigt d'honneur à un homme politique relève de la liberté d'expression. De même, la Cour européenne des Droits de l'Homme avait condamné la France pour avoir sanctionné pénalement un militant politique qui avait brandi une pancarte avec la mention « Casse-toi pov'con » au passage du président de la République, Monsieur Nicolas Sarkozy, pour non-respect de la liberté d'expression (Arrêt Eon c. France, CEDH, 14 mars 2013, requête 26118/10).

Les questions de l'IGPN sont systématiquement orientées pour que je reconnaisse que VIGI a injurié le DGPN. Cependant, une question juridique n'a rien à voir avec un doigt d'honneur ou un « casse-toi pov'con », le DGPN n'est ni président de la République ni vice-chancelier, et je ne suis pas un citoyen anonyme, mais le secrétaire général de la branche police de la première organisation syndicale du pays (à ce moment-là, nous sommes encore à la CGT, qui demeure la première organisation syndicale de France).

D'ailleurs, après diverses recherches sur Légifrance et faute de référence légale de la part du commandant et du capitaine de l'IGPN, je n'ai pu trouver nulle trace du « fameux » arrêt de 1990 qu'ils citent, pour en prendre connaissance, si jamais il existe réellement. Quand j'ose demander plus de précisions sur cet arrêt, la capitaine et le commandant bottent en touche arguant que ce n'est pas le sujet.

> ***Est-ce que vous considérez que les textes qui gouvernent l'action des fonctionnaires de police tels que le code de déontologie de la police nationale et le règlement général d'emploi de la police nationale s'appliquent à vous ?***
> Oui, sauf dans les dispositions contraires aux lois, aux textes européens et à la Constitution.
> Le code de déontologie, qui a été inséré dans le Code de la sécurité intérieure, étant à la fois contraire à la Constitution et au Code européen d'éthique de la police, il ne s'applique donc pas à moi.

D'ailleurs, il n'y a pas qu'à moi qu'il ne s'applique pas, également à tous mes collègues souvent lésés par une méconnaissance du droit.

> ***L'article R. 434-29 du Code de la sécurité intérieure précise « lorsqu'il n'est pas en service, il s'exprime librement dans les limites imposées par le devoir de réserve et par la loyauté à l'égard des institutions de la République. Dans les mêmes limites, les représentants du personnel bénéficient, dans le cadre de leur mandat, d'une plus grande liberté d'expression. »***
> ***Est-ce à dire que cette plus large expression accordée***

> *permet d'utiliser des propos désobligeants, blessants et grossiers ?*

Sur le devoir de réserve, je reprends mes déclarations précédentes sur la Loi 83-634 et son interprétation par son auteur, Anicet Le Pors.

La question elle-même est sans objet, car nous n'avons pas utilisé des propos désobligeants, blessants ou grossiers, mais posé une simple question juridique sur des infractions définies par le Code pénal.

L'IGPN, n'ayant absolument rien de légal à me reprocher, tente encore et toujours de déformer mes propos, en espérant qu'en répétant sans cesse la même question, ma vigilance se relâchera.

> *Vous avez dit précédemment que « dans les techniques de communication, le rouge attire l'œil, c'est la raison pour laquelle nous avons utilisé la couleur rouge ». Que peut percevoir un lecteur lambda dont l'œil est attiré par l'article qui supporte le mot de « criminel ? » en lettre rouge ?*
> *Pensez-vous qu'il puisse assimiler cela à la première lecture à une simple infraction au Code pénal ? « Criminels » au pluriel et non « infraction criminelle » deux l e. Alors ?*

Je suis responsable de ce que j'écris et non de ce que les gens comprennent.

Sur l'orthographe « criminel<u>s</u> » et non « criminel<u>le</u> », une personne commettant une infraction criminelle est un criminel et quand ils sont deux, on ajoute un <u>s</u>. L'IGPN essaye de jouer sur les mots pour leur faire perdre leur sens.

> *Comme le rappelle une décision de la cour administrative d'appel de Nantes du 6 juin 2013, les propos tenus ne doivent pas porter sérieusement atteinte à la considération et traduire un comportement déloyal allant au-delà de la critique admissible d'un agent détenteur d'un mandat syndical.*

Pourtant, on reprend votre explication, vous avez admis avoir été délibérément injurieux et blessant pour servir vos intérêts. Avez-vous donc délibérément violé les principes de votre jurisprudence ?

L'arrêt de la cour administrative d'appel de Nantes précise que le délégué syndical a fait l'objet d'un rappel à la loi de la part du procureur de la République, ses allégations n'étant pas fondées. Ce qui n'est pas mon cas ici, car VIGI n'a toujours pas pu avoir accès à l'audit pour vérifier si oui ou non il y a eu trucage des statistiques à Marseille et dans le cadre duquel, malgré avoir spontanément proposé d'apporter nos éléments de preuves à Monsieur le DGPN, nous n'avons pas été invités à le faire ou auditionnés.

Par ailleurs, je n'ai jamais admis avoir tenu des propos blessants ou injurieux pour servir mes intérêts. Où est-ce que vous avez vu ça ?

On reprend votre conclusion dans le tract du 10 janvier 2018.

Contrairement à ce que vous avez affirmé, je n'ai jamais admis avoir tenu des propos injurieux ou blessants pour servir mes intérêts. J'ai même expliqué qu'au contraire, c'était la méthode qu'utilisait Monsieur le DDSP 13 et notre conclusion visait le comportement de Monsieur Salanova. Voir mes réponses précédentes sur le sujet. Vous faites délibérément un contresens sur notre publication et vous voulez me faire dire le contraire de ce que j'ai déjà expliqué au cours de cette audition, en posant des questions comportant des affirmations inexactes.

Il semble que vous vous êtes également affranchi du devoir de réserve qui interdit également à un représentant syndical de tenir publiquement des propos outranciers visant des supérieurs hiérarchiques ou visant l'administration comme le rappelle une décision du Conseil d'État du 12 décembre 1997. Qu'avez-vous à dire ?

La décision du Conseil d'État du 12 décembre 1997 sur une publication du syndicat de la Police nationale dont « l'expression ne porte pas sur la défense des intérêts professionnels, individuels ou collectifs, des adhérents du syndicat » et qu'elle comportait « des incitations à l'indiscipline collective et donc de nature à compromettre le bon fonctionnement du service ». En l'occurrence, VIGI défend bien dans le cadre de la publication du 10 janvier 2018 les intérêts professionnels, à savoir que les policiers puissent qualifier les infractions en fonction de la gravité pénale et non des besoins statistiques de l'institution, ainsi que les intérêts aussi bien collectifs des collègues, dont nos adhérents, qui subissent des pressions pour « diminuer » la qualification pénale des infractions. De même, nous n'appelons à aucune incitation à l'indiscipline, mais bien au contraire au respect des textes en vigueur pour que la Police nationale soit exemplaire.

Ce qui porte atteinte à l'institution, plutôt que la dénonciation de faits, ne serait-il pas les faits en eux-mêmes ?

Si jamais notre institution avait été exemplaire, il n'y aurait rien eu besoin de dénoncer.

Sur le devoir de réserve, qui n'est pas dans la Loi 83-634 et dont l'auteur de la loi explique régulièrement pourquoi il a exclu ce devoir du champ législatif, voir une nouvelle fois mes réponses précédentes.

Mais depuis, il y eut d'autres lois.
Non, pas des lois. Que des textes inférieurs dans la hiérarchie des normes, comme des décrets, des arrêtés ou des instructions. Aucun de ces textes ne peut aller, légalement, à l'encontre d'une loi.

D'où le danger d'inverser la hiérarchie des normes, comme Emmanuel Macron a déjà commencé à le faire avec le Code du travail.

Vous avez été recruté en qualité de gardien de la paix, est-ce à dire que l'exercice d'un mandat syndical et l'interprétation que vous en faites en termes de liberté totale d'expression vous permet de vous affranchir des droits et obligations auxquels nous sommes soumis dans le cadre de notre profession ?

Je n'en fais pas une interprétation d'une liberté totale, comme je l'ai expliqué précédemment. Par exemple, tenir des propos racistes, comme l'a fait le délégué d'Unité SGP FO, Luc Poignant en déclarant : « D'accord, Bamboula, ça ne doit pas se dire... mais ça reste à peu près convenable »[214] est une limite à la liberté d'expression syndicale, car c'est une infraction pénale, réprimée par l'article R624-4 du Code pénal.

Yves Lefebvre, secrétaire général du syndicat, condamnera les propos mais continuera de soutenir son porte-parole contre vents et marées. « Il a eu un mot malheureux, mais je sais qu'il n'est pas raciste. Je vais mettre ses propos sur un coup de fatigue. » Le syndicat ne prendra aucune sanction à l'encontre de Luc Poignant.[215]

Le ministre de l'Intérieur du moment, l'éphémère Bruno Le Roux, a lui aussi condamné ces propos. « En toutes circonstances, l'exemplarité, l'éthique, le respect des personnes et celui des valeurs de la République doivent guider l'action et le comportement des forces de l'ordre. [...] Le lien de confiance entre les Français et les policiers et les gendarmes chargés de les protéger doit reposer sur une exigence absolue de respect mutuel. » Mais aucune convocation à une enquête disciplinaire ou saisie du procureur de la République.

Curieusement, la Direction générale de la Police nationale n'a pas saisi l'IGPN... Est-ce comprendre qu'elle cautionne des propos racistes, mais pas une critique fondée, ayant pour but l'amélioration de la qualité du service au public ?

---

214. Propos du délégué Unité-SGP-FO dans l'émission *C dans l'air*, Aulnay : *La police hors la loi*, du 09-02-2017.
215. *France Info TV*, « *Bamboula, ça reste encore à peu près convenable* », lâche un syndicaliste policier sur France 5, par France Info, publié le 10-02-2017.

Par ailleurs, je ne m'affranchis nullement des droits et obligations auxquels je suis soumis en tant que gardien de la paix, je suis d'ailleurs noté entre 5 et 6 [sur 7, qui est la note maximale et ne peut qu'être exceptionnelle], quand l'administration ne refuse pas de me noter pendant trois ans, à cause de mon activité syndicale. L'administration a été condamnée par le tribunal administratif de Versailles le 5 mars 2018, notamment pour ces faits.
Dans le cadre de mon mandat syndical, je n'agis pas en tant que fonctionnaire de police. Considérer la chose différemment voudrait dire que les policiers seraient des sous-citoyens.
À la différence de l'administration, je fais la différence entre ma fonction de gardien de la paix et ma fonction syndicale. En effet, l'administration n'hésite pas à mettre ma qualité de délégué syndical dans des documents administratifs, entrainant une confusion préjudiciable à ma carrière. Par exemple, je n'ai pas eu droit à des formations internes au motif de mon engagement syndical et que j'ai été exclu des primes de mon service pour le même motif.
Je note que je suis convoqué une semaine après avoir fait condamner le ministère de l'Intérieur pour discrimination syndicale [rire moqueur du commandant m'auditionnant] et je constate que je suis convoqué avec une confusion des genres entre mon activité syndicale et professionnelle, étant convoqué à la fois en tant que secrétaire général de VIGI et gardien de la paix, alors même que je suis irréprochable professionnellement. Sommes-nous dans la continuité de ce que j'ai subi et pour lequel l'administration a été condamnée ?

Comment devient-on membre d'un syndicat professionnel et secrétaire général d'un syndicat assurant la défense des fonctionnaires de police ? Quelle qualité faut-il avoir ? Faut-il être fonctionnaire de police ou autre chose ? C'est très simple comme question, est-ce qu'un employé de la DDE peut être secrétaire général ou membre d'un syndicat

de policiers ? Faut-il être fonctionnaire de police ? Oui ou non ?
La réponse n'est pas aussi simple, on peut très bien adhérer à un syndicat de fonctionnaires…

… On parle du syndicat VIGI. Moi, je ne vous parle pas de la CFDT ou de la CFTC. Je vous parle de VIGI Police et Ministère de l'Intérieur et si la qualité de policier est requise pour en devenir secrétaire général ?
Non. Il faut travailler pour la Police nationale. À titre d'illustration, la secrétaire générale adjointe de la fédération est agent de surveillance de Paris, travaillant pour la préfecture de police. De même, l'ancien trésorier était personnel administratif du ministère de l'Intérieur travaillant pour la Police nationale.

Dernière question, à la suite de la convocation qui vous a été adressée le 13 mars 2018, vous avez pris la décision de diffuser sur votre site internet accessible au public ladite convocation sur laquelle figurent l'identité, le grade et les coordonnées de l'enquêteur administratif. N'avez-vous pas craint par une telle démarche de diffuser à des tiers qui n'ont pas à en connaître une pièce de l'administration ?
En premier lieu, la convocation sur notre site internet ne supporte ni l'identité, ni le grade, ni les coordonnées de l'enquêteur administratif, car nous avons pris soin de noircir ces informations pour préserver son anonymat, comme vous pouvez le constater par vous-mêmes.

L'IGPN s'affranchit une nouvelle fois des règles en vigueur en France : une victime ne mène jamais l'enquête sur son propre dossier. Or, la victime dont l'identité aurait prétendument été dévoilée est le commandant face à moi.

L'Ennemi de l'Intérieur

Vous êtes sûr de ce que vous dites ?
Oui, à 100 % et je vous montre notre site[216] en direct pour que vous puissiez vérifier.

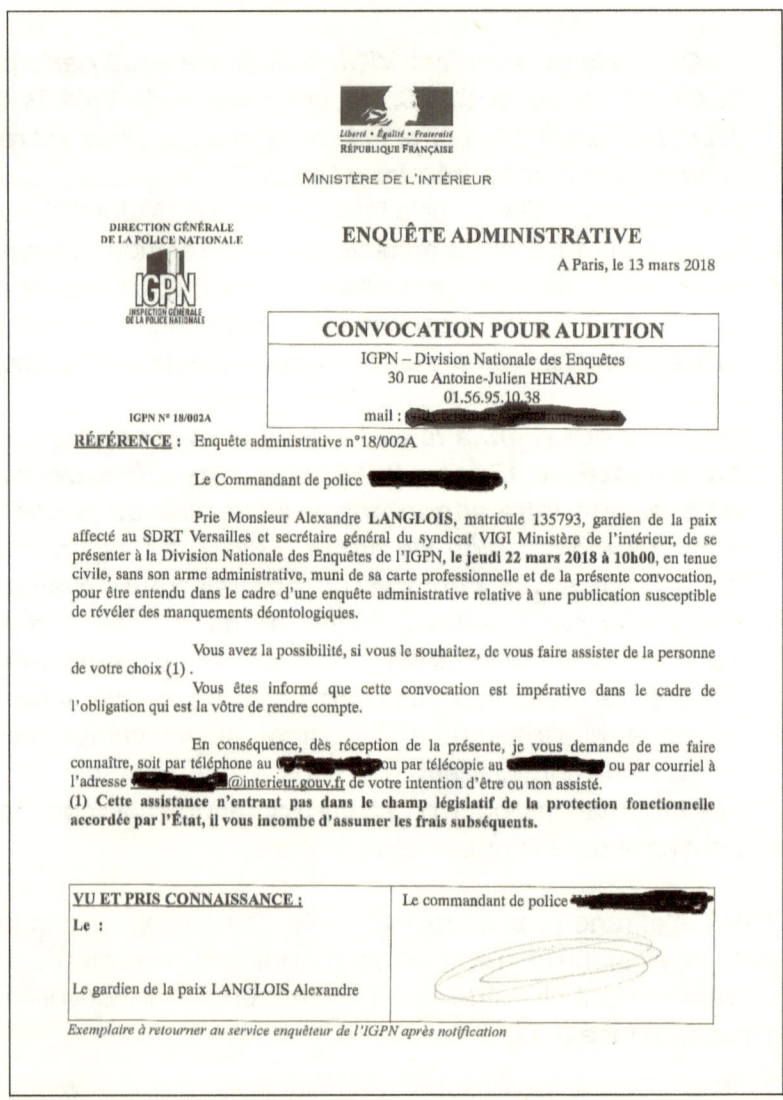

216. https://vigimi.fr/f/actualites-fr/entry/le-22-mars-l-igpn-sera-dans-l-action-de-repression-syndicale-et-non-de-defense-du-service-public.

Vous êtes sûr que vous n'avez pas envoyé, que vous n'avez pas une autre publication ? Vous avez fait une lettre ouverte à différentes personnes en mettant ce document sur une page visible sur votre site.
Je ne peux pas répondre à votre question, vu qu'elle part d'une affirmation fausse.

Vous avez adressé une lettre ouverte à différentes personnes en mettant ce document sur une page visible sur votre site. Regardez, peut-être pas dans vos dernières publications, mais dans d'autres, plus antérieures.
Pourriez-vous m'indiquer où je dois regarder pour gagner du temps ?

(Sur un ton agacé) Bon, alors je prends votre réponse.
Je veux bien répondre, l'erreur étant humaine, mais là, pour le moment, vous m'affirmez une chose que je ne peux pas vérifier.

Vous avez adressé à différentes organisations, notamment syndicales, des documents, dont la convocation, et cela figure sur la page internet de votre site VIGI. MI.

En réalité, un syndicat de police a fait de la délation en envoyant le courrier reçu alors même que j'avais bien précisé que « toute publication, utilisation ou diffusion même partielle, doit être autorisée préalablement. » En conséquence, il n'y a eu aucune diffusion publique, uniquement à des collègues, mais prendre simplement le temps de vérifier la véracité d'une dénonciation calomnieuse est-elle au-dessus des compétences de ces deux enquêteurs de l'IGPN ? En l'occurrence, méritent-ils la qualification d'« enquêteurs » ?

Je vous remontre la page de la publication à laquelle vous faites référence, où l'on peut constater que la convocation a bien été noircie.

Ça n'y était pas avant de toute façon on a dans la procédure et vous le verrez...

Parfois, les phrases des enquêteurs ne veulent pas dire grand-chose, mais je suis obligé de retranscrire fidèlement leurs propos.

C'est la seule fois où les deux enquêteurs ne veulent pas me montrer la pièce spontanément. J'avais conscience que je ne verrais rien du tout et que j'étais face à une tentative de manipulation grossière.

... du coup, montrez-moi pour que je puisse vous répondre avec précision. Sinon, comment voulez-vous que je vous réponde ? La société qui gère le site a pu faire une erreur de document, que je ne constate pas, mais si jamais c'était le cas, encore faudrait-il que je sache quelle publication et à quel moment.

(Le commandant cherche sur son ordinateur). Alors... le 16 mars 2018.

J'en suis certain, sur cette publication, la convocation est bien noircie pour préserver votre anonymat.

Et donc la convocation que je vous imprime, qui a été publiée le 16 mars.

Le commandant me présente une impression de ma convocation, qui curieusement n'est pas une capture d'écran à la différence des autres documents qui m'ont été présentés au cours de cette parodie d'enquête.

Je constate que vous venez de réimprimer la convocation que vous m'avez envoyée et qui n'est pas une capture d'écran. Ce document est bien sur le site, mais noirci.

La preuve que ce n'est pas noirci !

Sur le moment, je suis en colère devant tant de mauvaise foi et/ou d'incompétence. Maintenant, quand je repense à cet interrogatoire, je vois plus les deux enquêteurs comme deux courtisans, qui en arrivent presque à se caricaturer eux-mêmes.

Je ne peux pas savoir si ce que vous me présentez vient du site, vu que ce n'est pas une capture d'écran, mais une impression de ma convocation que vous avez en votre possession.

Bah non, Monsieur Langlois, nous on vous montre ce qui est paru le 16 mars.
Il n'y a pas de référence internet, pas de capture d'écran.

Bah oui.
La dernière fois que j'ai été auditionné à la suite d'une dénonciation par lettre anonyme, pour une publication internet, par la déontologie de la DDSP 78, on m'a présenté des captures d'écran.
Je vais répondre à la question avec les documents que vous me présentez.

Le 16 mars, vous publiez donc la lettre ouverte, le tract « magouille » et votre convocation de ce jour en l'état. Alors bon votre réponse « je regarde, car j'étais certain d'avoir, bon c'est ça noirci... »

Par moments, je me demandais pourquoi j'avais été convoqué étant donné que les deux professionnels face à moi faisaient eux-mêmes les questions et les réponses, sans tenir compte de mes déclarations.

Reposez votre question, s'il vous plaît.

À la suite de la convocation qui vous a été adressée le 13 mars 2018, vous avez pris la décision de diffuser sur votre

L'Ennemi de l'Intérieur

site internet accessible au public ladite convocation sur laquelle figurent l'identité, le grade et les coordonnées de l'enquêteur administratif. N'avez-vous pas craint par une telle démarche de diffuser à des tiers qui n'ont pas à en connaître une pièce de l'administration ?
Donc vous avez dit au départ « Je regarde, car j'étais certain d'avoir noirci… »

… et je constate après vérification que c'est bien noirci sur le site internet. Je vous montre notre site internet confirmant mes propos.

N'essayez pas de noircir maintenant parce que…

Là, j'échappe de peu au fou rire. Ne dirait-on pas des « faussaires » voulant me reprocher leurs propres turpitudes ?

Je vous montre le site en l'état, donc je n'irai pas travestir la vérité.

Non, mais il faudra faire des vérifications pour savoir quand ça été fait.

La capitaine continue d'affirmer sans aucune preuve matérielle la véracité de ses propos, sous-entendant que je dois admettre l'accusation grave qu'il porte contre VIGI, sur leur simple parole.

Regardez sur le site, le titre est : « Convocation-PDF-noircie ».

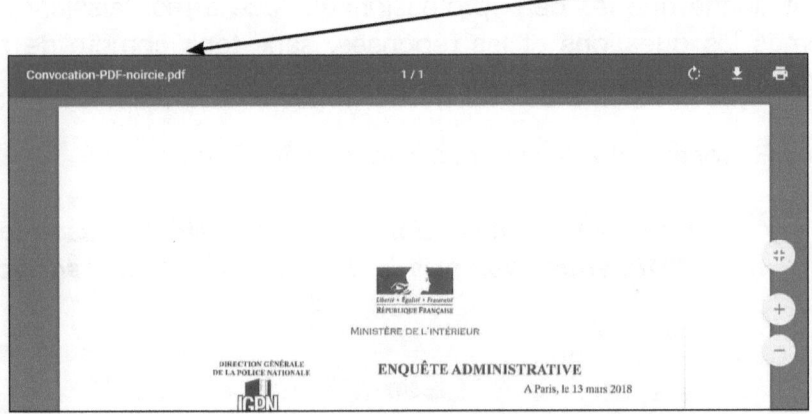

Votre but n'était pas de diffuser à des tiers qui n'ont pas en connaître une pièce de l'administration ?
Vous me présentez un document qui est une copie de ma documentation non noircie, sans aucune référence à la page internet ou la date et l'heure d'une capture d'écran.
Notre démarche est toujours de préserver l'anonymat des personnels de la Police nationale. C'est pour ça que nous avons alerté récemment la DRCPN sur le fait que certains fonctionnaires recevaient à domicile leur fiche de paie avec des enveloppes Police nationale. C'est pour cela que nous avons noirci la convocation sur notre site internet, pour préserver l'anonymat du fonctionnaire enquêteur. Nous n'indiquons le nom d'un fonctionnaire de police, que lorsque sa qualité est connue par arrêté accessible à tous publié sur Légifrance, comme, par exemple, Monsieur Morvan ou Monsieur Salanova. Concernant la publication de la convocation noircie, qui m'a été adressée, elle a été publiée conformément au devoir d'information du public défini par la Loi 83-634, pour alerter l'opinion sur la volonté de l'administration de limiter la liberté syndicale. Nous sommes un service public, qui doit rendre des comptes à la population sur son fonctionnement. Ce qui exclut le secret professionnel bien spécifié dans la Loi 83-634.

N'avez-vous pas craint par une telle démarche, en publiant cette convocation alors qu'elle n'était pas noircie, ce qui était le cas, d'exposer l'un de vos collègues, il est toujours collègue même s'il est enquêteur administratif, en diffusant publiquement des informations le concernant ?

Une fois de plus, la question comporte une affirmation qui est fausse. Peut-être imaginent-ils qu'en répétant toujours le même mensonge, il va devenir réalité ? Le mystère reste entier.

Voir ma réponse précédente, précisant qu'il n'est nullement dans nos intentions de divulguer des informations personnelles sur l'un de nos collègues.

> Je souhaite ajouter qu'au cours de l'audition, quand je parle à la première personne du singulier, en dehors des questions sur ma vie privée et professionnelle d'agent de renseignement, je parle en tant que représentant de la personne morale de la fédération VIGI. Ministère de l'Intérieur et non à titre personnel. Je vous demande la copie de procédure, ce à quoi vous me répondez ?

Non. On ne vous répond pas non, on applique juste les instructions. S'il y a des poursuites disciplinaires envisagées...

Monsieur le DGPN, mis en cause et à l'initiative de cette audition, décidera en toute impartialité s'il souhaite des poursuites disciplinaires... Quelle autre institution en France est à la fois juge et partie de ses actes et agissements ? Sommes-nous réellement dans une démocratie ?

> ... vous aurez la possibilité de le consulter en temps et en heure, ainsi que d'accéder à l'intégralité de la procédure.
> Ma démarche est motivée par mon expérience d'une audition antérieure et par la déontologie de la DDSP 78, j'ai demandé copie des pièces m'incriminant pour déposer plainte pour diffamation. À l'heure actuelle, je n'ai pas été sanctionné pour ces faits et l'administration entrave mon droit à déposer plainte. J'aurais voulu aujourd'hui avoir copie de ma procédure pour pouvoir les joindre aux dossiers devant les juridictions pénales en cours. Le fait de ne pas avoir copie de ma procédure donne un avantage au mis en cause, à savoir Monsieur Morvan, qui en sera destinataire.
> Je prends acte de votre réponse négative à ce stade de l'enquête.

Lors de cette audition, la capitaine tenait de façon visible un stylo Synergie Officiers (Alliance pour les officiers), syndicat défendant souvent des positions opposées à celles de VIGI. Ministère de l'Intérieur.

Outre le manque à l'obligation de neutralité du service public, on peut s'interroger sur l'impartialité, déjà bien compromise, de cette enquête par une administration juge et partie, de l'enquêtrice qui affiche ostensiblement ses convictions syndicales, alors même qu'elle m'auditionne en tant que responsable syndical et pour mon activité syndicale.

Avec humour, je lui offre un stylo VIGI. Ministère de l'Intérieur, au cas où elle doive auditionner un délégué de Synergie Officiers.

Bruno Rieth et moi ressortons de l'IGPN au bout de quatre heures. Quelques jours plus tard, le 14 avril 2018, il publie un article intitulé :

Lanceur d'alerte : « La politique du chiffre tue le sens du métier de policier. »[217]

Conclusion de cette audition administrative

L'IGPN rendra un rapport uniquement à charge, en utilisant spécifiquement des termes partiaux à mon encontre. En cela, les deux officiers chargés de faire de moi un coupable, ainsi que leur « baby-sitter », le commissaire Demoly, n'ont fait que reprendre des techniques rhétoriques décrites depuis l'Antiquité par Aristote ou Cicéron : si on ne peut persuader son auditoire par des arguments de faits, il faut salir la personne que l'on attaque pour détourner l'attention.

Un point amusant à la lecture de l'audition est que Monsieur le DGPN tient presque du saint homme puisqu'il a réalisé un audit interne dans le but de faire toute la lumière. Pourtant, à aucun moment, le contenu n'en a été dévoilé, car il nous donne raison.

Sur la base de cette mascarade, le directeur général, Éric Morvan décide de me convoquer à un conseil de discipline. Les faits qui me seront alors reprochés vont bien au-delà de cette audition, comme je n'allais pas tarder à le découvrir.

---

217. https://www.marianne.net/societe/la-politique-du-chiffre-tue-le-sens-du-metier-de-policier.

XII. Motivations du conseil de discipline : le lanceur d'alerte, l'ennemi de l'Intérieur ?

Début janvier 2019, les élections professionnelles sont terminées depuis un mois. Contrairement aux menaces proférées lors de mon audition administrative à l'IGPN, je ne suis pas passé en conseil de discipline.

Cependant, les délégués VIGI sont actifs dans les médias. Ils y expliquent les dysfonctionnements et les dérives du maintien de l'ordre français, particulièrement contre le mouvement des Gilets jaunes. Ils continuent d'alerter sur le nombre de suicides, qui augmente de façon effroyable dans les rangs de la Police nationale, malgré l'apparente indifférence de la hiérarchie, en tout cas qui ne se saisit pas du drame à bras-le-corps.

Finalement, le couperet tombe par l'envoi le 10 janvier 2019 d'une convocation à un conseil de discipline pour

> manquements aux devoirs de réserve, d'exemplarité, de loyauté et atteinte au crédit et renom de la police nationale.

La date est fixée au 14 février 2019. La résistance s'organise aussitôt avec appel à une manifestation de soutien et la mise en place d'une cagnotte.

Finalement, il est reporté au 20 février 2019, par une nouvelle convocation en date du 24 janvier 2019. Peut-être que des membres siégeant au conseil de discipline voulaient fêter la Saint-Valentin sans mauvaise conscience ou, plus probablement, pour compliquer l'organisation de la manifestation de soutien devant la préfecture de Police ? VIGI publie alors un communiqué avec la nouvelle date, mais tout le monde ne reçoit pas forcément l'information.

Par la froide matinée du 20 février 2019, une centaine de policiers et de Gilets jaunes sont rassemblés devant la préfecture de police. De nombreuses autres personnes, qui n'ont pu faire le déplacement, ont signé la pétition de soutien, qui a obtenu plus de 76 000 signatures.

Malgré l'envoi à tous les députés, en tant qu'élus du peuple et non représentants de partis politiques, d'un exposé de la situation et des conséquences sur les libertés individuelles d'une convocation d'un lanceur d'alerte en conseil de discipline, seul Ugo Bernalicis, élu de la deuxième circonscription du Nord, est présent.

Quelques médias ont le courage de braver les foudres du ministère de l'Intérieur et viennent couvrir l'événement : Boulevard Voltaire, Le Média et RT France (cités par ordre alphabétique).

Grâce à l'élan de générosité qui s'est organisé, ma défense peut être assurée par Maître Demaret, du cabinet CGCB, spécialisé en droit administratif et de la fonction publique.

Après un échange avec les personnes présentes, je pénètre dans la préfecture de police, accompagné de mon avocat et de mes collègues venus me soutenir.

Me Demaret et moi entrons dans la salle du conseil de discipline en fin de matinée. À l'intérieur, des tables sont disposées en carré. D'un côté, le président du conseil de discipline et ses assesseurs. Je m'assois face à lui, mon avocat à mon côté. Sur les deux autres côtés du carré siègent les uns en face des autres les représentants de l'administration et ceux du personnel.

Le décor est planté. Les différents actes de cette pièce de théâtre vont pouvoir commencer.

Acte I : la falsification des chiffres de la délinquance
Je ne m'étendrai pas sur ce point, vu que je l'ai traité dans les chapitres précédents. En effet, c'est le seul où il y a une parodie d'enquête, ce qui permet de justifier de ma culpabilité. Pour les deux autres points officiels de ma convocation en conseil de discipline (cf. Actes II et III ci-dessous), j'ai directement été déclaré coupable, sans enquête administrative.

Mon organisation syndicale n'aurait pas dû se poser cette question : est-ce que le grand chef à plumes de la Police nationale est un criminel ?

Il est froissé et m'envoie en conseil de discipline pour avoir dénoncé auprès du procureur de la République la falsification des chiffres de la délinquance à Marseille, ce qui constitue un faux en écritures publiques, permettant le détournement de fonds publics, et constituant ainsi une escroquerie en bande organisée. Pourtant, Jean-Marie Salanova, directeur départemental de la Sécurité publique des Bouches-du-Rhône, bénéficie d'une promotion grâce à ses « bons résultats » – il devient directeur central de la Sécurité publique.

L'IGPN recommande même dans ses conclusions au conseil de discipline de **ne pas tenir compte de la décision du procureur** qui a classé sans suite la plainte pour diffamation du DGPN contre moi. N'est-ce pas incroyable de la part de hauts fonctionnaires de la Police nationale ? C'est vrai que l'on n'est jamais mieux servi que par soi-même, mais que font-ils des lois, à défaut des valeurs, de la République ?

Acte II : « Silence, on tue... »[218]

Il ne fallait pas non plus dire que mes collègues se suicident à cause du management délétère régnant au sein de la Police nationale et que Monsieur le Directeur ne faisait rien ou pas suffisamment pour y remédier, pouvant engager, de fait, sa responsabilité.

Un management par la terreur qui brise nos collègues par des sanctions disciplinaires arbitraires... Tiens, exactement ce que je suis en train de vivre avec cette procédure.

Après tout, la correctionnelle, c'est à partir de dix-neuf salariés qui se donnent la mort, comme le démontre le procès de la direction de France Télécom. Or, depuis sa prise de fonction, Monsieur le Directeur général de la Police nationale en est déjà à plus de cent et le ministre de l'Intérieur dépasse soixante (malheureusement, ces chiffres seront sans doute encore supérieurs lorsque vous lirez ce livre). Du coup, pour éviter la correctionnelle, ils doivent probablement faire taire les voix discordantes et insister cyniquement sur l'information que la cause provient toujours et exclusivement de problèmes personnels.

Pas de chance, même Christophe Castaner, ministre de l'Intérieur,

---

218. Titre du communiqué de CGT-Police du 19-07-2012.

a lâché la hiérarchie sur le coup. Ainsi, il reconnaît le 12 avril 2019 lors de son discours sur le suicide à l'Hôpital des Gardiens de la Paix :

> J'en ai assez d'entendre, à chaque fois « ça n'avait rien à voir avec le service, c'était seulement personnel. »[219]

Comme les enquêtes IGPN n'arrivent pas à fabriquer des preuves convenables pour me rendre coupable, je n'ai pas le droit de présenter ma défense lors d'une enquête contradictoire. Quitte à être déjà dans l'arbitraire, pourquoi respecter les droits de la défense garantie par la Convention européenne des droits de l'homme ? Il est vrai qu'un illustre commissaire de la police judiciaire, Monsieur Mirabel, avait eu cette réponse, lors d'une audience syndicale :

> Le droit européen, c'est loin ; pourquoi en tenir compte ?[220]

Les suicides dans la Police nationale

Oui, les policiers sont la profession avec le plus haut taux de suicide. Non, les policiers ne sont pas plus fragiles que la moyenne nationale. Non, ce n'est pas parce que nous avons une arme de service qu'elle est la cause de notre désespoir : 40 % de nos collègues mettent fin à leurs jours sans utiliser leur arme.

D'ailleurs, les personnels qui ne sont pas actifs, qu'ils soient scientifiques, administratifs, techniques, ouvriers d'état, se suicident aussi.

Alors, que se passe-t-il ?

Je laisse la réponse à la psychologue Nadège Guidou, qui analyse sur le fond la situation dans son livre *Malaise dans la Police*, paru aux éditions Eyrolles en 2012 :

- des rythmes de travail brisant vie familiale et sociale ;
- la politique du chiffre, basée sur une culture du résultat, engendrant une souffrance éthique ;

---

219. *Actu 17, Suicides dans la police : Christophe Castaner annonce la mise en place d'une « cellule de vigilance »*, par YC, publié le 12-04-2019.
220. Communiqué CGT-Police, compte-rendu d'audience du 3 avril 2013 à la DRPJ Versailles, publié le 05-04-2013.

- une organisation du travail de type « taylorienne » ;
- des méthodes managériales perverses et destructrices.

Tant que ces pratiques indignes ne seront pas corrigées ou supprimées, qui peut croire que le nombre de suicides diminuera, comme par magie ou par le seul verbe du DGPN ou du ministre ?

Des rythmes de travail brisant vie familiale et sociale
Le cycle de travail le plus répandu est le 4/2 : quatre jours de travail et deux jours de repos, soit un week-end complet seulement toutes les six semaines. Et sur ces weekends « complets », un sur deux est consécutif à une fin de service le vendredi à 23 h 00 avec reprise le lundi matin à 5 h 00. Peut-on mener une vie familiale épanouie avec un tel rythme, où tout est conditionné par le travail, sans échappatoire ? De plus, ce cycle ne nous permet pas de bénéficier des mêmes jours de repos d'une semaine à l'autre. Nous ne pouvons pas nous inscrire dans des associations, des clubs sportifs… nous empêchant d'avoir une vie sociale convenable.

Inévitablement, cette situation provoque divorces et/ou séparations. Ainsi, les personnels de la police ne voient plus leurs enfants, car ils ne sont pas disponibles un weekend sur deux. Leur métier n'ayant plus aucun sens, leur vie privée et familiale étant détruite à cause de notre institution, certains collègues sombrent dans la dépression, l'alcoolisme ou sont victimes de burn-out. Un policier par semaine se suicide depuis les années 1980, soit 1 600 environ. En moins de quarante ans, notre institution a provoqué la mort de trois fois plus de collègues que les criminels.

Le cycle 2-2-3 permettant d'avoir un week-end sur deux serait l'idéal, mais ne serait pas mis en place, car il mobiliserait trop d'effectifs. Manifestement, la vie de ceux qui se donnent pleinement pour assurer la sécurité de tous passe après les contraintes budgétaires ! Cette organisation du travail est encore plus pathogène depuis 2015, surtout depuis la mise en place de l'état d'urgence permanent, où les heures supplémentaires ont augmenté de seize millions à vingt millions en total cumulé. Certains collègues ont effectué parfois plus de quatre cents heures supplémentaires en un mois, à ajouter aux heures « normales », donc **en travaillant tous les jours**, sans aucune journée de repos, ce qui est totalement illégal. D'autres se sont endormis au volant d'épuisement en rentrant chez eux, leurs corps ne soutenant pas ce rythme physiologiquement impossible.

Des méthodes managériales destructrices et pathogènes
Notre hiérarchie adopte majoritairement des techniques managériales « peu vertueuses ». Elle culpabilise les personnels en reportant ses incohérences et son incompétence sur ses subordonnés. Elle est aidée pour cela par le Code de déontologie de la Police nationale, qui prévoit la notion très subjective de « discernement ». Si « les résultats » sont bons, le chef a fait preuve de discernement. Dans le cas contraire, ce sont les subordonnés qui en ont manqué.

Elle ne communique pas clairement les orientations et les objectifs qu'elle attend de nous, tout en niant les évidences, avec des phrases du type : « T'as mal compris, je n'ai pas dit les choses dans ce sens-là… », « Je n'ai pas fait ça dans ce but… », etc. Parfois, elle travestit même la réalité.

Pour notre hiérarchie, nous devons être parfaits, des matricules déshumanisés pour qui la perfection est la seule option ! Elle nous fait croire que nous devons répondre immédiatement aux questions qu'elle pose. Ainsi, nous devons tout savoir et réagir à ses demandes au quart de tour.

Elle critique et dévalorise sous couvert de l'humour au début, puis émet des jugements de valeur sur les personnels. Elle insinue le doute sur nos qualités, nos compétences et plus généralement notre personnalité. Avec elle, la personne que vous croyez être aura peu à peu perdu toute importance. Nous devenons banals, inintéressants, voire extrêmement inférieurs. Cela est institutionnalisé dans nos notations, où notre hiérarchie note la « confiance accordée » et « les relations hiérarchiques ».

Elle divise pour mieux régner, en semant la zizanie avec des primes « au mérite », des avancements et des mutations « pistons ». Elle brise progressivement les amitiés et les groupes dans l'optique d'obtenir ce qu'elle désire.

La hiérarchie de la Police nationale repousse les demandes légitimes par stratégie du différé, elle préférera ensuite s'esquiver poliment en prétextant toujours une raison valable.

Elle use de menaces de manière déguisée ou de chantage ouvert. Dans les deux cas, les collègues doivent se plier à ses exigences. Pour cela, elle détourne la procédure disciplinaire.

La hiérarchie élude les questions qui la mettent mal à l'aise et change de sujet comme si elle n'avait pas entendu la question. Par exemple, quand on demande à notre hiérarchie pourquoi les policiers se suicident, elle avance de suite que nous sommes armés. Ce vieux débat sur les moyens n'est qu'une diversion pour masquer la cause. L'arme est utilisée dans 60 % des cas, et il n'y a pas plus de suicides chez les chasseurs et les tireurs sportifs. En revanche, les agriculteurs, dont beaucoup ont perdu le sens de leur métier, sont pris à la gorge par leurs créanciers et n'arrivent plus à vivre dignement, appartiennent à la deuxième profession la plus touchée après la nôtre. Eux, pourtant, ne sont pas armés...

Notre hiérarchie mise inlassablement sur l'ignorance des personnels pour profiter de sa supériorité, en abusant de la méconnaissance des textes en vigueur.

Elle prêche le faux pour savoir le vrai. Cette stratégie a essentiellement pour but de tester son emprise, la confiance et la servilité de ses subordonnés.

Elle est égocentrique et rapporte tout à elle-même de façon automatique. Elle est la plus forte et la meilleure.

Elle ne supporte pas d'être critiquée, car elle ne veut et ne peut pas être perçue négativement. L'image positive qu'elle veut renvoyer est capitale, pour ne pas dire vitale, car il lui est insupportable de paraître différemment. D'où un panier de devoirs (réserve, loyauté...) pour museler et sanctionner toutes critiques légitimes.

Elle néglige nos droits et nos moyens (organisationnels, structurels, matériels...) par souci d'économie, piétinant notre épanouissement professionnel. Cela génère un impact négatif sur la qualité de nos missions, ce qui se répercute sur notre bien-être physique et psychique, dégradant encore plus le service apporté au public. D'ailleurs, le budget de la Police nationale pour 2020 prévoit une baisse de plus de 165 millions d'euros pour la partie « fonctionnement » et de plus de 68 millions d'euros pour les investissements.

Notre hiérarchie provoque un sentiment de non-liberté et de dépendance. Nous ne pouvons pas quitter la Police nationale facilement, même si nous savons que, structurellement, l'institution est malsaine.

Elle est d'une efficacité remarquable pour atteindre ses objectifs aux dépens des autres. Elle sait parfaitement utiliser autrui pour obtenir ce qu'elle veut.

Sous l'apparence d'une hiérarchie attentionnée, elle est pourtant dénuée d'empathie. Elle fait preuve d'une froideur incroyable, sauf si le collègue affirme que son mal-être provient d'elle. Dans ce cas, elle fera tout pour prouver le contraire, même au risque de le broyer. Dans la Police nationale, il n'y a pas d'échelle de sanction et pas de faits fautifs. C'est l'administration qui détermine ce qui est un fait fautif, « à la tête du client ».

Briser une carrière d'un trait de plume
Un jeune collègue, Olivier, a déplu à sa hiérarchie et plus particulièrement à sa commissaire.

Après avoir assisté à un match de son équipe de football préférée au Parc des Princes, il est pris à partie dans une rixe.

Sa commissaire l'identifie en visionnant les caméras de surveillance et estime qu'il a gravement porté atteinte à l'image de la Police nationale, alors même qu'il était hors service et que rien ne le rattachait à notre institution lors de ce fâcheux événement. Une « sanction proportionnée », selon elle, est de le mettre à la porte, et ainsi est-il fait.

Bien qu'écœuré par ce qu'il vient de vivre, Olivier est décidé à exercer sa vocation de policier, et il n'a d'autre recours que de saisir la Justice.

En première instance, le tribunal administratif confirme l'analyse de l'administration.

Cependant, le tribunal correctionnel le reconnaît comme victime de l'agression. Aussi, quand il passe enfin au bout de **neuf ans** devant la cour administrative d'appel, cette dernière le rétablit dans ses droits.

Tandis qu'il prépare sa reprise, l'administration reconnaît qu'elle a été sévère neuf ans plus tôt et qu'elle aurait dû le sanctionner au maximum de deux mois d'exclusion temporaire de fonction. Pour corriger cette erreur, elle lui signifie cette sanction de remplacement et la perte de deux mois de salaire, qui, en raison de sa mansuétude infinie, ne lui seront prélevés qu'en douze fois au lieu de deux.

En parallèle, sa hiérarchie l'informe qu'en ce qui concerne sa reconstitution de carrière décidée par le tribunal, ainsi que le rappel de ses salaires sur les neuf dernières années, l'administration ne s'y soumettra pas. Il doit donc saisir de nouveau la Justice afin d'obtenir l'application de la première décision.

La touche finale arrive lors de son retour en poste, quand l'officier, après lui avoir souhaité bonne reprise, ajoute à l'adresse du reste de la brigade :

> Vous voyez ce collègue ? Il a perdu neuf ans de sa vie pour faire valoir ses droits. Êtes-vous prêts à faire de même ? Sinon, obéissez aveuglément et ne faites pas de vague, car, pour vous « virer », c'est juste un jeu d'écritures qui prend quelques minutes. Par contre, cela vous rongera tous les jours pendant des années.

Si la discipline ne suffit pas, la médecine statutaire à la rescousse
Dans la Police nationale, nous avons deux médecines : la préventive et la statutaire. La première dépend du ministère de l'Intérieur et formule des préconisations pour préserver la santé des personnels qu'elle accompagne. Nous devrions bénéficier d'une visite annuelle, mais, en dix ans de carrière, je ne l'ai vu qu'une fois, faute d'effectif et de moyens pour la prévention.

La médecine statutaire dépend de la direction générale de la Police nationale. Elle contrôle les arrêts maladie et est chargée des visites d'aptitude professionnelle. Elle est souvent détournée de ses missions pour servir de bras armé à la hiérarchie policière, si la voix disciplinaire ne fonctionne pas ou est trop compliquée à mettre en place. Pour comprendre, un exemple vaut mieux qu'un long discours.

Une collègue, Linda, donne entière satisfaction dans son service. Elle a pu s'organiser pour trouver un équilibre entre vie personnelle et professionnelle.

Un jour, elle doit former un nouveau collègue, mais celui-ci y met de la mauvaise volonté. De plus, il reporte chacune de ses fautes sur Linda. Comme il a l'oreille de la cheffe de service, elle va harceler Linda, à tel point que les vexations répétées la poussent à la dépression.

Son médecin lui prescrit un arrêt maladie en réaction à ce qu'elle subit professionnellement. Le professionnel de santé précise qu'elle est en sortie libre. La seule restriction médicale est de ne pas entrer en contact avec sa hiérarchie, source de sa dépression.

Sa cheffe de service, privée de son souffre-douleur, décide d'envoyer son adjoint et un autre effectif la contrôler à son domicile. Comme elle ne s'y trouve pas au moment de leur passage, ils entament une enquête de voisinage.

Quel n'est pas l'étonnement de Linda, en rentrant chez elle, de découvrir que tout son quartier connaît maintenant sa profession, sur laquelle elle était restée discrète jusqu'à présent. Et pour cause, car, un mois plus tôt, deux de nos collègues furent assassinés chez eux à Magnanville, dans les Yvelines.

À cause de cette cheffe de service, Linda doit vendre sa maison pour protéger sa famille.

Cependant, la vendetta de cette cheffe de service ne s'arrête pas avec la mise en danger volontaire de notre collègue et de sa famille : il lui faut absolument laisser une marque dans son dossier administratif. Aussi, cette commissaire décide de la sanctionner d'un blâme :

Pour manque de disponibilité pour le service à cause de son arrêt maladie.

Devant l'absurdité de la situation et la complaisance des syndicats « représentatifs », elle vient me trouver. Je saisis donc le supérieur de cette commissaire, le directeur de la Direction de la sécurité de proximité de l'agglomération parisienne (DSPAP), Monsieur Méric, ancien conseiller police d'Emmanuel Valls, alors ministre de l'Intérieur. Sa réponse est glaçante :

Je soutiendrai toujours la hiérarchie et, pour appuyer mon soutien, c'est moi qui signerai de mon nom cette sanction.

Linda fait annuler cette punition inique par le tribunal administratif début 2018, au bout de deux ans de procédure.
Cependant, l'administration ne tiendra jamais compte de sa prescription médicale : ne pas reprendre sous les ordres de ses harceleurs.
Son mari pompier a, entre-temps, obtenu une mutation à Toulouse, loin de la région parisienne. Les syndicats majoritaires peuvent faire muter leurs adhérents préférés, mais pas Linda, malgré que l'éloignement géographique avec son conjoint ait provoqué une tentative de suicide de leur fille adolescente.
L'administration met donc à la porte Linda pour raison médicale, alors qu'aucun reclassement ne lui a été proposé. La médecine statutaire, médecine aux ordres de l'administration, a pris le relais de la sanction disciplinaire, pourtant annulée par la Justice. Aujourd'hui, Linda a de nouveau saisi le tribunal pour faire valoir ses droits contre notre institution, qui n'hésite pas à détruire des vies au mépris des règles et des lois les plus élémentaires selon le bon-vouloir de hiérarques nuisibles. Faut-il ensuite s'étonner du taux de suicide important au sein de la police, lorsqu'on découvre ce que tant de collègues subissent au quotidien ?

L'exemple de nos cousins québécois
La police québécoise avait elle aussi un taux de suicide similaire à celui de la police française dans les années quatre-vingt. En trente ans, elle a pris des mesures d'accompagnement, comme l'obligation pour les policiers d'aller régulièrement consulter un psychologue. Leur taux de suicide a baissé de 80 %[221]. En France, il est resté d'un par semaine en moyenne, mais, depuis début 2019, il est nettement supérieur.
Sauver les apparences, non, des vies, oui.
Il faut souligner que pour le DGPN Éric Morvan :

> La Police n'est pas malade. Elle serait malade si elle était dans le déni, dans la volonté de cacher cette réalité dramatique à laquelle il faut s'atteler. Je ne suis pas dans le déni, la police d'une manière générale n'est pas dans le déni, c'est une des seules, voire la seule administration à publier, à ne pas contester ces chiffres.[222]

L'administration compte ses enfants qui se donnent la mort dans de beaux tableaux statistiques. Nous sommes déshumanisés jusque dans notre cercueil.

Selon ce personnage devenu policier le jour de sa nomination en tant que directeur général :

> Beaucoup de choses ont été faites.[223]

Monsieur le DGPN, lui, semble s'être pris pour Dieu fin janvier 2019, en dictant une note à son directeur de cabinet. Oui, Dieu, comme celui qui dicta les Dix Commandements à Moïse. Par télégramme – c'est le nom d'un type de document de la Police nationale –, il ordonne aux chefs de service de faire preuve d'empathie. Nous

---
221. *Association paritaire pour la santé et la sécurité du travail, secteur « affaire municipale », prévention du suicide chez les policiers*, publié le 02-04-2012, https://www.apsam.com/blogue/prevention-du-suicide-chez-les-policiers.
222. *France 2, Envoyé spécial* du 6 juin 2019.
223. *France 2, Envoyé spécial* du 6 juin 2019.

sommes dans le « il faut » et « il ne faut pas ». Mais aucune sanction n'est annoncée si rien n'est fait, aucun cours de management ou de bonne pratique n'est prévu pour tous les harceleurs et autres agresseurs qui dirigent les services. N'allons pas même parler de procédures disciplinaires contre ces personnes du monde de l'entre-soi. Tant que l'institution n'aura pas été réformée par une remise en cause du système hiérarchique déviant, nous en resterons au café du commerce. Après, qu'attendre d'un directeur dont l'empathie ne semble pas la principale qualité ?

En avril 2019, Christophe Castaner, ministre de l'Intérieur, annonce la création d'une ligne de téléphone suicide 24h/24. Sauf que lutter contre le suicide n'est pas aussi simple qu'un coup de fil. Le patron de la place Beauvau n'est pas même capable de mettre en application sa seule mesure, même si c'est un sparadrap sur une jambe de bois. En effet, un premier appel d'offres pour mettre en place cette brillante idée se termine le 18 juillet 2019, sans avoir trouvé preneur. Qu'importe, un nouvel appel d'offres est lancé le 19 juillet 2019. Pendant qu'au ministère est brassé de l'air pour assurer la com', des collègues continuent de nous quitter désespérément.

Fin mai 2019, le DGPN prend une nouvelle mesure draconienne : organiser des barbecues conviviaux de service, pris sur notre temps personnel. Sans doute considère-t-il que nous voyons trop notre famille ?

Est-ce que la hiérarchie est insensible ? Une fois de plus, Éric Morvan a la réponse :

> J'entends ce discours syndical, que je ne partage pas entièrement, ce qui n'est pas très grave, car dans la déontologie policière qui s'applique aux membres de la hiérarchie, il y a devoir de protection des personnels et puis dans la hiérarchie, il y a le directeur général de la police nationale.[224]

Comme nous l'avons constaté, il y a déontologie et déontologie, avec l'application d'un code français qui reprend des dispositions du

---

224. France 2, *Envoyé spécial* du 6 juin 2019.

code général de la fonction publique de Vichy, et un Code européen d'éthique de la police basé sur la Convention européenne des droits de l'homme (CEDH), qui, lui, n'est pas appliqué.

En jouant sur le sens du mot « déontologie », Monsieur Morvan peut affirmer sans sourciller que :

> Le premier en charge de la protection des policiers est le directeur général.[225]

Alors qu'au moment de l'émission, nous déplorons déjà quatre-vingts suicides sous sa direction – sans compter ceux de nos collègues administratifs, techniques, scientifiques et ouvriers d'état qui subissent le même management mais n'apparaissent dans aucune statistique –, il est indubitable que la protection des fonctionnaires de police en général n'est pas assurée. Il devient donc essentiel pour les autorités de faire taire les discours dissidents. Encore plus quand ce même DGPN avoue, comme le ministre de l'Intérieur un mois et demi plus tôt, que :

> L'explication n'est pas conjoncturelle, elle est structurelle.[226]

C'est pour ces mêmes motifs de harcèlement au travail institutionnel, aboutissant à dix-neuf suicides, que le parquet a requis contre la direction de France Télécom 15 000 € d'amende et un an de prison.

Est-ce que la direction de la Police nationale est au-dessus des lois, alors que, depuis 2014, l'article 222-33-22 du Code pénal a doublé les peines encourues ?

Est-ce le nouveau monde de Monsieur Macron ?

Il est vrai que c'est la police qui enquête sur la police. Si France Télécom avait enquêté sur elle-même, il n'est pas sûr que sa direction aurait été condamnée de la même manière.

---

225. France 2, *Envoyé spécial* du 6 juin 2019.
226. France 2, *Envoyé spécial* du 6 juin 2019.

« **Ce n'est pas un signe de bonne santé mentale d'être bien adapté à une société malade** », **Jiddu Krishnamurti**
Plus généralement, c'est la société qui va mal, car la première cause de mort violente en France n'est pas les accidents de la route mais le suicide, qui génère plus de 10 000 morts par an.

Au lieu de mettre la société sous antidépresseur, peut-être serait-il plus judicieux de travailler au bonheur de chacun, même si cela peut sembler naïf dans un monde capitaliste où tout est basé sur la performance ? Pourtant, ne serait-il pas temps de s'inspirer du Royaume du Bhoutan, qui refuse « la dictature du produit intérieur brut (PIB) » en proposant un nouvel indicateur de richesse : le bonheur national brut (BNB) ?

Acte III : le médecin inspecteur de la police agresseur sexuel
Le dernier point officiel du conseil de discipline est d'avoir demandé la mise à pied et l'expertise psychiatrique du Médecin inspecteur régional (MIR), Christian Frey, de Metz, pour avoir harcelé, intimidé, fait du chantage et agressé sexuellement des collègues.

Christophe Castaner est informé de la situation dès le 28 novembre 2018, comme le confirme par écrit sa cheffe de cabinet adjointe en réponse à l'une des victimes :

> Madame,
>
> Christophe Castaner, ministre de l'Intérieur, a bien reçu la copie de votre correspondance relative à votre situation médicale.
>
> Le ministre, qui a pris connaissance de vos observations avec attention, m'a chargée de saisir Monsieur le préfet directeur général de la police nationale, aux fins d'un examen approprié.
>
> Je vous prie de croire, Madame, à l'assurance de ma considération distinguée.
>
> Isabelle Epaillard

Quel est l'examen approprié du directeur général de la police, Éric Morvan ? Régler le problème ou déclencher une enquête *a minima* ? Non, de m'envoyer en conseil de discipline. Pourquoi ?

Pas de chance pour Monsieur Frey et ses complices, une fois encore, la Justice fait son travail. Dix plaintes sont instruites pour agressions sexuelles et douze autres procédures contre ce MIR sont en instruction également pour des agressions sexuelles, mais aussi du chantage, du harcèlement moral au travail, de la discrimination en raison de l'état de santé…

Quand mon avocat précise lors du conseil de discipline que le procès pour agressions sexuelles commence prochainement, le président du conseil réplique :

> Tant qu'il n'a pas été condamné, Monsieur Frey est innocent.

Cette réponse colle avec le soutien de l'administration à ce MIR, qui est un haut responsable hiérarchique de la police. En effet, il bénéficie du soutien du ministère de l'Intérieur, qui prend en charge ses frais de justice pour m'attaquer pour diffamation.

Christophe Castaner réécrit l'histoire le 13 mars 2019 au micro de France Bleu Lorraine, sans doute afin d'essayer de camoufler sa complicité [227] :

> Quand le dossier a été connu, ce professionnel a été immédiatement suspendu.

Faux ! Ce dossier est connu le 28 novembre 2018 au plus tard, et le MIR est suspendu à la suite de son placement sous contrôle judiciaire seulement fin janvier 2019. Donc, de nouveau, c'est la Justice qui agit et non la hiérarchie policière. De plus, comment ne pas conclure que le ministre ment, car une période de deux mois peut-elle correspondre à l'adverbe « immédiatement » qu'il a utilisé au micro de France Bleu Lorraine ? Si ce MIR avait été suspendu dans les premiers jours de décembre au plus tard, nous aurions

---

227. https://www.dailymotion.com/video/x7453jh.

effectivement pu considérer que c'était « immédiatement », mais pas à la fin janvier.

Dans cette même interview, le journaliste pose au ministre une question simple :

> Donc vous ne saviez pas ?

Deux réponses possibles : « Oui » ou « Non ». Réponse de Christophe Castaner :

> Pour être honnête, je ne connais pas l'ensemble des procédures.

Quand on commence une phrase par « pour être honnête », on ne peut qu'être méfiant, car cela sous-entend que ce n'est pas toujours le cas. Nous sommes d'accord : un ministre ne peut pas connaître toutes les procédures en cours, mais celle-là, SI, nous avons le courrier du 28 novembre 2018 l'attestant.

Comment accorder le moindre crédit à la parole d'un ministre qui, dans une seule interview, est capable d'affirmer que VIGI n'est pas un syndicat[228], est dans le déni concernant les mutilations de manifestants, invente une attaque barbare de l'hôpital de la Pitié-Salpêtrière lors d'une manifestation… En résumé, comment croire le champion de la *fake news* ?

Les actes officieux IV (Gilets jaunes) et V (affaire Benalla) non conservés au montage ?

Il n'y a pas d'autre raison inscrite sur la convocation que les Actes I, II et III présentés ci-dessus. Pourtant, la convocation arrive après que j'ai une nouvelle fois dénoncé le détournement des missions des policiers lors du mouvement des Gilets jaunes. Comme nous l'avons vu dans un chapitre précédent, les policiers ne sont plus utilisés pour assurer la sécurité des manifestants et garantir les libertés individuelles, mais plutôt pour réprimer toute forme de contestation sociale.

---
228. https://www.dailymotion.com/video/x7453jh.

D'ailleurs, à la suite de ma convocation à ce conseil de discipline, notamment les chaînes d'information en continu BFM TV, CNews et LCI ne m'invitent plus. Pour éviter de se mettre mal avec le pouvoir ?

Est-ce que l'Élysée n'a pas digéré que le dépôt de plainte de VIGI puis sa constitution de partie civile aient empêché le classement sans suite du dossier Benalla ? Depuis, c'est devenu une affaire d'État, et force est de constater que ce dernier est rancunier et mauvais perdant. D'ailleurs, faut-il voir une coïncidence dans le fait que ma sanction sera datée du lendemain de mon intervention télévisée dans *Envoyé spécial – Les secrets de l'affaire Benalla*[229], diffusée le 20 juin 2019 ?

Enfin, il est logique d'admettre que certains syndicats de police ne peuvent accepter que VIGI dénonce leur duplicité, preuves à l'appui. Au minimum le SCPN-UNSA, Unité SGP FO, Synergie CFE-CGC ou encore le SCSI-CFDT soutiennent l'administration pour que je sois sanctionné. De la vraie cogestion jusqu'au bout.

---

229. https://www.youtube.com/watch?v=yRjw5Z5GQr0.

XIII. Faites entrer le coupable

Comme il y a des procédures judiciaires pendantes, mon avocat demande le report du conseil de discipline, afin que ce dernier puisse prendre une mesure éclairée. Demande refusée, alors qu'il est de coutume d'accorder ce report. Une exception à cette coutume le fut pour un collègue condamné pénalement pour viol par la Justice. Donc, pour l'administration, mes actions me placent au même niveau qu'un violeur condamné !

Pendant le conseil de discipline, un membre de l'administration me demande ce que cela me ferait si Monsieur le DGPN s'en prenait personnellement à moi en m'accusant d'être un criminel, pour justifier mon passage en discipline ? Je lui réponds que c'est ce qu'il fait en m'attaquant pour diffamation. Après, je ne lui en veux pas, car la Justice est là pour régler les différends et chercher à établir les faits. En revanche, m'envoyer devant le conseil de discipline parce que la Justice ne lui donne pas raison, c'est de l'abus de pouvoir. En effet, en tant que fonctionnaire, je suis noté 6 sur 7, avec des appréciations toujours élogieuses de mes supérieurs hiérarchiques.

Un commissaire, lui, m'accuse d'instrumentaliser la cause des suicides et déclare que je suis un être ignoble. Je lui réponds qu'au contraire j'essaye de sauver des vies et que, si la direction de la Police nationale faisait son travail, je n'aurais pas besoin de parler de ce sujet en tant que syndicaliste. Je n'instrumentalise rien du tout, je ne fais que combattre l'incompétence des personnes qui nous dirigent. Résultat, il fulmine encore plus, trouvant ma façon de répondre impertinente.

Durant toute cette pièce de théâtre, mon avocat, Me Demaret, insiste sur le fait que tout le dossier est à charge, que les droits de la défense ont été bafoués, mais surtout qu'il n'est fait mention nulle part du statut de lanceur d'alerte, que je revendique.

L'Ennemi de l'Intérieur

Le verdict

L'enquête a été menée uniquement à charge, les droits de la défense sont bafoués, je suis attaqué pour mes prises de position syndicales et non des manquements professionnels, il ne reste plus qu'à m'achever. J'apprends que, pour ne prendre aucun risque, la direction générale de la Police nationale a appelé les syndicats siégeant à mon conseil de discipline pour leur annoncer que tout a déjà été décidé et qu'ils n'ont plus qu'à voter ma sanction.

Cependant, les organisateurs de cette purge syndicale n'ont pas pris en compte deux éléments.

Le premier est qu'une centaine de policiers et de Gilets jaunes sont venus me soutenir et la presse est présente. Grâce à cette mobilisation et à la générosité de policiers, de Gilets jaunes et de citoyens, je peux payer les services d'un avocat spécialisé et me défendre face à la machine à broyer qu'est l'institution Police nationale. L'administration part donc sur une demande d'exclusion de fonction de douze mois plutôt que la révocation. La mobilisation et la médiatisation permettent encore d'influencer le pouvoir. Merci, de nouveau, à tous celles et ceux qui ont fait le déplacement.

Le second est que la purge syndicale ne vise pas que VIGI. Deux délégués du syndicat Alliance Police nationale viennent de recevoir une sanction disciplinaire pour s'être exprimés sur des chaînes d'info en continu, sans que le bandeau indique leur qualité de délégué. L'administration a donc considéré qu'ils parlaient en leur nom propre, sans protection syndicale. C'est complètement surréaliste et d'une mauvaise foi à laquelle nous sommes désormais habitués, même si nous refusons de l'accepter. Aussi, les représentants d'Alliance Police nationale, majoritaires lors de mon conseil de discipline, refusent de prendre part au vote, non pour soutenir mes prises de position, mais pour défendre la liberté d'expression syndicale. Les représentants du second syndicat Unité-SGP-FO font le choix de participer aux votes, mais en s'abstenant, afin de ne pas rendre caduque la tenue de ce conseil, faute de parité syndicale. Dans ce cas, le conseil de discipline n'aurait pas pu se tenir. Finalement, il a bien lieu.

Lors d'un conseil de discipline, la sanction la plus haute demandée par l'administration est mise au vote. Dans mon cas, c'est l'exclusion temporaire de fonction de douze mois. Comme il n'y a pas de majorité, l'administration propose des sanctions inférieures : déplacement d'office, exclusion temporaire de fonction entre un et quinze jours, abaissement d'échelon, radiation du tableau d'avancement, blâme, avertissement et, dernière possibilité, pas de sanction.

Aucune des propositions n'obtient la majorité, parce que des représentants de l'administration sont convaincus par les arguments avancés par mon avocat. Le verdict tombe : le conseil de discipline ne peut se prononcer sur le niveau de sanction.

La décision appartient alors au ministre de l'Intérieur, qui a jusqu'au 20 août pour choisir personnellement une sanction. À noter que même si le conseil de discipline avait rendu un avis, le ministre de l'Intérieur aurait quand même eu le dernier mot. La seule chose qui change est qu'il ne peut pas s'en laver les mains comme Ponce Pilate, en déclarant qu'il a juste validé la décision du conseil.

Interlude à la DGSI, en attendant ma condamnation par Christophe Castaner

Je fais la demande d'habilitation « confidentiel défense » dans le cadre de mes fonctions professionnelles en octobre 2018. Quelques mois plus tard, la DGSI me convoque, alors que des collègues attendent parfois plus d'un an.

A priori, ce n'est que l'excuse d'une opération « barbouzes » pour fouiller dans mon téléphone syndical. J'adresse donc un mail à mes « collègues » :

> Je vous ai fait confiance en vous laissant écarter mon téléphone portable syndical, en le mettant dans un coffre.
> Cependant, j'ai pu constater qu'il a été manipulé pendant la durée de l'entretien, en dehors de ma présence. Étant secrétaire général d'un syndicat revendicatif, j'ai peur que des données confidentielles soient utilisées par le ministère

de l'Intérieur contre notre organisation et/ou pour couvrir des fautes pénalement répréhensibles de la hiérarchie policière. Pourriez-vous me donner le cadre légal qui vous a permis cette intrusion dans mon téléphone syndical ?

Curieusement, je n'ai reçu aucune réponse... Vous avez dit « Bizarre » ?

XIV. VIGI contre Pat Poker

L'ex-joueur de poker qui nous fait office de ministre de l'Intérieur ne dispose pas d'un avis du conseil de discipline pour se prononcer. Il aurait pu se forger son opinion par lui-même en me rencontrant, mais il ne le juge pas utile. À cet instant, je ne sais pas encore à quelle sauce je serai mangé.

74e cérémonie de la translation du drapeau des CRS, 12 mars 2019

Je suis officiellement invité à cette cérémonie, avec cette formule sur le carton d'invitation :

> Monsieur Castaner vous prie de lui faire l'honneur d'assister à la cérémonie.

Pour une fois, Monsieur le Ministre m'invite officiellement, ce sera peut-être l'occasion d'une rencontre informelle au buffet, après sa prise de parole.

Lorsque j'arrive sur place, un de mes collègues assiste au filtrage. Il insiste pour voir mon invitation officielle, afin que je comprenne bien qu'il ne me fait pas confiance. Je suis un peu agacé par ce sous-entendu, étant donné que lui aussi a exercé un mandat syndical à temps complet pour Unité SGP FO, avant de choisir d'être parachuté dans notre service.

Qu'importe, je n'ai pas le temps de présenter mon carton que la responsable en charge du protocole vient à ma rencontre pour m'accompagner vers le lieu de la cérémonie.

Elle m'informe qu'elle m'accorde sa confiance pour que j'aie un comportement respectueux, mais qu'elle va me « marquer à la culotte. »[230] Je la rassure en lui affirmant que je sais me tenir, en

---
230. Expression signifiant « Surveiller quelqu'un de très près ». Elle date du XXe siècle

respectant autant les institutions que mes collègues qui seront décorés ce jour-là.

Lors de la translation de drapeau, je remarque deux collègues avec qui j'ai travaillé – ils assurent maintenant la sécurité du ministre de l'Intérieur. Je leur propose de discuter quelques minutes du « bon vieux temps » lors du buffet, si c'est possible sans perturber leur mission.

La cérémonie se termine et la directrice de cabinet annonce à la presse une séance de micros tendus avec le ministre de l'Intérieur. Je vais me positionner à proximité pour écouter en direct ses propos. En me voyant sagement en train d'attendre ce moment forcément unique, panique dans l'équipe ministérielle ! La séance de micros tendus a finalement lieu dans la salle de pause du ministre, en présence uniquement de personnes de confiance.

Dans la pièce où est dressé le buffet, je me dirige vers mon collègue Z. Pour ce faire, je prends la direction du ministre. Je suis alors intercepté par un responsable de la sécurité : non, je ne peux pas m'approcher de Monsieur Castaner. En conséquence, c'est mon collègue Z qui vient à moi :

- Alexandre, tu ne comptes pas interpeller le ministre, car le staff ministériel panique de te savoir sur place ?
- Non, ce n'est ni le moment ni le lieu. Aujourd'hui, c'est une cérémonie importante pour nos collègues CRS et je suis venu la partager dans le strict respect de notre institution.
- C'est ce que je leur ai dit. Que nous avons travaillé ensemble et que je te connais, mais ils restent stressés.
- Écoute, rassure-les en restant à me surveiller, ainsi nous pourrons parler tranquillement du temps passé, depuis notre affectation ensemble.

Cette paranoïa de l'entourage ministériel me permet de discuter tranquillement avec Z. Je finis par quitter les lieux, pour retourner à

---

et provient du milieu sportif. Lorsque l'on marque un joueur en sport d'équipe, on le surveille, on l'empêche d'agir. Pour cela, il faut le suivre de très près au point d'avoir les yeux collés à la culotte, ici le short.

mon service. Christophe Castaner peut sortir serein, sans craindre une embuscade de ma part.

Discours de prévention du suicide à l'Hôpital des Gardiens de la Paix, 12 avril 2019

Je suis prévenu à la fois de la visite du ministre de l'Intérieur et de son objet. Avec un autre collègue de VIGI, qui connaît parfaitement cet hôpital pour y avoir été soigné récemment, nous nous invitons à l'événement.

En me reconnaissant dans le périmètre sécurisé, la directrice de cabinet fonce sur moi comme une furie :

> - Monsieur Langlois, que faites-vous là, je ne vous ai pas invité ? J'ai donné ma parole aux syndicats majoritaires que vous ne seriez pas présent, aussi je vous demande de partir.
> - Que vous donniez votre parole pour n'importe quoi vous regarde ; en revanche, pour quel motif légal pouvez-vous m'ordonner de partir ? Aucun, donc mes collègues et moi allons rester.
> - Je vous autorise à rester au fond et sans faire de bruit.
> - Madame, la dernière fois, chez les CRS, nous avons su nous tenir ; aujourd'hui, sur un sujet aussi grave que les suicides, nous ne pouvons que faire preuve de dignité. En revanche, afin de vous éviter toute surprise quant à notre présence, conviez-nous officiellement la prochaine fois.

Nous pouvons assister au discours du ministre, qui se borne à annoncer des mesures inefficaces, ainsi que les faits continuent, malheureusement, de le prouver. C'est ce jour-là qu'Éric Morvan, le DGPN, fait son numéro d'enfant gâté au bac à sable.

Cette fois-ci encore, le ministre champion de la fake news nous évite soigneusement. De peur de devoir subir un peu de... dialogue social ?

Réforme des retraites, Saint-Germain-en-Laye, 3 juillet 2019
Ce jour-là, Christophe Castaner doit se rendre au commissariat de la ville de Saint-Germain-en-Laye pour défendre la prochaine réforme des retraites.

N'ayant pas été convié, j'envoie un mail à sa directrice de cabinet pour lui demander des invitations officielles. En réponse, elle m'invite… à signer en urgence ma sanction, à la même l'heure que la visite de Christophe Castaner, ce qui fait que je ne peux y assister. A-t-elle peur que ma simple présence offusque son chef, qui a prononcé ma sanction depuis déjà près d'une quinzaine de jours, ce que j'ignore alors ?

Pour la petite histoire, un autre collègue de VIGI essaye d'aller à la rencontre de notre employeur, mais sans succès, car le DGPN le fait bloquer par la sécurité. Le « Kéké », comme l'appelait Michel Sapin,[231] continuait-il d'être barricadé dans sa tour d'ivoire ?

---

231. *Gala*, « Kéké », « Simplet »… *Quand Christophe Castaner suscitait les railleries des barons du PS*, par Lea Cardinal, publié le 08-10-2019.

XV. La sanction politique

Je vais retranscrire dans son intégralité le texte de la sanction, en le commentant. Il me semble en effet indispensable de montrer de l'intérieur comment fonctionne le système actuel et jusqu'où il est prêt à aller pour perdurer dans ses dérives et dysfonctionnements.

> Considérant que le 10 janvier 2018, M. Langlois, secrétaire général du syndicat VIGI-Ministère de l'intérieur,

Il n'y a aucune ambiguïté : c'est bien dans le cadre de mon mandat syndical que je suis poursuivi.

> publiait sur le site internet librement accessible de son syndicat – dont il est également le directeur de publication – un article intitulé *Magouilles sur les statistiques de la délinquance dans la police nationale* supportant un photomontage des portraits du directeur général de la police nationale (DGPN) et du directeur départemental de la sécurité publique des Bouches-du-Rhône (DDSP 13) accompagné de la mention « *CRIMINELS ?* » ; que M. Langlois a reconnu que le choix des termes et de la maquette (en lettres majuscules et en couleur rouge) était délibéré afin d'attirer l'attention du lecteur ;

Vous lisez bien : le reproche porte sur le fait de savoir communiquer. Je ne pouvais deviner que lorsqu'on publie des informations syndicales, il ne faut surtout pas faire de vagues, la critique devant être diffusée le moins largement possible.

> que le contenu de son article mettait gravement en cause la probité des deux autorités, représentants de la police nationale, en les accusant – sans aucun fondement –

Sans aucun fondement ? Affirmation péremptoire contredite par les faits, sans compter un rapport parlementaire, deux rapports de l'Inspection générale de l'administration, Europe 1, *Le Canard Enchaîné*, France 2, etc. Je dispose également des témoignages de mes collègues marseillais, mais jamais Monsieur le DGPN ne les demanda. N'est-ce pas une honte de travestir à ce point la vérité pour des intérêts partisans ?

> publiquement et nominativement d'avoir falsifié des statistiques de la délinquance et d'être à ce titre « coauteurs ou complices que l'enquête pourrait déterminer par la suite, pour faux en écriture publique définit à l'article 441-1 du Code pénal » ;

C'est dans ce but que VIGI a déposé une dénonciation auprès de la Justice : obtenir une réponse impartiale à la question. Mais la direction de la Police nationale ne veut prendre aucun risque, aussi préfère-t-elle se substituer à la décision du procureur de la République, afin d'affirmer ce qu'elle veut, sans contradiction. Ce n'est plus un État de droit, mais le droit de l'État.

> que l'article de M. Langlois se concluait par une citation tendancieuse d'Arthur Schopenhauer qui préconise en substance que « ... si l'on s'aperçoit que l'adversaire est supérieur et que l'on ne va pas gagner, de tenir des propos désobligeants, blessants et grossiers ... et à l'attaquer d'une manière ou d'une autre dans ce qu'il est ... » ;

Décidément, comme la réponse que j'ai apportée à plusieurs reprises lors de mon passage à l'IGPN ne leur convient pas, ils travestissent mes propos, alors que, finalement, en rédigeant cette sanction inique, l'administration utilise de nouveau la méthode d'Arthur Schopenhauer à mon encontre.

> qu'au surplus, cet article était délibérément distribué, affiché dans les services de police et posté sur les réseaux sociaux ;

Un principe de base en matière de communication : la diffusion. À ce niveau, ils le font forcément exprès.

> considérant que le même jour, M. Alexandre Langlois effectuait parallèlement un signalement sur la plateforme internet de l'inspection générale de la police nationale dans lequel il dénonçait encore une falsification des statistiques de la criminalité, plus particulièrement sur la ville de Marseille, qu'il qualifiait de « faux en écriture publique » et la prétendue inertie du directeur général de la police nationale à ce sujet ; qu'il menaçait de poursuite en tous genres les représentants de l'institution policière s'ils n'obtempéraient pas sans délais à ses injonctions ;

L'IGPN n'a pas enquêté sur les agissements dénoncés. Et pour cause ! L'un des auteurs concernés par notre signalement, Éric Morvan, a le pouvoir de décider des suites à donner aux accusations contre lui. La hiérarchie enquête sur la hiérarchie, mais cela ne crée aucun conflit d'intérêts ?

Pire encore : pour avoir lancé l'alerte, je suis poursuivi par le DGPN, qui utilise l'inspection de la police pour protéger ses agissements. Faut-il comprendre qu'à partir d'un certain niveau hiérarchique policier, on a le droit de commettre crimes et délits en toute impunité ?

> considérant que, malgré les démarches d'audit ordonnées par la direction générale de la police nationale dont M. Langlois a été avisé

C'est l'extrait le plus croustillant de la sanction. Oui, il y a bien eu deux audits. Oui, j'en ai été avisé. Toutefois, une omission de taille : je n'ai jamais pu accéder officiellement aux conclusions de ces rapports en tant que syndicaliste. Et pour cause : ils confirment la falsification des chiffres de la délinquance.

L'Ennemi de l'Intérieur

Nota : Tandis que je suis dans la phase de relecture des épreuves de ce manuscrit, mon avocat reçoit enfin, dans le cadre de notre recours administratif pour annulation de mon exclusion, le second rapport daté du 2 janvier 2018[232], qui dresse le constat suivant : « minoration des faits délictuels de délinquance de voie publique, [...] nombre non négligeable de tentatives de vol par effraction et de tentatives de vol à la roulotte étaient requalifiés en dégradations contraventionnelles, entrainant de fait une baisse du nombre de faits délictuels [ou encore] un respect incomplet des règles méthodologiques. »

> et le rappel des limites statutaires à la liberté d'expression – au demeurant élargie –

Nous pouvons constater dans ces propos qu'il n'y a aucune entrave à la liberté d'expression, non, vraiment aucune.

> des syndicalistes inhérentes à ses devoirs de réserve et de respect des institutions,

Qui manque de respect aux institutions ? Ceux qui bafouent la loi ou ceux qui dénoncent ces atteintes ? Pour le ministre, ce sont manifestement les apparences qu'il faut sauver, pas le respect de la loi.

> M. Langlois les contestait et continuait à accuser avec impertinence sa hiérarchie de partialité et d'entrave à la liberté syndicale ;

Je conteste toujours. D'ailleurs, le procureur de la République a classé sans suite la procédure de diffamation à mon encontre diligentée à la demande personnelle de Monsieur Morvan.

Je continue aussi d'accuser et je remercie le ministre de l'Intérieur pour cette sanction, qui est la preuve la plus éclatante de la partialité de ma haute hiérarchie et de l'entrave au droit syndical.

---

232. Audit sur l'enregistrement des statistiques à la CSP Marseille [effectué] du 20 au 24 novembre 2017, du 02-01-2018.

> considérant que le 19 février 2018, M. Langlois publiait sur le site internet de son syndicat un autre article particulièrement indigne dans lequel il rendait responsable le directeur général de la police nationale, depuis sa nomination, de la mort par suicide de 24 policiers,

Il est vrai que le chiffre a maintenant dépassé les cent, soit plus de soixante-quinze morts supplémentaires ! Qui est indigne : celui qui dénonce l'inaction du DGPN dans la lutte contre le suicide ou celui qui regarde assis mes collègues mourir par dizaines ?

> En concluant que son syndicat allait « chercher des responsables, car un juge pourrait qualifier que Monsieur le DGPN et ses « amis » commettent un délit de provocation au suicide, voire un crime de complicité de meurtre de fonctionnaire de police, qui est condamné à la réclusion à perpétuité » ;

Comme le DGPN ne remplit pas sa mission, le rôle d'un syndicat est de protéger les intérêts des employés. Est-ce que préserver leur vie ne devrait pas être la priorité des priorités ?

> considérant que le 24 octobre 2018, M. Langlois adressait une lettre au ministre de l'Intérieur dans laquelle il formulait des critiques outrancières et des sous-entendus infamants à l'encontre du directeur de la sécurité publique du Haut-Rhin (DDSP 68) et un médecin inspecteur régional (MIR) du SGAMI Est, accusant notamment ces derniers de participer à un management délétère poussant les agents sous leurs ordres, policiers ou non, au suicide ;

Malgré la gravité des faits rapportés sur les agissements du DDSP 68, aucune enquête administrative n'a été ouverte par le ministre de l'Intérieur.
Aucune enquête non plus contre le MIR Frey, malgré des preuves accablantes. Toujours cette volonté de protéger la hiérarchie à tout prix ?

La Justice, suite à dix premières plaintes pour agressions sexuelles, a rempli sa mission et pallié aux carences du ministère de l'Intérieur, en condamnant, le 18 juin 2019, ce docteur à douze mois de prison avec sursis, à l'interdiction d'exercer la médecine et à être fiché dans le fichier des délinquants sexuels.

Il y a douze plaintes encore en cours d'instruction, l'IGPN donne d'ailleurs l'impression de mettre de la mauvaise volonté pour faire avancer ces enquêtes.

> que M. Langlois demandait en conséquence que les trois personnalités fassent l'objet d'une expertise psychiatrique afin de savoir s'ils « sont atteints de « perversité narcissique » ou s'ils commettent leurs actes en conscience et de façon préméditée », ainsi que d'une « mise à pied immédiate à titre conservatoire ».

Quand la justice ordonne un contrôle judiciaire et une interdiction d'exercer la médecine, notre employeur, lui, refuse de protéger ses effectifs par une mise à pied conservatoire, car un MIR fait partie de la sacro-sainte hiérarchie.

De plus, le tribunal a réalisé l'expertise que nous demandions. Conclusion : c'est un pervers et il a reçu une injonction de soin. Malgré la justesse de nos arguments, confirmés par la Justice, le ministère de l'Intérieur continue de soutenir un agresseur sexuel en donnant l'impression de vouloir le « venger ». Est-ce pour décourager les prochains lanceurs d'alerte ?

> Considérant que cette lettre était complétée par un formulaire de contact adressé par mél au ministre de l'Intérieur où M. Langlois développait les mêmes allégations, en reprochant en particulier à l'administration d'inciter les fonctionnaires au suicide et de chercher à « se débarrasser » de ceux en difficulté ;

Bien évidemment, j'ai les preuves de ce que j'avance, mais il n'y a pas eu d'enquête sur ce point, en m'empêchant systématiquement de les présenter.

> considérant que le même M. Langlois publiait sur le site internet de son syndicat un nouvel article dans lequel il remettait à nouveau en cause nommément, de manière manifestement injurieuse et offensante

Absolument pas, car je suis relaxé le 10 juillet 2019 des faits de diffamation concernant cet article : la plainte du MIR payée avec l'argent du ministère de l'Intérieur n'a donc pas abouti.

> La dignité de trois hauts fonctionnaires de la Police nationale précités, en leur redistribuant à dessein le rôle de personnages abjects d'une série télévisée ;

Au moment même de la rédaction de cette sanction, un de ces trois « dignes » fonctionnaires est condamné par la Justice pour agression sexuelle. Je n'ai pas la même conception de la dignité que le ministre Castaner. Pour moi, un agresseur sexuel est indigne, quand bien même il est un haut fonctionnaire de la Police nationale.

> qu'ainsi M. Langlois attribuait celui de traître au médecin inspecteur régional du SGAMI Est en l'accusant de « se plie(r) à tous les caprices de l'administration pour « sanctionner » les personnels malades : humiliation, harcèlement, chantage, menace, intimidation, etc. », celui de « seigneur des sangsues » au DDSP du Haut-Rhin « autoproclamé "guérisseur" », lequel « va détruire mentalement et physiquement ses opposants, par un non-respect des textes en vigueur » en lui reprochant sa complicité coupable avec le MIR dans le but « de faire régner la terreur pour être craint et obéi », et celui de « l'enfant-roi capricieux » au DGPN lequel « préfère se rendre complice en fermant les yeux ... de ces deux personnages qui peuvent continuer à sévir tranquillement » ;

Monsieur Morvan a-t-il fermé les yeux sur les agissements du MIR ? Oui.

Est-il un enfant capricieux ? Oui, quand on voit ses réactions lorsque je lui écris ou tente de lui dire bonjour.

A-t-il demandé à voir nos preuves concernant les agissements du MIR ou du DDSP 68 ? Non.

> que l'article s'achevait encore par une demande d'expertise psychiatrique afin de savoir si les trois représentants de l'administration étaient des « pervers narcissiques ».

Comme déjà la seule expertise réalisée sur l'un des trois a détecté un pervers, un doute légitime pouvait aussi peser sur les deux autres.

> Considérant qu'entendu, notamment lors du conseil de discipline,

« Notamment » sous-entend que j'aurais été entendu ailleurs, par exemple lors de l'enquête obligatoire pour garantir les droits de la défense, mais ce n'est pas le cas. J'ai bien été présenté comme coupable devant cette mascarade de conseil de discipline.

> Monsieur Langlois légitimait ses propos et publication sous couvert de son mandat syndical et se déresponsabilisait derrière la personne morale de son syndicat ;

« Déresponsabilisait » ? J'ai toujours assumé d'être le directeur de la publication.

> qu'il confirmait la nécessité le cas échéant d'user de propos « désobligeants, blessants et grossiers » pour servir ses intérêts syndicaux ;

Là, le ministre de l'Intérieur ne s'embarrasse même plus de sauver les apparences : il me prête les mots de son choix, peu importe la vérité. Je confirme ne jamais avoir rien dit de tel. Mais qu'attendre d'un ministre pris régulièrement en flagrant délit de mensonge ?

> considérant que, dans ces circonstances, en outrepassant délibérément et publiquement les limites de l'exercice de sa liberté d'expression syndicale

Limite définie par mes accusateurs, sans tenir compte de la jurisprudence abondante sur le sujet me donnant raison, dénotant une fois de plus le mépris vis-à-vis de la Justice.

> et en formulant à plusieurs reprises des critiques outrancières et injurieuses nominatives portant atteinte à la probité et la dignité de représentant de la Police nationale

La Justice n'a pas la même interprétation et m'a relaxé de ces accusations. Mais qu'importe une décision de Justice face à la décision du chef ! En conséquence, avouent-ils que les responsables font toujours preuve de probité et de dignité grâce à leur positionnement hiérarchique, même quand ils commettent des agressions sexuelles ?

> ainsi qu'à la considération de l'institution,

Ne pas dénoncer des délits ou des crimes est pénalement répréhensible. L'administration incite donc à ne pas respecter le Code pénal ?

> M. Langlois a gravement manqué aux obligations statutaires et déontologiques qui s'imposent aux fonctionnaires de police,

Est-ce « statutaire » et « déontologique » de ne pas se battre pour faire cesser des falsifications de données publiques et des pratiques d'agressions sexuelles ? L'inaction serait évidemment contraire aux convictions qui m'ont fait choisir le métier de policier, elle est aussi contraire au Code pénal.

> y compris lorsqu'ils s'expriment dans le cadre de leur mandat syndical,

Pour être un bon syndicat aujourd'hui dans la police, faut-il être un auxiliaire de la propagande du ministre ? Si tel est le cas, non merci.

> en l'occurrence à ses devoirs de réserve, de loyauté et d'exemplarité, qu'il a également porté atteinte au crédit et renom de la Police nationale ;

La dernière accusation est ma préférée, car elle nous vient tout droit du code général de la fonction publique de Vichy.

> Considérant toutefois, à la manière de servir opérationnelle habituellement satisfaisante de M. Langlois ;

Y compris la veille de mon exclusion, où je permettais à la Direction générale du renseignement intérieur (DGSI) de sauver une de ses sources, qui venait d'être démasquée. En tout cas, « ma manière de servir opérationnelle habituellement satisfaisante » n'a pas échappé à la hiérarchie.

> que ce dernier a fini par manifester des regrets et s'est engagé à modifier la ligne éditoriale de son site syndical en supprimant les propos infamants y figurant ;

Selon la Justice, il n'y a pas de propos infamants. Donc pour le moment il n'y a rien à supprimer ou à modifier dans la ligne éditoriale. En revanche, j'ai regretté d'avoir pu blesser l'homme derrière l'uniforme de DGPN, tel n'était évidemment pas mon but.

> Sur proposition du directeur général de la police nationale ;

Le mis en cause propose la sanction du lanceur d'alerte. Il fallait oser. J'ai hâte qu'un voleur puisse demain condamner la personne à laquelle il a pris son bien, pour avoir déposé plainte.

Article 1er – M. Alexandre Langlois, gardien de la paix, matricule 135 793, affecté à la direction départementale de la sécurité publique des Yvelines, est exclu temporairement de fonction pour une durée de douze mois dont six mois avec sursis.

Je ne comprends pas. Ce document commence par « Alexandre Langlois secrétaire général du syndicat VIGI. Ministère de l'Intérieur », pointant uniquement mon rôle syndical, alors comment me sanctionner professionnellement ? Je demanderai donc au juge administratif d'annuler cette sanction. Je solliciterai également un juge pénal afin d'étudier ce cas de discrimination syndicale aggravé.

Article 2 – Le préfet de police de Paris – secrétariat général pour l'administration du ministère de l'Intérieur zone de défense et de sécurité de Paris – chargé de la notification et de l'exécution du présent arrêté, qui prendra effet à compter du lendemain de la date de notification à l'intéressé.

Fait à Paris le 21 juin 2019
Pour le ministre et par délégation
La directrice adjointe
Des ressources et des compétences
De la police nationale
Martine Coudert

Ah, Monsieur Castaner me refuse même le plaisir d'avoir son autographe sur ma sanction !

La volonté de détruire ma famille
Quand je signe cette sanction, je me demande comment je vais nourrir ma famille à la fin du mois, puisque je suis privé de salaire. Éric Morvan et Christophe Castaner connaissent parfaitement ma situation et savent comment atteindre ma famille, puisqu'un rapport a été établi par une assistante sociale avant mon conseil de discipline, qui montre mes points de faiblesse de ce côté.

En effet, j'ai deux enfants : Éloïse, six ans, et Éloi, deux ans. Mon fils est né prématuré avec quelques graves soucis de santé, obligeant ma femme Suzanne à suspendre son activité de ferme équestre pendant un an et demi. Notre fils allant mieux, mon épouse a pu faire repartir son entreprise. Mais en France, quand on est à son compte, on commence par payer des taxes avant de pouvoir facturer le moindre centime.

Les deux personnages au sommet de la hiérarchie policière, en me privant de salaire pendant six ou douze mois, ont parfaitement conscience de mettre éventuellement à la rue deux enfants et de détruire la reprise d'activité d'Équitanime, la ferme équestre de ma femme.

Ce n'est pas seulement ma carrière qu'ils veulent briser, mais l'équilibre de vie d'une famille. Que penser d'un tel comportement, surtout puisqu'il semble que la raison principale vise à me faire payer la mise en lumière de leurs agissements et incompétence ?

XVI. Soutien populaire face aux dérives et dysfonctionnements de l'Intérieur

Mes persécuteurs misaient probablement sur le fait que je me retrouverais seul et isolé avec le début de la trêve estivale. Heureusement pour moi, ils se sont trompés.

Mes collègues
Quand la sanction tombe, je suis à mon service. Aussitôt, je reçois le soutien de mes collègues et la sympathie du chef de service, qui n'a pas arrêté de remonter à sa supérieure que je donnais entière satisfaction.

Un collègue de ma division m'invite à déjeuner dans une brasserie. Ma cheffe de groupe prend le temps de m'écouter autour d'un café à son retour d'une mission sur le terrain.

D'autres collègues m'envoient des messages. Je ne suis pas seul. Je suis bien intégré humainement et professionnellement au sein du Renseignement territorial, n'en déplaise à certains de mes détracteurs sur les réseaux sociaux, souvent adhérents de syndicats sans doute à la botte du pouvoir ou qui ont une conception de la police à la Judge Dredd[233], personnage de *comics* habilité à arrêter, condamner et exécuter de façon sommaire les criminels en vertu de lois sécuritaires.

Ma famille et mes amis
Ma femme, que j'appelle immédiatement, est logiquement affectée par la situation, mais nous arrivons à préserver nos enfants. Nous savons que nous allons pouvoir nous retourner pour franchir ce cap. La nouvelle se répand, ma famille et mes amis m'appellent pour me demander comment ils peuvent nous aider.

---
233. https://fr.wikipedia.org/wiki/Judge_Dredd_(bande_dessin%C3%A9e).

Ils me rassurent sur le combat mené et me demandent de ne pas lâcher : la police doit assurer la sécurité de tous et non réprimer les opposants au pouvoir. Cela paraît une question vitale pour tous.

La cagnotte

N'ayant pas d'autre solution pour continuer le combat, je crée une cagnotte en ligne pour que ma famille n'ait pas à payer le prix de mon engagement. En l'ouvrant, j'espère recevoir au moins deux mois de salaire, le temps de pouvoir me reconvertir dans une autre profession.

Bien que nous soyons en plein mois de juillet, la générosité afflue. J'en ai encore les larmes aux yeux en écrivant ces lignes, tellement j'ai été touché par tant de spontanéité et de soutien !

Les dons atteignent 45 000 euros ! Le combat dont je porte la parole est donc bien collectif et dépasse le cadre de la seule police ou de mon activité syndicale.

Sans surprise, quelques jaloux viennent récriminer que je m'enrichis, que je vais construire une piscine ou partir en vacances dans les îles.

Effectivement, j'ai bien acheté une piscine... gonflable pour mes enfants pour la somme faramineuse de... 20 € et nous allons partir dans les îles... bretonnes, à côté de la maison, chez de la famille, comme lors de la plupart de nos vacances. Désolé pour mes contempteurs, il n'y aura pas de Bali ou de Maldives au programme, ce n'est pas le genre de la maison.

Bien évidemment, je ne conserve que l'équivalent de mon salaire sur un an, soit 29 950 €[234], somme qui n'a rien de secret, les grilles et les primes des fonctionnaires étant en accès libre sur internet – pas celles des commissaires, toutefois, comme précisé précédemment.

La différence est reversée au syndicat pour que nous puissions continuer notre combat et que la police retourne enfin au service du peuple.

Pour éviter tous les problèmes de blocage des sommes versées et la convocation des donateurs par la police, c'est la plateforme Le Pot Commun qui a été retenue et non Leetchi, car elle a prouvé sa

---

234. Qui sera recalculée si le sursis est annulé ou pas.

soumission au gouvernement, comme l'a démontré la saisie de la cagnotte destinée à la famille du boxeur Dettinger.

La résistance continue
Je vais pouvoir me consacrer à temps plein à VIGI pendant un an. Je suis aussi le premier policier de France à recevoir directement son salaire de son véritable employeur, le peuple !

De plus, mon temps syndical pourra bénéficier aux autres délégués, renforçant ainsi notre présence sur le terrain.

Des policiers ne voulant plus être détournés de leurs missions commencent à s'exprimer et à nous rejoindre.

Les Gilets jaunes sont toujours présents, même si la mobilisation visible dans les rues l'est moins. Force est de constater que la politique de terreur de Messieurs Castaner et Morvan a réussi à vider les cortèges des manifestants pacifiques par une répression violente causant blessures et mutilations. Ils n'ont toutefois pas réussi à briser la volonté de ce mouvement populaire.

Alors, qui est l'ennemi de l'Intérieur ?
Le ministère de l'Intérieur entretient une forme de paranoïa aigüe, qui lui fait voir des ennemis partout. Pour que sa vision épouse la réalité, il n'hésite pas à les fabriquer de toutes pièces au besoin. Il peut ainsi justifier de son existence et de l'emploi de nombreux bureaucrates produisant des notes diverses et variées pour supporter une production statistique chronophage.

La Police nationale use d'un management délétère, créant une grande souffrance au travail de trop d'agents. Pire encore, les personnels en situation d'handicap sont bien souvent stigmatisés et humiliés, sans que les bourreaux en soient inquiétés[235]. Cela se traduit par des burn-out, des suicides, dont le nombre a explosé depuis que nous sommes dirigés par le trio infernal Castaner-Nunez-

---
235. Communiqué VIGI, *Handicap, stop à l'hypocrisie dans la Police nationale*, publié le 10-04-2019.

Morvan. En effet, ces trois personnages n'ont fait qu'amplifier de par leur gestion toutes les dérives et les dysfonctionnements que nous avons parcourus au cours de cet ouvrage.

Tous les collègues fragilisés psychologiquement par ce qu'ils subissent au travail ne se suicident pas ou ne font pas de burn-out, par exemple le policier terroriste Mickaël Harpon. Lui a trouvé accueil et réconfort auprès des éléments radicaux de la mosquée de Gonesse, où il a été endoctriné comme dans une secte. À tel point qu'il a prémédité un massacre au sein même de la préfecture de police le jeudi 3 octobre 2019, tuant quatre de nos collègues.

Cela a mis en lumière, en plus du management délétère, l'inertie de la machine police.

Ce drame témoigne aussi d'une défaillance aggravée des services de renseignement, car cet individu était habilité secret défense au sein de la Direction du renseignement de la préfecture de police (DRPP) et la mosquée était surveillée à la fois par le Renseignent territorial et la DGSI.

Défaillance aggravée aussi de la part des responsables hiérarchiques, qui n'ont rien dénoncé, alors même que l'apologie du terrorisme est un délit, qui aurait dû être signalé sans délai auprès du procureur de la République.

Défaillance de communication du ministre de l'Intérieur et de son secrétaire d'État, qui nous assurent quelques heures après le drame que Mickaël Harpon est un fonctionnaire sans histoire, en se basant sur son dossier administratif. Comment le contenu de tels dossiers peut-il ne pas refléter la réalité ?

Pour camoufler ce naufrage, des collègues subissent des pressions pour écrire des rapports tenant plus de la fable, afin qu'ils soient conformes à la fiction décidée par les plus hautes sphères de l'institution. Pour mieux masquer leur responsabilité, voire leur culpabilité si un jour la Justice est saisie ? En conséquence, il faut réécrire l'histoire constamment pour que la réalité ne puisse pas faire chuter de son piédestal une bureaucratie devenue... comment dire ? « Folle » ?

Devant l'émotion, nos collègues assassinés sont promus à

titre posthume avec de belles médailles, mais aucune mesure d'accompagnement psychologique régulier et obligatoire de tous les personnels n'est mise en place, alors qu'elle permettrait de détecter, voire d'empêcher, des déviances comme celle de Mickaël Harpon, mais également de prévenir les suicides et les burn-out. Pourtant, rien. Est-ce parce que le suivi humain et digne des personnels de la police coûte plus cher que les médailles ? Est-ce parce que cela mettrait en lumière le management délétère qui règne au sein de la Police nationale ?

En réalité, l'ennemi de l'Intérieur est l'Intérieur lui-même. Ce n'est pas un corps en particulier, mais tous les agents, ainsi que les politiques, qui participent à

> un système complexe de bureaux où ni un seul, ni les meilleurs, ni le petit nombre, ni la majorité, personne ne peut être tenu pour responsable, et que l'on peut justement qualifier de règne de l'Anonyme.[236]

Cette anonymisation encourage la médiocrité. Cette médiocrité, à l'origine de la « banalité du mal »[237], fait qu'Adolf Eichmann, le responsable de la logistique de la « solution finale » visant l'extermination des juifs par les nazis sous le IIIe Reich,

> a abandonné son « pouvoir de penser » pour n'obéir qu'aux ordres, il a renié cette « qualité humaine caractéristique » qui consiste à distinguer le bien du mal, et, en n'ayant « aucun motif, aucune conviction (personnelle) », aucune « intention (morale) ». [...]
> D'un point de vue philosophique, ce qui est en cause dans les actes affreux qu'il a commis n'est donc pas tant sa méchanceté que sa « médiocrité » – d'où l'expression « banalité du mal ».[238]

---

236. *Du mensonge à la violence, essais de politique contemporaine*, par Hannah Arendt, publié en 1972.
237. *Eichmann à Jérusalem : Rapport sur la banalité du mal*, par Hannah Arendt, publié en 1963.
238. *Wikipedia*, banalité du mal, https://fr.wikipedia.org/wiki/Banalit%C3%A9_du_mal#cite_ref-9.

En 1996, Patrick Pharo complète la définition :

> L'expression « banalité du mal » ne peut se comprendre que comme une façon de décrire les routines par lesquelles ceux qui recourent à la violence, comme ceux qui en sont témoins, mettent en suspens leurs convictions morales et renoncent à l'examen de leur engagement pratique personnel.[239]

Le vase clos bureaucratique actuel peut engendrer des dérives encore plus graves que ce que nous connaissons aujourd'hui. Il est temps de redonner son statut plein et entier de citoyen aux policiers, quelle que soit leur position hiérarchique, afin que nous soyons de nouveau pleinement intégrés à la société.

Le secret des pavés volants
Nous sommes à la fin des années 90. Thierry est arrivé depuis trois jours dans sa première circonscription d'affectation après sa sortie de l'école. Il tourne avec un ancien, proche de la retraite, Gégé (aucun lien avec Gérard Collomb).

Tandis qu'ils sont en patrouille, un message retentit sur les ondes : « Urgence, collègues pris à partie dans la cité. Tirs de flashball en riposte à des jets de projectiles. »

Gégé déclenche le gyrophare et conduit aussi vite que le permet la voiture hors d'âge, affichant plus de 300 000 kilomètres au compteur, vers le lieu de l'appel d'urgence.

En arrivant sur place, Thierry imagine que Gégé va stationner aux côtés de leurs collègues pour mater cette rébellion. Surprise : il se gare entre les « jeunes » et les collègues de la BAC. Surprise suivante : il sort de la voiture, alors que cela tire dans tous les sens et que l'on voit des pavés volants défiant les lois de la physique.

Quand il claque la portière, on entend du côté des policiers : « Arrêtez de tirer, il y a des collègues au milieu. »

Du côté de la « cité », on entend : « Arrêtez de tirer, c'est Gégé. »

---
239. *L'injustice et le mal*, par Patrick Pharo, publié en 1996.

En matière de rapidité pour rétablir l'ordre public, la médaille d'or revient sans conteste à Gégé : il lui a fallu moins de quelques secondes pour régler la situation !

Pour éviter que cela se reproduise, Gégé demande ce qui s'est passé. Un contrôle d'identité où le « jeune » contrôlé accuse la BAC de lui avoir mal parlé, les collègues de la BAC qui répondent qu'il ne voulait pas montrer ses papiers et a commencé à se rebeller... « STOP ! » Gégé pose la question qui tue : « Est-ce que cela vaut le coup de se tirer dessus pour si peu ? » Réponse négative de tout le monde. Gégé communique ensuite l'identité du « jeune » aux collègues de la BAC et tout le monde rentre chez soi dans le calme. Thierry interroge ensuite Gégé :

– Comment as-tu pu donner l'identité du jeune sans la lui demander ?
– C'est simple, je connais ma circonscription depuis près de trente-cinq ans. J'ai toujours travaillé là. J'habite là. J'ai joué au foot avec les parents de ces jeunes et je continue à être impliqué dans la vie de mon quartier. Quand l'un d'eux fait du scooter sans casque, pas de course poursuite, je vais sonner chez les parents. Je les préviens que leur enfant a déconné et s'est mis en danger. En général, je ne revois plus le gamin faire la même infraction. Les parents ont un effet beaucoup plus dissuasif que nous. Pour les quelques fois où ça ne marche pas, j'appelle les services sociaux, pour qu'ils aident des parents dépassés et prennent en charge l'enfant. On a déjà assez à faire, sans, en plus, s'emmerder à jouer le rôle des parents.

Ce lien de confiance permettait aux habitants d'aller trouver Gégé pour lui demander des conseils ou d'intervenir pour des incivilités. En parallèle, cela lui offrait tous les renseignements nécessaires afin de lutter efficacement contre la délinquance.

Pour le bien de la population et des policiers, il est grand temps de réformer ce ministère, pour lui rendre son humanité et qu'enfin nous puissions redevenir des gardiens de la Paix, à l'image de Gégé, pas uniquement des forces de l'ordre.

Conclusion
Quelle police pour le XXIᵉ siècle ?

« **Pour qu'on ne puisse abuser du pouvoir, il faut que, par la disposition des choses, le pouvoir arrête le pouvoir.** »[240]
Je me garderai bien d'apporter une réponse tranchée et définitive à cette question fondamentale. Même si plusieurs pistes apparaissent au fur et à mesure de ces pages, le rôle de la Police nationale est trop important pour ne pas ouvrir un débat collectif sur ce qu'elle doit être dans une démocratie.

J'espère que ce livre y contribuera, déjà en faisant prendre conscience d'une situation qui est masquée aux yeux du public afin qu'il ne perçoive pas les dérives et les dysfonctionnements du système actuel. Désormais, il y a urgence compte tenu des défis qui nous attendent. D'ailleurs, qui peut vouloir d'une France dont le régime fonderait

> la dynamique du pouvoir sur l'identification d'un ennemi intérieur, qui était la figure fantasmée de tous les maux de la société et qui légitimait l'exercice continu de la violence ainsi que l'affirmation de plus en plus marquée des instances de contrôle sur toutes les formes de l'existence sociale.[241]

La sécurité est un bien commun qui garantit toutes les libertés ou qui peut les confisquer si elle est détournée de ses missions. En conséquence, réformer la Police nationale ne doit pas être un travail d'experts ou de spécialistes, mais bien une œuvre collective, car les policiers sont dépositaires de la force légitime **au nom du peuple**.

La force publique à l'usage de tous qu'est la Police nationale doit donc être soumise à l'état de droit et non au droit de l'État.

---

240. *De l'Esprit des lois,* Montesquieu, publié en 1748.
241. *Le Totalitarisme en question*, Jean-Marc Gaté, professeur de philosophie, http://jmgate.philo.pagesperso-orange.fr/le%20totalitarisme%20en%20question%20-%20jean-marc%20GATE%20-%20academie%20de%20toulouse.pdf.

La vraie sécurité, ce n'est pas transformer sa maison en bunker, mais sortir de chez soi sans avoir à fermer sa porte à clé. Elle ne peut pas avoir comme fondement la peur, mais doit, au contraire, être fondée sur la confiance.

Alors, ne laissons pas nos dirigeants utiliser la Police nationale pour traquer les « ennemis de l'Intérieur » qu'il désignera selon ses besoins du moment : syndicalistes, musulmans, journalistes, écologistes, étrangers, pauvres, Gilets Jaunes, lanceurs d'alerte... Ayons toujours à l'esprit les mots de Martin Niemöller :

> Quand les nazis sont venus chercher les communistes,
> je n'ai rien dit,
> je n'étais pas communiste.
>
> Quand ils ont enfermé les sociaux-démocrates,
> je n'ai rien dit,
> je n'étais pas social-démocrate.
>
> Quand ils sont venus chercher les syndicalistes,
> je n'ai rien dit,
> je n'étais pas syndicaliste.
>
> Quand ils sont venus me chercher,
> il ne restait plus personne
> pour protester.[242]

Le mot de la fin

Les communiqués de VIGI se terminent toujours pas une citation. Il en sera de même pour ce livre. Ce sera Diogène le Cynique qui aura le mot de la fin, celui qui illustre mon profil sur les réseaux sociaux :

> Diogène était en train de souper d'un frugal repas de lentilles quand il fut interpellé par le philosophe Aristippe, qui, de son

---
[242]. Traduction reconnue définitive par la Fondation Martin Niemöller.

côté, menait une existence dorée, faisant partie des courtisans du roi.
Avec un peu de mépris, Aristippe lui lança :
« Tu vois, si tu apprenais à être soumis et à ramper devant le roi, tu ne serais pas contraint de te contenter de déchets, comme ce vulgaire plat de lentilles. »
Et Diogène de rétorquer :
« Si tu avais appris à te contenter de lentilles, tu n'aurais pas à ramper devant le roi ! »

Postface

République démocratique populaire progressiste humaniste jupitérienne de France, 21 décembre 2047

En ce jour de la nuit la plus longue de l'année, le Président-Dieu Jupiter-Macron fête ses soixante-dix ans.

Au milieu des ténèbres, il apporte la lumière du progrès, il est la Lumière. En ce jour béni, des manifestations de joie sont organisées partout sur le territoire par le clergé du Parti unique.

Tous les autres partis troublant la sérénité du débat public furent déclarés hors-la-loi en 2028 et supprimés. Ce fut aussi l'année où notre guide suprême fut déifié par un vote sans surprise des députés du Parti unique.

Depuis, les inquisiteurs veillent à ce qu'aucune pensée hérétique ne vienne troubler le bonheur de la population, qui peut enfin consommer sans avoir à réfléchir.

Les élections, qui coûtaient « un pognon de dingue », furent supprimées.

Pour maintenir la paix et l'harmonie, la Police nationale et la Gendarmerie de la République de l'ancien monde furent remplacées par la milice En Marche, dirigée par deux spécialistes : Alexandre Benalla et Vincent Crase.

La misère fut éradiquée : ceux ne pouvant résister au réchauffement climatique moururent. En effet, avec la destruction du système de santé, seuls les plus riches purent survivre. C'est un juste retour aux sources à la loi du plus fort et de l'évolution darwinienne.

La planète a donc éliminé définitivement tous les gens qui n'étaient rien, qui vivaient aux crochets des premiers de cordée, ceux qui réussissent.

Réagissons ensemble avant qu'il ne soit trop tard.

Table des matières

Avant-propos – Pourquoi ce livre ?   5

Introduction   7

I. Aux racines du mal   17

II. Bienvenue dans la police des intérêts nationaux !   35

III. Police politique   63

IV. Pour votre sécurité, vous n'aurez plus de libertés   77

V. État d'urgence   87

VI. L'état d'urgence temporaire est fini : vive l'état d'urgence permanent !   101

VII. L'affaire d'État Benalla : un escadron de protection fidèle au chef ?   115

VIII. Le Gilet jaune, l'ennemi de l'Intérieur ?   131

IX. Policiers, la répression par passion ?   149

X. La Vérité, l'ennemi de l'Intérieur ?   167

XI. Dans l'antre de la bête : interrogatoire à l'IGPN   181

XII. Motivations du conseil de discipline : 213
le lanceur d'alerte, l'ennemi de l'Intérieur ?

XIII. Faites entrer le coupable 231

XIV. VIGI contre Pat Poker 235

XV. La sanction politique 239

XVI. Soutien populaire face aux dérives 251
et dysfonctionnements de l'Intérieur

Conclusion – Quelle police pour le XXIe siècle ? 259

Postface 263

www.ingramcontent.com/pod-product-compliance
Lightning Source LLC
LaVergne TN
LVHW041604070526
838199LV00048B/2133